LE
MONDE COMIQUE

PAR

Ad. CORTHEY

LE TUTEUR DE LOUISE. — L'ANE DE BURIDAN.
LES CENTAURES DE PARIS.
LE CLINQUANT. — LA DONATION BAUTRUCHARD.
L'ANGE DU FOYER

PARIS
LIBRAIRIE GÉNÉRALE
Dépôt central des Editeurs
BOULEVARD HAUSSMANN, 72, ET RUE DU HAVRE
—
1873
Tous droits réservés.

DU MÊME AUTEUR

La Philanthropie de M. Tallandaz, 2me édition, roman, 2 fr. 50 c.

LE MONDE COMIQUE

PAR

Ad. CORTHEY

LE TUTEUR DE LOUISE. — L'ANE DE BURIDAN.
LES CENTAURES DE PARIS.
LE CLINQUANT. — LA DONATION BAUTRUCHARD.
L'ANGE DU FOYER

PARIS
LIBRAIRIE GÉNÉRALE
Dépôt central des Editeurs
BOULEVARD HAUSSMANN, 72, ET RUE DU HAVRE
—
1873
Tous droits réservés.

LAUSANNE. — IMPRIMERIE BORGEAUD.

A M. EUGÈNE GRANGÉ

Monsieur,

Permettez-moi de mettre votre nom en tête de ce volume. Le *Monde comique* ne peut être sous un meilleur patronage que le vôtre. Vous qui avez écrit les œuvres les plus gaies que nous ayons au théâtre et à qui nous devons les *Diables roses*, le *Supplice d'un homme*, la *Mariée du Mardi-gras*, *Brouillés depuis Wagram*, *Madame est couchée* et cent autres pièces dont la plupart sont restées au répertoire.

Le pavillon couvrira la marchandise.

Du reste, en vous offrant la dédicace de cet ouvrage, je ne fais qu'accomplir un devoir, car vous avez bien voulu accueillir déjà et patronner une des principales œuvres de ce recueil d'essais dramatiques et je n'ignore pas que si elle n'a pas été représentée, c'est par une suite de circonstances que vous ne pouviez prévoir plus que moi.

Veuillez donc, Monsieur, accepter ici de nouveau le témoignage des remerciements bien sincères de votre très dévoué.

AD. CORTHEY.

LE
TUTEUR DE LOUISE

COMÉDIE EN TROIS ACTES

PERSONNAGES

TALLANDAZ, ancien notaire.
ANATOLE, son fils.
Antoine DESBLESSON, son beau-frère.
Alfred DE VAUXBRUN.
Jules RAMELIN.
Le baron DE STEINHUGEL.

La comtesse Aurelia CASTOLINI.
Mme TALLANDAZ.
CORNÉLIE, sa fille.
LOUISE, nièce et pupille de M. Tallandaz.
Mlle DESPORTES.
Une DOMESTIQUE.

ACTE PREMIER

Un salon chez Tallandaz. Une table chargée de papiers. Une cheminée avec du feu. Un guéridon.

SCÈNE PREMIÈRE

Une DOMESTIQUE, puis ANATOLE.

(Au lever du rideau, la domestique entre en se retournant pour parler au dehors, elle tient un plumeau à la main.)

LA DOMESTIQUE.

Dépêchez-vous! dépêchez-vous d'achever le cabinet de Monsieur! Oh! ces vernisseurs, ces peintres, ils n'ont jamais fini! *(Elle regarde la pendule et retourne à la porte.)* Déjà près de midi! Monsieur va rentrer et s'il trouve la maison encore en désordre, lui qui écrit des travaux pour faire du bien à tout le monde, il serait capable de vous jeter quelque chose à la tête. *(Elle revient et se met à épousseter.)* Voilà comme il est M. Tallandaz! *(Elle prête l'oreille.)* Quand je disais... Non, c'est le fils à Monsieur!

ANATOLE, *à lui-même, entrant avec une lettre à laquelle l'enveloppe manque; l'air très préoccupé.*

L'enverrai-je? Ne l'enverrai-je pas?

LA DOMESTIQUE.

Monsieur! *(Elle a pris un grand pli non cacheté sur la cheminée.)*

ANATOLE, *toujours préoccupé.*

Oh! cette comtesse, cette Italienne.

LA DOMESTIQUE, *le suivant le pli à la main.*

Monsieur Anatole!

ANATOLE.

On dirait qu'elle me fuit!

LA DOMESTIQUE, *même jeu.*

Oh! ces savants! ça a toujours la tête!...

ANATOLE, *même jeu.*

Et cependant ses regards... Diable d'Italienne!

LA DOMESTIQUE, *même jeu.*

Quand la science les tient... *(Haut.)* Monsieur!

ANATOLE, *même jeu.*

Jamais je n'ai éprouvé avec les autres femmes... *(Allant au bureau et changeant de ton.)* Où y a-t-il des enveloppes?

LA DOMESTIQUE.

Monsieur!...

ANATOLE.

Hein! que voulez-vous?

LA DOMESTIQUE.

On a apporté de l'imprimerie ça pour Monsieur et...

ANATOLE, *mettant l'adresse à sa lettre.*

Madame la comtesse Castolini! *(Par réflexion.)* Et le numéro!

LA DOMESTIQUE.

Monsieur dit?...

ANATOLE, *se levant.*

Si M. Alfred de Vauxbrun me demande, vous le prierez de m'attendre quelques minutes.

LA DOMESTIQUE.

Oui. Mais ça qu'on a apporté...

ANATOLE.

Vous lui direz que je suis sorti pour affaires. *(Fausse sortie.)*

LA DOMESTIQUE.

Mais, Monsieur...

ANATOLE, *revenant.*

Pressantes! *(A lui-même, sortant.)* Diable d'Italienne!

SCÈNE II

La domestique, puis ALFRED.

LA DOMESTIQUE.

Eh bien ! le garçon de l'imprimerie aussi m'a dit que c'était pressant... *(Montrant les papiers qu'elle tient toujours.)* Ce sont des épreuves ! Une seconde édition de la brochure que M. Anatole a publiée sur les... *(lisant)* les organes de la digestion chez les insectes antédiluviens. *(Prêtant de nouveau l'oreille.)* Cette fois... Tiens ! c'est M. de Vauxbrun, l'ami de M. Anatole !

ALFRED.

M. Anatole est chez lui ?

LA DOMESTIQUE.

Il a été forcé de sortir pour une affaire pressante.

ALFRED, *à part.*

Ses amourettes alors !

LA DOMESTIQUE.

Mais il prie Monsieur de bien vouloir l'attendre.

ALFRED.

C'est bien, j'attendrai. *(Il prend un journal.)*

LA DOMESTIQUE.

Monsieur court depuis ce matin pour ses pauvres.

ALFRED.

Très bien ! *(Lisant.)* « Premier octobre. » C'est celui d'hier. *(Il prend un autre journal.)*

LA DOMESTIQUE.

Et Madame est à la promenade avec Mlle Cornélie.

ALFRED.

Très bien ! Très bien ! Alors ne dérangez personne !

LA DOMESTIQUE, *à elle-même.*

Ce Monsieur de Vauxbrun a toujours l'air de se moquer du monde. Oh ! ces Français ! *(Elle sort.)*

SCÈNE III

ALFRED, puis JULES.

ALFRED, *seul.*

J'apportais à Anatole ce qu'il m'a demandé. *(Il tire son portefeuille.)* Ces petits chiffons! Il y a encore du nouveau! C'est qu'il va gentiment pour un apprenti philanthrope et un savant... en herbe. Très gentiment même! La galanterie, la philanthropie et la zoologie! Les hommes, les femmes et les animaux! Il est complet!

JULES, *en dehors.*

M. Tallandaz n'est pas chez lui!

ALFRED.

Hein! cette voix! parbleu! on dirait... *(Jules paraît.)* Jules!

JULES

Alfred!

ALFRED.

Toi ici, à Genève!

JULES.

Depuis trois mois.

ALFRED.

Depuis mon départ, alors.

JULES.

Juste.

ALFRED.

Combien je regrette...

JULES.

Et moi donc! Enfin en ton absence je n'ai pas perdu de temps.

ALFRED.

Comment?

JULES.

Regarde-moi.

ALFRED.

Eh bien! tu n'as pas maigri.

JULES.

Il ne s'agit pas de mon embonpoint, mais de mon costume.

ALFRED.

Tiens, tiens, tiens ! Habit noir...

JULES.

Cravate blanche.

ALFRED.

C'est ma foi vrai ! Costume parlant. Je sens comme un parfum de fleur d'oranger. Tu vas donc te marier ?

JULES.

Cela dépend.

ALFRED.

De qui ?

JULES.

De M. Tallandaz !

ALFRED, *assis près du feu, tisonnant.*

Tu es amoureux de Cornélie, toi !

JULES, *adossé à la cheminée.*

Pas Cornélie... Louise !

ALFRED.

Cornélie !

JULES.

Louise !

ALFRED.

Je t'assure que sa fille se nomme Cornélie.

JULES.

Mais moi je te jure que sa nièce qui est aussi sa pupille se nomme Louise.

ALFRED.

Où prends-tu cette nièce ?

JULES.

A son pensionnat, à deux lieues d'ici.

ALFRED.

Il l'a tient donc cachée comme un trésor.

JULES.

Pauvre orpheline !

ALFRED, *qui joue avec un couteau à papier.*

Hein !

JULES.

Et si douce, si naïve, si aimante !

ALFRED.

Orpheline ! *(Il brise le couteau à papier.)* Crac !

JULES.

Il faut toujours que tu détruises quelqu'un ou quelque chose !

ALFRED.

Ce n'est rien ! Tu l'aimes donc beaucoup ?

JULES.

J'en suis fou... C'est ma première passion.

ALFRED.

Ah ! oui, en fait d'amour le dernier paraît toujours le premier !

JULES.

Incorrigible !

ALFRED, *humble.*

Que veux-tu ?

JULES.

Quelques renseignements...

ALFRED.

Ah !... parle.

JULES, *achevant.*

Au sujet de la famille Tallandaz. Mlle Desportes en dit un bien...

ALFRED.

Ah ! tu connais Mlle Desportes, toi aussi ?

JULES.

N'est-ce pas la protectrice de tous les Français ?

ALFRED.

Et la providence de tous les pauvres.

JULES.

Oui, mais je suis pour elle quelque chose de plus qu'un compatriote ; son frère et mon père étaient liés à peu près comme nous le sommes.

ALFRED.

Ce cher ami ! *(Ils se serrent la main.)*

JULES.

Aussi elle m'a promis de parler en ma faveur à M. Tallandaz.

ALFRED.

Son exécuteur de bonnes œuvres.

JULES.

Précisément ! tout à l'heure je te demandais…

ALFRED.

Ah ! oui, la famille. Nous avons d'abord Mme Tallandaz née Desblesson selon son extrait de baptême ou du Belsons d'après ses cartes de visite. Une personne douée des sentiments les plus délicats. Elle aime les barons, elle adore les comtes, les marquis lui semblent d'une essence toute particulière ; son vœu le plus cher serait d'avoir l'un d'eux pour gendre et Mlle Cornélie trouve que sa mère a le goût bon. Enfin, l'une et l'autre ne voient rien de grand comme les particules !

JULES, *étonné.*

Hein !

ALFRED.

Oh ! Mlle Cornélie ne serait pas difficile sur le choix d'un mari pourvu qu'elle devînt baronne ou comtesse, ou marquise. Elle préférerait un titre sans mari à un mari sans titre ; c'est une fille désintéressée. Charmante personne, du reste. Tournure anglaise, esprit allemand, une tête de reine et un pied de roi !

JULES.

Voyons ! Voyons !

ALFRED.

Tu m'interroges…. *(Voulant continuer.)* Quant à Anatole…

JULES.

Pardon, mais c'est surtout de M. Tallandaz que je désirerais savoir... Mlle Desportes dit qu'on le voit dans toutes les entreprises charitables.

ALFRED.

Et je suis sûr que dans son dévouement il pense qu'on ne le voit jamais assez !

JULES.

Comment !

ALFRED, *continuant.*

Aussi il est toujours à la tête de quelque repas en faveur des indigents. Dîners au bénéfice des incendiés, soupers pour les inondés, banquets destinés à l'émancipation des nègres... les pauvres diables sont bien heureux de posséder un homme qui prend la peine de manger pour eux et de boire à leur santé !

JULES.

Qu'est-ce que tu me chantes ?

ALFRED.

Je ne chante pas ; je dis que c'est le héros de la philanthropie, le don Quichotte de la charité.

JULES.

Mais enfin...

ALFRED.

Oui, doué d'une grande sensibilité... d'imagination, contrairement aux lois de l'optique les souffrances éloignées lui semblent les plus grandes ; les malheurs qu'il voit le touchent moins que ceux dont il entend parler, et ses domestiques pourraient mourir de faim chez lui, pendant qu'il médite un plan pour nourrir les deux hémisphères.

JULES.

Il serait possible !

ALFRED.

En un mot, dans le drame des misères humaines, il lui faut le premier rôle avec les applaudissements du parterre, et, pour me résumer, c'est un homme dont toutes les bonnes actions sont des actions d'éclat !

JULES.

Oh! ma pauvre Louise!

ALFRED.

Voilà! Mais que fait donc ce malheureux Anatole?

JULES.

Tu l'attends?

ALFRED.

Depuis une heure.

JULES, *regardant à sa montre.*

Alors, accompagne-moi. Je ne puis rester plus longtemps. *(La domestique entre.)*

ALFRED.

Allons!

LA DOMESTIQUE, *à Jules.*

Si Monsieur voulait laisser sa carte?...

JULES, *donnant une carte.*

Voici. *(Il sort avec Alfred.)*

SCÈNE IV

La DOMESTIQUE, puis TALLANDAZ, puis ANTOINE.

LA DOMESTIQUE, *lisant sur la carte.*

« Jules Ramelin, capitaine du génie. »

TALLANDAZ, *en dehors.*

Ventrebleu! Aidez-moi donc!

LA DOMESTIQUE, *se retournant.*

Ventrebleu! Cette fois, décidément c'est Monsieur!

TALLANDAZ, *entrant. Il a sous les deux bras des papiers enveloppés dans de grands plis, il est très essoufflé.*

Ouf! *(Il se laisse tomber dans un fauteuil et s'essuie le front.)*

LA DOMESTIQUE.

Monsieur est fatigué!

TALLANDAZ.

Je n'en puis plus..... J'ai couru toute la matinée pour les indigents. Ouf! *(Il s'essuie le front.)*

LA DOMESTIQUE.

Tout à l'heure, il est venu...

TALLANDAZ, *sans l'écouter.*

Ma femme et ma fille sont-elles là?

LA DOMESTIQUE.

Madame et Mlle Cornélie sont à la promenade.

TALLANDAZ.

A la promenade.... A la promenade... Encore!

LA DOMESTIQUE, *à part, sortant.*

Il est bon Monsieur.... Il n'y a que deux heures qu'elles sont dehors.

SCÈNE V

TALLANDAZ, puis LA DOMESTIQUE et ANTOINE.

TALLANDAZ, *seul.*

A la promenade!- Il est incroyable que l'on puisse se promener ainsi pendant qu'il y a tant de gens qui souffrent!

LA DOMESTIQUE, *annonçant.*

M. du Belsons!

ANTOINE, *entrant.*

Desblesson, s'il vous plaît, Desblesson! *(A Tallandaz.)* Serviteur, mon cher beau-frère!

TALLANDAZ.

Ah! bonjour, Antoine!

ANTOINE, *à lui-même.*

Il est vrai que je descends..... par ma sœur, *(avec emphase)* de la noble famille des du Belsons, proscrite à l'époque de la guerre des Camisards. *(A Tallandaz, changeant de ton.)* J'ai fait apporter la caisse de Madère que tu m'avais demandée!

TALLANDAZ.

Ah! Voyons! *(Il sonne, la domestique paraît.)*

LA DOMESTIQUE.

Monsieur!

TALLANDAZ.

Des biscuits, des verres et une bouteille de ce vin qu'on vient d'apporter!

ANTOINE.

Mais, tu parais agité?

TALLANDAZ.

Il y a de quoi! *(La domestique rentre avec un plateau.)* Ma femme et ma fille ne pensent qu'à elles et à leurs plaisirs... Cornélie n'irait pas seulement quêter en faveur des nègres!

ANTOINE, *avec indignation.*

Oh!

TALLANDAZ, *la bouche pleine.*

Tandis que je n'ai pas même le temps de manger! *(Il boit.)*

ANTOINE.

Tu te tueras, c'est sûr!

TALLANDAZ, *sérieux et trempant un biscuit dans son vin.*

Parbleu!

ANTOINE.

Tu devrais te reposer!

TALLANDAZ.

Me reposer?

ANTOINE.

Oui. Si tu te contentais de soulager les malheureux que tu rencontres.

TALLANDAZ.

Bon pour toi! bon pour toi! qui vides ta bourse dans la première casquette qu'on vient tendre sous ta main!... Un aumônier de hasard!

ANTOINE, *tirant sa tabatière.*

Mon Dieu ! oui.

TALLANDAZ.

Me reposer !... Au moment où je puis espérer d'être à la tête du comité directeur de la société internationale de secours réunis.

ANTOINE.

Réunis... diantre !

TALLANDAZ.

Oui, tous les chefs de section m'ont promis leurs voix aussitôt que je me serai signalé par quelque fondation grandiose.

ANTOINE.

Grandiose...

TALLANDAZ.

Oui.

ANTOINE.

Grandiose ! Les pauvres diables doivent être bien satisfaits que quelqu'un veuille se signaler ainsi pour eux !

TALLANDAZ.

Parbleu ! Aussi j'ai demandé à la ville une concession de terrain.

ANTOINE.

Déjà !

TALLANDAZ.

Oui ! j'ai là... *(Il désigne des papiers.)* là un plan admirable, un édifice splendide ; un asile pour les incurables. *(Buvant.)* Pas mauvais ce Madère !

ANTOINE.

J'en suis très heureux... mais un asile..... splendide doit coûter fort cher et la fortune que tu possèdes, quoique assez belle...

TALLANDAZ.

Ecoute ! D'abord... *(A part.)* Non... Je ne puis rien lui dire de l'héritage de Mlle Desportes !

ANTOINE.

D'abord ?

TALLANDAZ.

Rien ! rien ! le testament n'est pas encore fait !

ANTOINE.

Ah ! il s'agit d'un testament ?

TALLANDAZ.

Oui. Et puis... j'ai un fils.

ANTOINE.

Anatole... je le connais... Ensuite.

TALLANDAZ.

Et Louise, ma pupille, va avoir dix-huit ans.

ANTOINE.

Bon ! après.

TALLANDAZ.

Mais ce que tu ignores, car je l'ai caché avec soin à tout le monde, c'est le chiffre de sa fortune.

ANTOINE.

Voyons !

TALLANDAZ.

Onze cent mille francs ! ! !

ANTOINE.

Peste ! c'est un joli chiffre !

TALLANDAZ.

Ah ! *(Il se lève en tenant d'une main un biscuit, de l'autre son verre.)*

ANTOINE.

Et c'est à Anatole que ?...

TALLANDAZ.

Oui !... il aura 23 ans dans quelques semaines, et pour lui parler j'attendais....

ANTOINE.

Comment il ignore encore ?...

TALLANDAZ.

Certainement... par excès de prudence ; car c'est un fait notoire que les cousins et cousines élevés ensemble dans des idées d'union ne manquent jamais de se prendre en grippe. *(Se versant, à lui-même.)* Très bon ce Madère !

ANTOINE.

Je comprends.

TALLANDAZ.

Je connais Anatole, c'est un garçon sage, rangé, qui n'a pas de passions bien vives... si ce n'est pour sa science.... ses insectes...

ANTOINE.

Ses insectes antédiluviens ! Superbe travail !

TALLANDAZ, *enthousiasmé.*

Oh !... après son mariage il continuera à vivre avec nous ; je continuerai à administrer la fortune de sa femme et ma fondation aura lieu. *(Buvant.)* Voilà du madère !

ANTOINE.

Certes, ils seraient très coupables tous deux de s'opposer à un aussi beau résultat !

TALLANDAZ.

Je serai à la tête du comité !

ANTOINE.

Cependant ton fils pourrait bien ne pas plaire à ta nièce.

TALLANDAZ.

Ne pas lui plaire !.... lui que j'ai élevé dans mes principes, qui suit si bien l'exemple que je lui donne, car c'est lui, lui qui a imaginé dernièrement la souscription en faveur des nègres... il ne lui plairait pas !

ANTOINE.

Les nègres..... en effet, voilà une raison !

TALLANDAZ.

À la tête du comité !

ANTOINE.

Mais cette récompense pourrait bien ne pas suffire à ta nièce... ces jeunes filles sont quelquefois si exigeantes !

TALLANDAZ.

Ah! devenir le premier philanthrope d'un pays; voir son nom béni dans tous les journaux ; recevoir des récompenses publiques pour sa bienfaisance ; donner son nom à une rue ; servir de modèle à une statue... y a-t-il rien qui puisse toucher davantage le cœur d'un homme... de cœur?

ANTOINE.

Mais enfin si ta nièce aimait de son côté quelqu.....

TALLANDAZ, *sans l'écouter.*

A la tête du comité! *(Il sonne.)*

ANTOINE.

Allons! il ne m'entend plus! *(La domestique entre.)*

TALLANDAZ.

Mon cabinet est-il en état... les meubles sont-ils rentrés?

LA DOMESTIQUE.

Pas encore, Monsieur, les vernisseurs ne font que d'achever leur besogne.

TALLANDAZ.

Bon! me voilà forcé de travailler encore ici, parce qu'il plaît à ma femme de donner un grand bal!

ANTOINE.

Je te laisse. Adieu!

SCÈNE VI

TALLANDAZ, puis Mme TALLANDAZ, CORNÉLIE.

TALLANDAZ, *se disposant à écrire.*

Ah! mon Dieu! jamais mon rapport sur l'extinction du paupérisme ne sera fini..... et j'ai toutes ces pièces à expédier.

Mme TALLANDAZ.

Je ne viens pas te déranger...

TALLANDAZ, *à lui-même.*

Oh! non.

Mme TALLANDAZ.

Je veux te prier de mettre des adresses à ces formules d'invitation.

TALLANDAZ.

Comment c'est pour mettre des adresses ?...

Mme TALLANDAZ.

Mon ami! ne te fâche pas, je t'en prie... voici la liste des personnes que.....

TALLANDAZ.

Mais ventrebleu !...

Mme TALLANDAZ, *lui donnant des papiers.*

Maintenant je ne te demanderai plus rien.

TALLANDAZ.

A la bonne heure.

Mme TALLANDAZ.

Seulement... fais-moi le plaisir d'envoyer un mot de ta main à M. le baron de Steinhügel.

CORNÉLIE.

Oh! oui papa, tu seras bien gentil.

TALLANDAZ.

Mais vous ne m'avez pas entendu. J'ai à faire un rapport sur l'extinction du paupérisme ; à mettre au net un compte-rendu à la société de secours publics ; à corriger les épreuves d'un article sur la société économique ; à convoquer le comité chargé d'examiner la position des infirmes et des incurables ; à envoyer des circulaires à toutes les personnes qui s'intéressent à l'émancipation des nègres... et il faut que j'abandonne tout cela pour écrire à ce M. de Steinhügon... gan... gen.

CORNÉLIE.

Gel, papa.

TALLANDAZ.

Gel, soit. Mais qu'est-ce que c'est que ce M. de Steinhübel ?

CORNÉLIE.

Gel, papa !

TALLANDAZ.

Gel, soit !

Mme TALLANDAZ.

Un homme de la plus haute distinction. Dis à ton père combien il a été gracieux pour nous l'autre soir chez Mme de Brumoy.

CORNÉLIE.

Oh ! il est charmant ! il a eu l'un de ses ancêtres tué aux croisades, sais-tu ?

Mme TALLANDAZ

Et puis quelle habitude du monde ! Il faut entendre comme il traite les gens du peuple quand il leur parle !

CORNÉLIE.

Il appelait le cocher qui l'a conduit « drôle, imbécile, animal » avec une aisance !

Mme TALLANDAZ.

Certainement. On s'aperçoit dès l'abord que c'est un homme qui a reçu une excellente éducation.

CORNÉLIE.

Et avec cela d'une amabilité !

Mme TALLANDAZ.

Il nous a parlé toute la soirée du parc et du château de son ami le prince de Lichtenstein.

CORNÉLIE.

Un parc où il y a des cerfs superbes, papa !

Mme TALLANDAZ.

Le prince ne peut se passer de lui.

TALLANDAZ.

Le prince de Lichtenstein !... Eh bien ! soit, j'écrirai à M. le baron de Steinhüdel.

CORNÉLIE.

Gel, papa.

TALLANDAZ.

Gel, c'est bien cela.

CORNÉLIE.

Ah ! papa, que tu es bon ! *(Cornélie sort avec sa mère).*

SCÈNE VII

TALLANDAZ, LA DOMESTIQUE allant et venant.

TALLANDAZ, *à lui-même.*

Est-ce que ma femme aurait des intentions sur ce monsieur, pour Cornélie ? Enfin, nous verrons ! Où en étais-je de mon rapport ? Ah ! voici !

LA DOMESTIQUE.

Monsieur !

TALLANDAZ.

Que voulez-vous ?

LA DOMESTIQUE.

C'est un monsieur..... c'est-à-dire un homme qui désirerait parler à Monsieur ; je crois qu'il demande des secours.

TALLANDAZ.

Bon ! un mendiant maintenant ! si cela continue, jamais mon travail sur l'extinction du paupérisme ne sera prêt.

LA DOMESTIQUE.

Que faut-il lui répondre ?

TALLANDAZ.

Qu'il repasse ! à présent, je suis occupé, très occupé. On ne pense qu'à eux et ils ne sont jamais contents !

LA DOMESTIQUE.

Quand Monsieur veut-il qu'il revienne ?

TALLANDAZ.

Eh ! quand il lui plaira ! *(La domestique sort.)* Où en étais-je. Ah ! voilà : « Grâce à nos soins, on peut dire que le paupérisme n'existe plus dans notre pays, si ce n'est dans l'imagination de quelques personnes mal intentionnées.

LA DOMESTIQUE, *rentrant.*

Monsieur !...

TALLANDAZ.

Ventrebleu !

LA DOMESTIQUE.

Il dit que si Monsieur était assez bon pour l'écouter maintenant...

TALLANDAZ.

Toujours interrompu ! Enfin, dites-lui d'attendre ! Ah ! ces pauvres sont d'une indiscrétion ! Voyons ! *(La domestique sort. Reprenant sa lecture.)* « Organiser la charité, tel a été notre but, but auquel chacun de nous s'est consacré en faisant abnégation de ses travaux, de ses occupations, de ses loisirs. » Il me semble que voilà un morceau dont on sera satisfait ! *(La domestique rentre.)*

LA DOMESTIQUE.

Monsieur !

TALLANDAZ, *avec force et brandissant sa plume.*

Hein ? Avez-vous juré de me faire perdre patience ?

LA DOMESTIQUE.

Il m'a donné une lettre de recommandation pour Monsieur, de la part de... de... enfin, la voici. *(La domestique pose la lettre sur la table devant laquelle Tallandaz est assis.)*

TALLANDAZ.

Ah ! qu'on est malheureux d'être persécuté ainsi ! Ces gens sont sans pitié ! *(Il frappe machinalement son papier avec la pointe de sa plume.)* Bon ! voilà une tache d'encre ! *(En épongeant la tache, il renverse l'encrier.)* Encore mieux !

LA DOMESTIQUE.

Je crois qu'il ne s'agit que de signer les bons de pain que voici.

TALLANDAZ, *regardant la tache.*

Quel pâté !

LA DOMESTIQUE.

Un pâté ! Non, Monsieur, ce sont des bons de pain.

TALLANDAZ.

Hein ? Signer ? *(Il prend les bons.)*

LA DOMESTIQUE.

Oui monsieur. *(Tallandaz signe.)*

TALLANDAZ.

Voilà! *(La domestique sort.)*

SCÈNE VIII

TALLANDAZ, *seul.*

Ah! quelle misère d'être riche! Jamais mon rapport sur l'extinction du paupérisme ne sera achevé avant la fin du mois et l'on dira que la société reste dans l'inaction, qu'elle ne fait rien pour les indigents! Bon! cet homme a oublié sa lettre de recommandation!..... Je connais cette écriture... C'est celle d'une femme!... Jacqueline Desportes! Mon excellente amie Mlle Desportes! Ventrebleu! Au moment où j'allais l'engager à faire son testament! c'est elle qui m'envoie ce malheureux! Ce n'est donc pas le premier venu, un imposteur, comme il y en a tant! *(Il sonne.)* S'il insistait pour me voir, c'est qu'il y était forcé par le besoin! Il ne pouvait pas savoir combien il était importun. *(Il sonne.)* Il me semble que je n'ai pas fait pour lui tout ce que j'aurais dû! *(Il sonne.)*

SCÈNE IX

TALLANDAZ, LA DOMESTIQUE.

LA DOMESTIQUE.

Monsieur?

TALLANDAZ.

Allez, courez après cet homme et dites-lui qu'il revienne, qu'il remonte, il a oublié...

LA DOMESTIQUE.

Quoi?

TALLANDAZ.

Rien, allez! Allez donc!

LA DOMESTIQUE.

Mais, Monsieur, il est déjà loin! *(Elle se met à la fenêtre.)*

TALLANDAZ, *à lui-même.*

Le pauvre homme, il est bien triste d'être réduit à implorer le secours des autres! Et que va dire Mlle Desportes quand elle saura comment j'ai reçu son protégé?

LA DOMESTIQUE, *à la fenêtre.*

Monsieur veut-il que j'essaie?

TALLANDAZ.

Non, c'est inutile; laissez-moi!

LA DOMESTIQUE, *à elle-même.*

Qu'est-ce qu'il a donc?

TALLANDAZ, *marchant avec vivacité.*

Au moment où je voulais l'engager à faire son testament! Il faut que j'y aille tout de suite!

LA DOMESTIQUE.

Il a l'air tout effaré!

TALLANDAZ, *s'arrêtant.*

Où ai-je mis mon chapeau? *(Il l'a sur la tête.)* Aussi, c'est la faute de ma femme! Qu'avait-elle besoin de me remplir la tête de lettres, de barons, de soirées! Quand on doit inviter quelqu'un, on reçoit mal tout le monde! *(Il sort en courant et se heurte contre le baron qui entre.)*

LE BARON.

Oh! pardon!

TALLANDAZ.

Pardon! Pardon!

SCÈNE X

Le baron, la domestique, puis ANATOLE, puis la comtesse.

LA DOMESTIQUE, *à la fenêtre.*

Il court comme s'il avait le feu aux... talons.

LE BARON, *toussant pour avertir.*

Hem! Hem! Je ne veux pas déranger ces dames.

LA DOMESTIQUE, *se retournant, à elle-même.*

Oh! M. le baron de Steinhügel! *(Haut.)* Monsieur!

LE BARON.

Je leur apporte seulement ces billets pour le concert de ce soir. *(Il remet les billets à la domestique.)*

LA DOMESTIQUE.

Si Monsieur veut prendre la peine... *(Elle donne un fauteuil et sort avec les billets.)*

LE BARON, *seul.*

Je crois que mes affaires vont bien! La fille est folle de moi; la mère est folle de... folle tout simplement! Une belle dot à épouser!... Décidément la Suisse est un bon pays!

LA DOMESTIQUE.

Ces dames font dire à Monsieur qu'elles seront prêtes à sept heures.

LE BARON.

Très bien!

ANATOLE, *entrant, à lui-même.*

J'ai le numéro, mais je n'ai pas osé remettre ma lettre! *(Les deux hommes se saluent.)*

LA DOMESTIQUE, *à Anatole.*

M. de Vauxbrun sort d'ici; il a attendu Monsieur fort longtemps. *(Elle sort.)*

ANATOLE.

Quelle contrariété. Oh! il faut absolument...

LE BARON.

Ne vous dérangez pas pour moi, je vous prie.... J'allais me retirer.

LA DOMESTIQUE, *annonçant.*

Mme la comtesse Castolini!

ANATOLE, *à part.*

La comtesse ici! *(La comtesse entre et se croise avec le baron qui va pour sortir, tous deux tressaillent.)*

LA COMTESSE.

Monsieur! *(A part.)* Oh! c'est particulier!

LE BARON, *la regardant.*

Madame!... *(A lui-même.)* Non, ce ne peut être elle!
(Il sort.)

SCÈNE XI

LA COMTESSE, ANATOLE.

ANATOLE, *à part.*

Oh! je suis ému!

LA COMTESSE.

Je croyais trouver ici Monsieur votre père.

ANATOLE.

Non, madame.... Non, madame; il n'y est pas.
(A part.) Ah! seul avec elle!

LA COMTESSE.

A la veille de mon départ, je lui apportais une modeste offrande pour ses pauvres.

ANATOLE.

Ah! madame!... Ah! madame!... je ne puis assez bénir le hasard... *(Il tire son mouchoir et s'essuie le front).*

LA COMTESSE.

Le hasard?

ANATOLE.

Oui, qui me procure l'avantage de me trouver seul un instant avec vous. *(Il frotte machinalement son chapeau à rebrousse poil avec son mouchoir et l'ébouriffe complétement.)*

LA COMTESSE.

Plaît-il, monsieur?

ANATOLE.

Ah! depuis le moment où j'ai eu le bonheur de vous voir pour la première fois, j'épie cet instant sans cesse pour vous dire...

LA COMTESSE.

Pour me dire ?

ANATOLE, *à part et s'essuyant le front.*

Dieu ! que j'ai chaud ! *(Haut.)* Pour vous dire...

LA COMTESSE.

Asseyez-vous donc, je vous prie.

ANATOLE.

C'est vrai... j'ai oublié... c'eût été à moi. *(Il s'assied, la comtesse va chercher un fauteuil.)*

LA COMTESSE.

Merci !

ANATOLE.

Ah ! pardon ! ah ! pardon ! *(A part.)* Je ne sais plus du tout ce que je fais.

LA COMTESSE.

Eh bien ! monsieur, je vous écoute.

ANATOLE.

C'est que... je ne sais quelle influence mystérieuse vous exercez sur moi ; mais lorsque je vous vois, dès que j'entends le son de votre voix charmante, aussitôt que vous daignez laisser tomber sur moi vos regards, au seul bruissement de votre robe même, mes jambes se dérobent, ma tête s'égare, un brouillard passe devant mes yeux, un tremblement nerveux s'empare de toute ma personne et ma langue me refuse tout service.

LA COMTESSE.

Vraiment ! il faut que vous me le disiez en si bons termes pour que je vous croie.

ANATOLE.

Tenez, madame, vous êtes-vous jamais trouvée en face d'un boa ?

LA COMTESSE, *effrayée.*

Mais ! non, monsieur.

ANATOLE.

Alors, vous ne pouvez pas comprendre ma position en ce moment.

LA COMTESSE.

Monsieur !

ANATOLE.

Non, car vous me fascinez ; vous me... tout-à-fait...

LA COMTESSE.

C'est fort galant, en vérité ! *(Pendant toute la scène, la comtesse, ironique en apparence, ne cesse de provoquer du regard.)*

ANATOLE.

Ah ! vous ne voyez donc pas que je vous adore, que vous me rendez fou, que... que... ah ! madame !

LA COMTESSE.

Monsieur ! la comtesse Castolini est très flattée d'avoir inspiré une passion interprétée avec une telle éloquence.

ANATOLE.

Oh ! madame !

LA COMTESSE.

Malheureusement, des affaires importantes m'obligent à quitter Genève ce soir même par le dernier convoi, souffrez donc que je me retire. *(Elle lui fait un profond salut.)*

ANATOLE, *à lui-même*.

Par le dernier convoi... *(Il reste accablé.)*

LA COMTESSE, *à part, sortant*.

Il me suivra !

SCÈNE XII.

ANATOLE, puis TALLANDAZ.

ANATOLE, *comme se réveillant au bruit de la porte*.

Madame ! Aurélia !... partie ! Diable d'Italienne ! Rien ne vous perd avec les femmes comme un sentiment sincère. Mais il ne sera pas dit... je la suivrai... je la suivrai ! Diantre ! c'est que... pour la suivre... il me faudrait... il faut... *(Tâtant ses poches.)* ce que je n'ai pas. Ah ! si j'essayais encore un de mes petits projets ! Hem ! hem ! j'en ai un peu abusé ces temps-ci de mes petits projets, sans compter la souscription pour le rachat des nègres... C'était une bien bonne idée ! *(Riant.)* Ah ! ah ! ah ! Enfin, voyons ! j'ai encore là... *(Il cherche dans son portefeuille.)* Précisément, j'entends papa ! Diable d'Italienne !

TALLANDAZ, *à lui-même*.

Cette bonne demoiselle Desportes n'était pas chez elle, mais j'ai laissé un petit billet !

ANATOLE, *toussant*.

Hem ! hem !

TALLANDAZ.

Qu'est-ce que c'est ? Tu parais avoir quelque chose à me dire.

ANATOLE.

Oui, papa... un petit projet que je voulais te soumettre !

TALLANDAZ.

Un projet !

ANATOLE.

Une circulaire à toutes les personnes bienveillantes qui s'intéressent à la guérison des plaies qui affligent l'humanité.

TALLANDAZ.

Ah ! très bien ! Voyons !

ANATOLE, *lisant*.

Circulaire. A toutes les personnes bienveillantes qui s'intéressent à la guérison des plaies qui affligent l'humanité.

TALLANDAZ.

Les plaies... c'est cela !

ANATOLE, *lisant*.

Toutes les créatures animées ont également droit à notre sollicitude.

TALLANDAZ.

Oui !

ANATOLE, *lisant*.

Aussi l'on ne peut songer sans frémir aux traitements épouvantables que l'on inflige impunément chaque jour aux animaux qui nous entourent.

TALLANDAZ.

Oui ! oui ! *(A part.)* Ah ! quel fils j'ai là !

ANATOLE, *lisant*.

Il est temps de mettre un terme à ces excès indignes d'une civilisation avancée en fondant une société protectrice.

TALLANDAZ.

Oui, oui, ces pauvres animaux ! *(A part.)* J'aurai une présidence de plus.

ANATOLE, *lisant*.

Les premiers efforts de la société auraient pour but entr'autres, les points suivants. Primo.

TALLANDAZ.

Primo ! Bon !

ANATOLE, *lisant*.

De faire cesser ces spectacles barbares connus sous le nom de ménageries et autres exhibitions d'animaux féroces ou savants comme ours, singes, marmottes, perroquets, etc.

TALLANDAZ.

Perroquets et cœtera... Ah ! tu es bien mon fils !

ANATOLE, *lisant*.

Secundo. D'obtenir une loi pour qu'il soit expressément défendu dans la destruction des « animaux incommodes comme rats, souris, mulots, etc., d'employer ces moyens odieux trop souvent en usage ; comme l'arsenic, le phosphore, moyens qui causent à ceux qui en sont victimes l'agonie la plus longue et la plus atroce. »

TALLANDAZ.

La plus atroce... c'est vrai cela ! Ah ! *(S'attendris-*

sant.) On devrait faire périr sous le bâton les gens assez féroces pour user de pareils procédés !

ANATOLE, *à part.*

Cela prend ! *(Haut.)* Tertio...

TALLANDAZ.

Ton projet est un véritable chef-d'œuvre ; donne-le moi, je l'examinerai plus à loisir.

ANATOLE.

Le voici... mais tu ignores peut-être qu'à Lausanne un comité se forme dans un but tout semblable à notre projet.

TALLANDAZ.

Tout semblable... Vraiment !

ANATOLE.

Et il est à craindre qu'il n'en ait l'initiative.

TALLANDAZ.

L'initiative... diantre ! comment faire ?

ANATOLE.

Nous aboucher sur-le-champ avec les personnes qui s'en occupent là-bas.

TALLANDAZ.

Oui, oui !

ANATOLE.

Mais pour cela, il serait essentiel que tu y allasses immédiatement.

TALLANDAZ.

Moi !... impossible en ce moment ! mais n'es-tu pas un autre moi-même.

ANATOLE, *à part.*

Très bien ! *(Haut.)* Comme tu voudras !

TALLANDAZ.

Ce cher Anatole ! *(Il tire son portefeuille.)*

ANATOLE, *le suivant de l'œil à part.*

Et allez donc !

TALLANDAZ.

Tiens ! voici cinq cents francs pour ton voyage.

ANATOLE, *à lui-même.*

Il a encore gobé la société protectrice ! *(Haut.)* Merci, papa !

LA DOMESTIQUE, *entrant.*

Une lettre pour Monsieur.

TALLANDAZ, *à lui-même regardant le timbre.*

Du Conseil municipal !

ANATOLE, *à lui-même.*

Je cours chez Alfred et de là au chemin de fer. *(Il sort.)*

TALLANDAZ, *seul, lisant.*

« J'ai l'honneur de vous annoncer que, conformément à votre demande et après délibération de... » *(Eclatant.)* Mon asile !... j'ai mon asile ! Anatole ! j'ai mon as... comment, parti !... Il ne peut-être bien loin ! Anatole ! Anatole ! *(À lui-même.)* Je serai à la tête du comité ! *(Il se précipite dehors. La toile tombe.)*

ACTE II

Le salon du premier acte. Seulement les tentures ont été renouvelées, les meubles paraissent neufs et ceux qui faisaient partie du cabinet de travail de Tallandaz ont disparu.

SCÈNE PREMIÈRE
TALLANDAZ, puis LA DOMESTIQUE.

TALLANDAZ, *entrant un cure-dent à la main ; il sonne.*

Ah ! les malheureux doivent être heureux de m'avoir. *(A la domestique.)* Le café est-il prêt ?

LA DOMESTIQUE.

Tout à l'heure, Monsieur !

TALLANDAZ, *à lui-même, déployant un plan qu'il tenait roulé.*

Il sera superbe mon asile ! *(A la domestique.)* Pas de lettre ?

LA DOMESTIQUE.

Non, Monsieur ! *(Elle sort.)*

TALLANDAZ.

Alors Louise n'arrivera pas aujourd'hui. Je lui ai écrit de me prévenir du moment de son arrivée, afin que je puisse l'envoyer chercher à la gare. C'est contrariant !

LA DOMESTIQUE, *annonçant.*

Mlle Desportes.

TALLANDAZ.

Mlle Desportes ! Faites entrer, faites entrer ! *(A lui-même.)* Ventrebleu ! Je ne pensais plus à ce mendiant d'avant-hier ! J'ai tant de choses dans la tête... mon asile... la société protectrice...

SCÈNE II
LES MÊMES, Mlle DESPORTES.

Mlle DESPORTES.

Mon vieil ami !

TALLANDAZ.

Ma chère demoiselle !

Mlle DESPORTES.

On m'a remis votre billet.

TALLANDAZ,

Tenez ! à ce propos j'ai à vous faire un bien pénible aveu. *(A la domestique.)* Du bois !

Mlle DESPORTES.

Laissez donc, vous êtes le plus excellent homme que je connaisse !

TALLANDAZ.

Peut-il être question de moi, lorsque la ville entière vous appelle la consolation des affligés, la protectrice des malheureux, la providence des pauvres, la... *(Il prend une grosse bûche des mains de la domestique.)*

Mlle DESPORTES.

La... la... Vous êtes louangeux comme un emprunteur !

TALLANDAZ, *une bûche à chaque main.*

Oh !

Mlle DESPORTES.

Bon ! je vous vois venir... Vous allez me parler encore de mon testament.

TALLANDAZ.

Mon Dieu ! nous sommes tous mortels, et...

Mlle DESPORTES.

Ah ! prenez garde de tomber dans le paradoxe !

TALLANDAZ, *cherchant à souffler le feu et ne trouvant pas le soufflet.*

Vous riez maintenant, mais vous verrez après votre mort !

Mlle DESPORTES.

Après ma mort... Je pense que je n'y verrai guère !

TALLANDAZ.

Je voulais dire... Enfin, vous avez des parents éloignés qui ne méritent que peu votre affection et qui ne l'ont pas...

Mlle DESPORTES.

Permettez...

TALLANDAZ.

De par la loi, ils hériteront de vous; ils se disputeront vos dépouilles sur votre corps à peine refroidi... (Il pose le soufflet pour prendre les pincettes.)

Mlle DESPORTES.

Oh!

TALLANDAZ.

Les avocats, les agents d'affaires s'abattront sur vos biens; ils deviendront la pâture des tribunaux...

Mlle DESPORTES.

Vous me faites peur!

TALLANDAZ.

Et les pauvres, ces pauvres que vous aimez tant et qui vous le rendent seront privés de vos bienfaits.

Mlle DESPORTES.

Certainement....

TALLANDAZ, *avec émotion et brandissant les pincettes.*

Ah! vous abandonneriez les agneaux pour les loups... Vous consentiriez à nourrir des avocats?

Mlle DESPORTES.

Des loups!... Des avocats!

TALLANDAZ,

Ah! mademoiselle!

Mlle DESPORTES.

Vous avez raison, vous avez raison, mon cher conseiller, et aussitôt que vous aurez quelque loisir, je vous prierai de m'aider de vos lumières.

TALLANDAZ, *transporté de joie.*

Oh! mademoiselle, croyez bien que je suis... (*Il lui saisit les mains.*)

Mlle DESPORTES.

Bien, bien!

TALLANDAZ.

Merci, merci pour vos protégés! (*Il lui serre les mains avec transport.*)

Mlle DESPORTES.

La! doucement.

TALLANDAZ.

Excellente femme, excellente femme!

Mlle DESPORTES.

Mais maintenant que nous avons parlé testament, parlons un peu mariage.

TALLANDAZ.

Comment... mariage!

Mlle DESPORTES.

Pas pour moi; pas pour moi; ne me regardez pas d'un air stupéfait!

TALLANDAZ.

Mais....

Mlle DESPORTES.

N'avez-vous personne dans votre famille en âge de...

TALLANDAZ.

Cornélie.

Mlle DESPORTES.

Mlle Cornélie aussi, mais votre nièce?

TALLANDAZ, *sautant*.

Ma nièce... c'est ma nièce qui...

Mlle DESPORTES.

N'auriez-vous pas de la joie à lui donner un mari qui la rendrait bien heureuse?

TALLANDAZ.

Bien heureuse!... un mari!...

Mlle DESPORTES.

Remerciez-moi... j'ai trouvé.

TALLANDAZ.

Vous avez trouvé?

Mlle DESPORTES.

Oui, un charmant jeune homme qui l'aime et qui en est aimé.

TALLANDAZ.

Qui en est aimé... elle est aimée d'un jeune homme?

Mlle DESPORTES.

Sans doute!

TALLANDAZ.

Un jeune homme aime Louise?

Mlle DESPORTES.

Mais les relations de ces enfants sont fort innocentes.

TALLANDAZ, *égaré*.

Innocentes?

Mlle DESPORTES.

Certainement, car...

TALLANDAZ.

Innocentes... et il veut l'épouser?

Mlle DESPORTES.

Mais il me semble... voyons, calmez-vous, ces jeunes gens ne peuvent se marier sans votre consentement.

TALLANDAZ.

Vous avez raison... Je me laisse entraîner... Mais vous ne savez pas ce que c'est que le désespoir d'un père... je veux dire d'un oncle, d'un tuteur dont on veut épouser la nièce.

Mlle DESPORTES.

Comment le désespoir?

TALLANDAZ.

Vous le comprendrez lorsque je vous aurai fait part de mes vœux les plus chers, de projets depuis longtemps caressés, longuement mûris.

Mlle DESPORTES.

Des projets?

TALLANDAZ.

Oui, plus tard je vous dirai...

Mlle DESPORTES, *à elle-même*.

Des projets... c'est singulier!

TALLANDAZ, *ému*.

Ah!

Mlle DESPORTES.

Mon vieil ami! *(A elle-même.)* Ah! pauvre M. Jules!

TALLANDAZ.

Mais vous ne m'avez pas dit le nom de ce... jeune homme?

Mlle DESPORTES.

M. Jules Ramelin!

TALLANDAZ.

Ramelin! C'est donc pour cela qu'il s'est présenté chez moi?

Mlle DESPORTES.

Oui, mais croyez que je suis désolée de vous avoir causé une si vive contrariété. *(Elle se lève.)*

TALLANDAZ.

Cela n'est rien! cela n'est rien! Je suis bien aise au contraire de savoir...

Mlle DESPORTES, *à elle-même, sortant.*

Pauvre M. Jules!

SCÈNE III.

TALLANDAZ; puis LA DOMESTIQUE.

TALLANDAZ.

Épouser Louise? Pas un instant à perdre! Je vais écrire à la directrice du pensionnat que j'ai changé d'avis et de veiller..... Est-ce assez heureux qu'elle ne soit pas arrivée, cette chère Louise! *(Il se met à écrire.)*

LA DOMESTIQUE.

Monsieur! Monsieur!

TALLANDAZ.

Quoi?

LA DOMESTIQUE.

C'est une jeune personne avec des bagages. Elle dit être la nièce de Monsieur.

TALLANDAZ.

Ventrebleu! c'est elle! la voilà! que le diable l'emporte!

LE TUTEUR DE LOUISE

LA DOMESTIQUE.

Faut-il la faire entrer ?

TALLANDAZ.

Certainement ! certainement ! cette chère enfant ! (*La domestique sort.*) Au fait, je suis bien bon de me tourmenter ! A son âge, une jeune fille sait-elle qui elle aime et qui elle n'aime pas ? Cet amour ne peut être sérieux. Allons ! il n'est pas sérieux ! Il serait plaisant que les indigents souffrissent parce qu'un jeune polisson aura pressé peut-être la main de ma nièce en la regardant de côté... là comme cela ! (*Il regarde de côté avec une expression comique.*) Où en seraient les pères de famille si leurs projets dépendaient d'une pression de main ! Je parlerai raison à Louise, et elle sera très heureuse en ménage avec Anatole.

SCÈNE IV.

TALLANDAZ, LOUISE.

LOUISE, *entrant en costume de voyage avec plusieurs petits paquets.*

Mon cher oncle ! (*Elle va pour l'embrasser.*)

TALLANDAZ.

Je ne t'attendais plus.

LOUISE.

Vous n'avez donc pas reçu ma lettre ?

TALLANDAZ.

C'est égal, je suis bien heureux de te voir... (*La domestique apporte le café.*)

LOUISE.

Mon bon oncle. (*Elle va pour l'embrasser.*)

TALLANDAZ, *continuant.*

Car j'ai à te parler d'une affaire sérieuse.

LOUISE.

Une affaire sérieuse ?

TALLANDAZ.

De ton mariage. (*Il se verse du café.*)

LOUISE.

Ah! *(A part.)* Jules m'avait bien promis de parler à mon oncle.

TALLANDAZ.

Je ne suis pas un tuteur farouche, tu le sais... *(Il repose sa tasse sur la table.)*

LOUISE.

Oh! mon oncle!

TALLANDAZ.

Un oncle sans entrailles. *(Il boit son café et se verse un verre de liqueur.)*

LOUISE.

Oh!

TALLANDAZ.

Aussi je ne veux t'imposer ma volonté en quoi que ce soit.

LOUISE.

Que vous êtes bon!

TALLANDAZ.

Mais un mari n'est plus une poupée qu'on puisse donner sans réflexion à une petite fille lorsqu'elle en a le caprice. *(Il prend un morceau de sucre et le met dans le verre.)*

LOUISE.

Oui mon oncle.

TALLANDAZ.

Je sais qu'un jeune homme a cherché à te plaire.

LOUISE, *embarrassée*.

Mon oncle!...

TALLANDAZ.

Ce M. Ramelin, je crois, t'a dit qu'il t'aimait et tu l'as écouté.

LOUISE.

Mais...

TALLANDAZ.

Sais-tu si ce n'est pas ta fortune seule qui l'a séduit!

LOUISE.

Oh!

TALLANDAZ.

Car tu as de la fortune.

LOUISE.

Vous ne le connaissez pas, lui !

TALLANDAZ.

Ta, ta, ta, je connais les hommes.

LOUISE.

Si vous saviez combien il est doux, aimable, poli et avec cela un air si noble...

TALLANDAZ.

Noble ! noble ! Mais malheureuse enfant, ils sont tous doux, aimables et polis ces petits séducteurs !

LOUISE.

Oh ! lui !...

TALLANDAZ, *se levant.*

Elles sont toutes les mêmes ! il suffit qu'un jeune homme soit doux, aimable et poli pour leur paraître charmant.

LOUISE.

Je vous assure...

TALLANDAZ.

Et puis, il est étranger, il est Français, et sait-on jamais d'où ils viennent ces Français charmants !

LOUISE.

Oh ! je suis bien certaine qu'il est honnête lui !...

TALLANDAZ.

Honnête !... honnête !... et il veut t'épouser !...

LOUISE.

Mais il me semble !...

TALLANDAZ.

Et tu serais peut-être malheureuse toute ta vie !

LOUISE.

Oh ! je ne puis croire... *(Elle porte son mouchoir à ses yeux.)*

TALLANDAZ.

Voyons, ma chère Louise !... sois donc raisonnable.

LOUISE.

Ah ! mon oncle !

TALLANDAZ, à part.

Mes projets, mes pauvres... il faudrait tout abandonner... ah ! ces enfants sont d'un égoïsme !...

LOUISE.

Ah !

TALLANDAZ.

Tu n'as pas songé qu'il t'emmènerait loin de nous, loin de la Suisse...

LOUISE.

Mais...

TALLANDAZ.

Et serais-tu bien aise de quitter le pays qui t'a vu naître ; cet oncle qui t'a élevé, qui t'a servi de père ?... (Il s'attendrit.)

LOUISE.

Vous ne le pensez pas ?

TALLANDAZ.

De mon côté, j'avais formé, je l'avoue, des projets pour ton établissement. Anatole, ton cousin...

LOUISE.

Plaît-il mon oncle ?

TALLANDAZ.

Il t'aime, il t'adore, il mourra, j'en suis sûr, s'il est obligé de renoncer à son vœu le plus cher.

LOUISE.

Je ne dis pas... Mais pardonnez-moi... On n'est pas maître de cela... Je l'aime lui !

TALLANDAZ.

Qui lui ?

LOUISE, embarrassée.

Mais.....

TALLANDAZ.

Hein ?

LOUISE, d'une voix à peine intelligible.

M. Jules.

TALLANDAZ.

M. Jules!... tu l'aimes!... tu l'aimes! *(A part.)* Ah! ces petites filles n'ont pas de cœur!

LOUISE.

Et puis je ne connais pas beaucoup mon cousin.

TALLANDAZ.

Vous ferez connaissance.

LOUISE, *continuant.*

Nous avons presque toujours vécu éloignés l'un de l'autre.

TALLANDAZ, *embarrassé.*

Hein?... oui... l'éloignement... c'est cela... il rapproche...

LOUISE, *étonnée.*

Il rapproche?

TALLANDAZ.

Il grandit la passion, il rapproche les cœurs.

LOUISE.

Mais...

TALLANDAZ.

Qui sait où le désespoir peut conduire? Malheureux enfants que vous êtes! malheureux père que je suis! *(Il s'essuie les yeux.)*

LOUISE.

Mon oncle! mon oncle! *(A elle-même.)* Ah! mon Dieu! que faire?

TALLANDAZ, *d'une voix entrecoupée.*

Et... je n'ai... que ce fils!

LOUISE.

Mon oncle!

TALLANDAZ, *dans son mouchoir.*

Ah!

LOUISE.

Mon oncle! *(A elle-même.)* Que je suis malheureuse.

TALLANDAZ, *de même.*

Ah! ah! ah!

LOUISE.

Mon bon oncle !... cela me sera bien pénible...

TALLANDAZ.

Hein ?

LOUISE.

Mais j'essaierai... je tâcherai d'oublier...

TALLANDAZ, *avec joie.*

Tu consentirais ?...

LOUISE.

Ah ! ce pauvre Jules comme il souffrira !...

TALLANDAZ.

Quel bon petit cœur tu es. *(A part.)* J'aurai mon asile !

ANATOLE, *en dehors.*

Papa est là ! bien, je vais le trouver !

TALLANDAZ et LOUISE, *en même temps.*

Anatole ! Mon cousin !

TALLANDAZ, *très agité, à lui-même.*

Et il n'est pas prévenu ! *(Haut.)* Ma chère enfant, va vite auprès de ta tante !...

LOUISE.

Comment mon oncle ?

TALLANDAZ.

Tu comprends... tu dois comprendre dans quelle inquiétude elle est à... au sujet de notre entretien.

LOUISE.

Mais...

TALLANDAZ, *la poussant.*

Oui, oui, va vite !

LOUISE.

Oh ! laissez-moi au moins la consolation d'être la première à annoncer à mon cousin...

TALLANDAZ, *vivement.*

Oh ! non ! oh ! non !

LOUISE, *continuant.*

Que je consens à...

TALLANDAZ.

Non, non. Tu conçois, que... il n'est pas convenable... l'usage... une jeune fille...

LOUISE, *courant à la porte.*

Oh! cela ne fait rien!

TALLANDAZ, *la retenant et barrant la porte.*

Et puis... l'émotion!... la surprise! lorsqu'elle n'est pas attendue!... va vite auprès de ta tante!

LOUISE.

Pourquoi vous agiter si fort?

TALLANDAZ, *à part.*

Elle voit que je suis agité. *(Haut.)* Agité... agité... c'est-à-dire...

SCÈNE V

LES MÊMES, ANATOLE, *ouvrant la porte.*

ANATOLE.

Bonjour papa... Ah! ma cousine!

TALLANDAZ.

Bonjour mon fils! *(A part.)* Comment le prévenir!

LOUISE.

Mon cousin! soyez satisfait! je consens à tout!

ANATOLE, *très étonné.*

A tout!

TALLANDAZ, *toussant.*

Hem! Hem!

LOUISE.

Je voulais être la première à vous le dire...

ANATOLE.

A me dire quoi?

TALLANDAZ, *bas.*

Tais toi donc!

ANATOLE, *regardant tour à tour son père et sa cousine.*

Hein?

TALLANDAZ, à part.

Il va tout perdre !

LOUISE.

Je vous l'avoue, je ne m'attendais pas à de tels sentiments pour moi.

ANATOLE.

Des sentiments... pour toi... quels sentiments ?

TALLANDAZ, bas à Anatole.

Mais veux-tu te taire ! (Il lui serre le bras.)

ANATOLE.

Aïe ! Quoi ?

TALLANDAZ, bas.

Imbécile !

ANATOLE.

Mais papa !...

TALLANDAZ, à sa nièce.

Tu le vois, ma chère enfant, la joie, le... la... l'émotion le rend immobile...

ANATOLE, n'y comprenant rien.

La joie... l'émotion !

TALLANDAZ, continuant.

Il ne peut croire à son bonheur.

ANATOLE, à lui-même.

Mon bonheur !

TALLANDAZ, bas.

Nigaud !

ANATOLE.

Mais papa !

TALLANDAZ, à lui-même.

Il ne se taira pas !

ANATOLE.

Plaît-il ?

TALLANDAZ, bas à Anatole.

Es-tu sourd ?

ANATOLE.

Comment !

TALLANDAZ.

Es-tu aveugle ?

ANATOLE.

Ah! ça. *(A lui-même.)* Papa est fou!

TALLANDAZ.

Voyons! embrasse-la donc!

LOUISE.

Mon oncle!

TALLANDAZ, *à part.*

Maudit Anatole!

ANATOLE, *hébété.*

Certainement je...

TALLANDAZ, *l'interrompant vivement.*

Cela t'est permis maintenant, puisqu'elle est ta fiancée, ton épouse, ta femme.

ANATOLE.

Comment ma femme.

TALLANDAZ.

Ventrebleu! *(Il lui pince le bras.)*

ANATOLE.

Aïe!

TALLANDAZ.

Oui! elle a bien voulu consentir... Mais va donc! va donc! *(Il le pousse dans les bras de Louise.)*

ANATOLE, *balbutiant.*

Ma cousine, je suis... on ne peut plus flatté... je n'aurais pas osé certainement...

TALLANDAZ, *l'interrompant vivement.*

Flatté! dis que tu es enchanté, ravi; que ce jour est le plus beau de ta vie; que ta félicité est inexprimable; que... *(A part.)* Maudit Anatole!

ANATOLE.

En effet, je...

TALLANDAZ, *à Louise.*

Enfin, tu vois ma chère Louise, l'effet de l'amour.

ANATOLE, *très froid.*

L'amour... c'est cela.

TALLANDAZ.

Ton cousin est si troublé qu'il ne peut trouver un mot.

ANATOLE, à part.

Diable m'emporte si j'y comprends quelque chose !

TALLANDAZ.

Mais ce trouble en dit plus que toutes les paroles.

LOUISE, *contenant ses larmes.*

Mon cousin !...

TALLANDAZ, *bas à Anatole.*

Voyons, réveille-toi un peu !

ANATOLE.

Mais.....

LOUISE, *à elle-même.*

Ah ! je ne pourrai jamais...

TALLANDAZ.

Ne reste donc pas là planté comme un piquet ! *(Il le pousse aux pieds de Louise.)*

LOUISE.

Mon cousin !...

TALLANDAZ, *à part.*

Maudit Anatole !

LOUISE, *prête à se trouver mal, bas à Tallandaz.*

Mon oncle, emmenez-moi.

TALLANDAZ, *la soutenant.*

Viens ! viens !

ANATOLE, *voulant les suivre.*

Ma cousine !

TALLANDAZ.

Attends-moi là, toi... j'ai à te parler !

ANATOLE.

Oui.

TALLANDAZ.

Ah ! ces petites filles ! Que je suis malheureux !

SCÈNE VI

ANATOLE seul.

ANATOLE.

Quelle diable de comédie me fait jouer papa! Voyons! serait-ce sérieux... Aurais-je épousé ma cousine sans m'en apercevoir? Un mariage! le moment serait bien choisi! Joli le moment! joli! Lorsque je viens de signer des promesses à la comtesse. Dam! sans cela jamais Aurélia... Oh! mais quelle femme! A côté... ma cousine... peuh! une petite pensionnaire! Seulement l'empereur d'Autriche a séquestré les biens de son mari. Elle me l'a avoué lorsque... Oh! mon oncle! (Il se plonge dans son journal.)

SCÈNE VII

ANATOLE, ANTOINE.

ANTOINE.

Ton père n'est pas visible en ce moment?

ANATOLE, *maussade*.

Non.

ANTOINE.

Eh bien! ton voyage a-t-il été profitable à la philanthropie?

ANATOLE, *même jeu*.

Oui.

ANTOINE.

Oui. Non. Au moins ces jeunes gens ne sont pas bavards!

SCÈNE VIII

LES MÊMES, Mme TALLANDAZ, CORNÉLIE et le BARON DE STEINHUGEL.

Mme *Tallandaz, Cornélie et le baron traversent le théâtre comme pour sortir. Le baron est chargé des châles des deux dames, d'ombrelles, etc.)*

LE BARON, *continuant une conversation commencée.*

Non mademoiselle, vous n'étiez pas faite pour rester dans un pays comme celui-ci ; vous pourriez donner le ton dans une grande ville.

CORNÉLIE.

Oh ! Monsieur !

(*Pendant ce temps, Mme Tallandaz fait des efforts inouïs pour mettre ses gants.*)

ANTOINE.

Monsieur le baron, je suis votre humble serviteur !

LE BARON.

Je suis le vôtre, Monsieur du Belsons.

ANTOINE.

Du Belsons !... Pardon ; cela c'est le nom de ma sœur étant demoiselle.

LE BARON.

Mais puisque madame est votre sœur.

ANTOINE.

Ah ! que voulez-vous ! Mon père et ma mère étaient les siens aussi, ce qui n'empêche pas que notre nom ne soit différent.

Mme TALLANDAZ.

Mon frère !

ANTOINE.

Nous devons être modestes, devant M. le baron surtout ; car je suis sûr que lui ne peut compter ses ancêtres.

LE BARON, *à lui-même.*

Est-ce une raillerie ?

ANTOINE.

A propos Monsieur le baron, le journal de ce matin annonçait qu'un château de Steinhügel était devenu la proie des flammes... j'espère au moins qu'il ne s'agit pas du vôtre ?

TOUS.

Comment !

LE BARON, *décontenancé.*

Le château de Steinhügel !

ANTOINE.

Votre ignorance à cet égard me rassure. Vous auriez été averti le premier.

LE BARON, *embarrassé.*

Oui sans doute. Et il faut que ce soit celui de... de mon... cousin, de ce pauvre... Arnold.

ANTOINE.

Monsieur votre cousin habite donc près de Manheim?

LE BARON.

Précisément, près de Manheim.

ANTOINE.

Ah! mais où avais-je la tête quand je disais Manheim, pardon, je ne sais pas pourquoi... C'est curieux comme les mots vous tournent dans la bouche; c'est de Mayence qu'il s'agit.

LE BARON, *à part.*

Maudit homme!

ANTOINE.

Mille pardons de vous avoir causé quelqu'effroi au sujet de M. votre cousin.

LE BARON

Monsieur!...

Mme TALLANDAZ, *à sa fille.*

Il ne voit donc pas qu'il nous met tous très mal à notre aise.

CORNÉLIE.

Il est d'une indiscrétion!

ANTOINE, *au baron.*

J'espère qu'il ne s'agit plus d'un de vos parents?

LE BARON.

Non, non!... c'est-à-dire d'un oncle fort éloigné.

ANTOINE, *ironiquement.*

Un oncle éloigné! Très bien! Très bien!

LE BARON, *à part.*

Il va me rendre très ridicule! *(Haut.)* Mademoiselle, madame, je suis à vos ordres.

Mme TALLANDAZ.

Oui, partons, *(à sa fille)* car cet être me ferait étouffer. *(Antoine salue le baron avec ironie, le baron lui rend froidement son salut, puis Antoine se dispose à sortir à son tour.)*

ANTOINE, *à Anatole.*

Je reviendrai tout à l'heure!

SCÈNE IX

ANATOLE, puis TALLANDAZ.

ANATOLE, *à lui-même.*

Ah! voici papa! Cette fois il va m'expliquer...

TALLANDAZ.

Il faut convenir que tu arrives bien à propos.

ANATOLE.

Mais papa!

TALLANDAZ.

Enfin, écoute-moi, mon cher ami!

ANATOLE.

Parle papa.

TALLANDAZ.

Tu es en âge de te marier.

ANATOLE, *à part.*

Il paraît que c'était sérieux.

TALLANDAZ.

Hein!

ANATOLE, *avec une naïveté feinte.*

Je crois qu'oui, papa.

TALLANDAZ, *à lui-même avec enthousiasme.*

Je crois qu'oui! Ah! quel fils j'ai là!

ANATOLE.

Eh bien! papa?

TALLANDAZ.

Eh bien! j'ai arrangé une alliance entre ta cousine et toi.

ANATOLE, *à part.*

Nom d'un scarabée ! et Aurélia !

TALLANDAZ.

Tu dis ?

ANATOLE.

Je dis oui, papa.

TALLANDAZ.

Si je ne t'en ai pas encore parlé c'est que je sais que rarement de longues fiançailles entre parents aboutissent à un mariage.

ANATOLE, *à part.*

Diantre !

TALLANDAZ.

Mais c'est dans quelques semaines ton anniversaire.

ANATOLE.

Oui.

TALLANDAZ.

Et j'attendais ce moment pour te ménager cette surprise.

ANATOLE, *à part.*

Il me donne une femme pour ma fête, papa !

TALLANDAZ.

Est-ce que tu refuserais de combler les vœux de ton père... d'accomplir un projet longtemps caressé, longuement mûri ?

ANATOLE.

Non papa !

TALLANDAZ.

Ah ! je n'attendais pas moins de toi... Ce cher Anatole ! *(A part.)* Je serai à la tête du comité !

ANATOLE, *à part.*

Je crois que ce n'est pas le moment de lui parler d'Aurélia.

TALLANDAZ.

Ah ! tu me remplis de joie. Ah ! tu es bien mon fils, tiens, viens m'embrasser, ce cher Anatole, cet excellent Anatole !

ANATOLE.

Il est très tendre ce matin, papa !

TALLANDAZ, *il se mouche avec bruit.*

Pardonne-moi! mais j'ai le cœur...

ANATOLE, *à part.*

Le cœur... le nez aussi...

TALLANDAZ.

On n'est pas maître de cela. *(Changeant de ton.)* Et puis elle a onze cent mille francs... ta cousine.

ANATOLE.

Onze cent mille francs!

TALLANDAZ.

Tu ne t'en doutais pas?

ANATOLE.

Non. Onze cent mille francs!

TALLANDAZ.

Ensuite elle n'est pas mal du tout.

ANATOLE, *préoccupé.*

Oui! oui!

TALLANDAZ.

De la grâce, de l'esprit, de la modestie.

ANATOLE, *à lui-même.*

Onze cent mille francs et rien de l'empereur d'Autriche!

TALLANDAZ.

Songe donc combien de misères nous pourrons *(se reprenant)* tu pourras soulager.

ANATOLE.

Ah! oui.

TALLANDAZ.

Nous ne nous quitterons pas.

ANATOLE, *à part.*

Je comprends.

TALLANDAZ.

Et nous serons les premiers philanthropes de la Suisse. Je vais vite m'occuper de la publication des bans!

ANATOLE, *sautant.*

Oh !

TALLANDAZ.

Puis je passe chez le notaire pour le projet de contrat.

ANATOLE.

Mais papa !

TALLANDAZ.

Et nous fixerons le jour de la cérémonie.

ANATOLE.

Mais...

TALLANDAZ.

Sois tranquille... elle ne tardera guère.

ANATOLE.

C'est qu'il va... il va.

TALLANDAZ.

Adieu mon ami... mon cher Anatole.

ANATOLE.

Mais papa !

TALLANDAZ.

Je cours chez le pasteur.

ANATOLE.

Ecoute...

TALLANDAZ, *au comble de la joie, sortant.*
A la tête du comité !

SCÈNE X

ANATOLE, puis ALFRED.

ANATOLE, *à lui-même.*

Diantre ! et Aurélia !

ALFRED.

Ah ! je suis heureux de te rencontrer.

ANATOLE.

Moi aussi, imagine-toi que je suis entre deux gouffres.

ALFRED.

Deux gouffres! Carybde et Scylla, Alors!

ANATOLE.

Deux mariages.

ALFRED.

Précisément, je venais te parler de...

ANATOLE.

Laisse-moi te dire...

ALFRED.

Pardon! mais...

ANATOLE.

Tu parleras après...

ALFRED.

Soit.

ANATOLE.

Figure-toi que j'ai signé des promesses de mariage à la comtesse.

ALFRED.

Ah! bah!

ANATOLE.

Que veux-tu? elle allait partir, je croyais la perdre; j'ai perdu la tête.

ALFRED.

Et l'as-tu retrouvée?

ANATOLE.

La comtesse?

ALFRED.

Non, ta tête.

ANATOLE.

Ma foi...

ALFRED.

Enfin, voilà Carybde. Eh bien! et Scylla!

ANATOLE.

Scylla?

ALFRED.

L'autre gouffre... l'autre mariage.

ANATOLE.

Ah!... ma cousine.

ALFRED.

Hein!

ANATOLE.

Oui, papa avait arrangé une alliance entre ma cousine et...

ALFRED.

Comment, c'est toi!

ANATOLE.

Louise d'une part, Aurélia de l'autre... Voilà ma position. Deux mariages pour un homme seul.

ALFRED, *absorbé.*

C'est lui!

ANATOLE, *continuant.*

Oh! mais ma cousine! onze cent mille francs et pas d'empereur d'Autriche.

ALFRED, *sérieux.*

Ecoute-moi à ton tour!

ANATOLE.

Parle!

ALFRED.

Ta cousine ne t'aime pas?

ANATOLE.

Plaît-il!

ALFRED.

Mais, en revanche, elle aime monsieur Jules Ramelin.

ANATOLE, *sautant.*

Hein!

ALFRED, *continuant.*

Qui l'a demandée en mariage.

ANATOLE.

Ramelin... Ramelin.

ALFRED.

Un vieil ami à moi!

ANATOLE, *à lui-même montrant Alfred.*

Nom d'un scarabée! et moi qui viens de lui dire...

ALFRED.

Tu vois donc que tu ne peux pas l'épouser !

ANATOLE, *à lui-même.*

Et papa qui me dit... *(Haut.)* Comment je ne peux pas !

ALFRED.

Ni ne le dois.....

ANATOLE.

Voyons ! voyons ! papa m'a dit... *(Changeant de ton.)* Elle a onze cent mille francs ma cousine.

ALFRED.

Eh bien ! Qu'est-ce que cela fait ?

ANATOLE.

Cela fait... cela fait plus d'un million, tandis que la comtesse, l'empereur d'Autriche...

ALFRED.

Et tu ne craindrais pas de faire le malheur de ta cousine, de Mlle Louise.

ANATOLE.

Le malheur... le malheur... écoute donc... onze cent mille francs... et puis, elle ne sera pas si malheureuse de m'épouser... ma cousine.

ALFRED.

Puisqu'elle aime un autre que toi...

ANATOLE.

Enfin, en l'épousant je comble les vœux de papa.

ALFRED.

Papa... laisse donc ton papa tranquille !

ANATOLE.

Il me l'a dit tout à l'heure, ce mariage était pour lui un projet longtemps caressé, longuement mûri, et tu comprends...

ALFRED.

Je comprends que tu es un très bon fils qui ne veut pas faire de peine à son papa, c'est très bien cela, seulement...

ANATOLE.

Quoi ?

ALFRED.

Je te préviens que je suis l'allié de Jules et que je ferai tout pour renverser les obstacles que rencontre son amour. Adieu !

ANATOLE.

Adieu !

SCÈNE XI

La comtesse, puis ANATOLE.

ANATOLE, *seul*.

Ayez donc des amis chevaleresques... Heureusement qu'Aurélia est à Lausanne ! Il ne s'agit que de trouver un prétexte honnête pour l'envoyer bien loin.

LA DOMESTIQUE, *entrant*.

Monsieur !

ANATOLE.

Quoi ?

LA DOMESTIQUE.

Madame la comtesse Castolini demande si Monsieur aurait trouvé un bracelet qu'elle croit avoir perdu ici l'autre jour.

ANATOLE.

Elle est là ?

LA DOMESTIQUE.

Oui.

ANATOLE, *à lui-même*.

Aïe ! *(A la comtesse qui entre.)* Vous avez perdu un bracelet ?

LA COMTESSE.

Vous comprenez qu'il me fallait un prétexte pour arriver jusqu'à vous.

ANATOLE.

Ah ! ah ! oui. Mais vous avez donc quitté Lausanne aussitôt après mon départ ?

LA COMTESSE.

Me le pardonnez-vous? l'impatience... l'inquiétude... me dévorait. *(Elle lui jette un regard brûlant.)*

ANATOLE.

Vous êtes un ange ! *(A part.)* Comment la renvoyer bien loin !

LA COMTESSE.

Anatole !

ANATOLE.

Aurélia ! *(Il lui prend la main et la baise avec transport.)*

LA COMTESSE, *à part.*

Il est fou de moi !

ANATOLE, *à part.*

Malheureux que je suis... elle m'adore !

LA COMTESSE.

Eh bien ! qu'attendez-vous pour me présenter à votre famille !

ANATOLE, *effrayé.*

A ma famille !

LA COMTESSE.

Oui !

ANATOLE.

Ecoutez ma chère Aurélia... j'ai réfléchi...

LA COMTESSE.

Réfléchi ! et à quoi s'il vous plaît?

ANATOLE.

Permettez !...

LA COMTESSE.

La comtesse Castolini ne serait-elle pas assez noble pour entrer dans votre famille ?

ANATOLE.

Ne vous fâchez pas !

LA COMTESSE.

Ce serait en vérité plaisant !

ANATOLE.

Vous êtes comtesse, je le veux bien...

LA COMTESSE.

Vous le voulez bien... Qu'entendez-vous par là ?

AMATOLE, à part.

J'ai séduit le Vésuve !

LA COMTESSE.

Mais parlez ! parlez donc ?

ANATOLE.

Vous êtes comtesse, mais catholique...

LA COMTESSE.

Eh bien !

ANATOLE.

Ma mère est protestante...

LA COMTESSE.

Eh bien !

ANATOLE.

Eh bien ! pour elle le catholicisme est une chose horrible, épouvantable..... Dans les petites villes les vues sont d'une étroitesse...

LA COMTESSE.

Et c'est là le motif qui vous arrête ?

ANATOLE.

Mais.....

LA COMTESSE, *elle a caché la tête dans son mouchoir.*

Ah ! vous ne m'aimez pas ! vous ne m'aimez pas !

ANATOLE.

Je ne vous aime pas ?

LA COMTESSE, *même jeu.*

Ah !

ANATOLE, *à part.*

Voici le moment d'être éloquent !

LA COMTESSE, *même jeu.*

Ah ! ah !

ANATOLE.

Je ne vous aime pas ! Lorsque je suis prêt à donner ma vie pour vous ; lorsque pour un regard de vos beaux yeux, je me jetterais dans le plus profond des précipices... lorsque pour un sourire... je ne vous aime pas !... *(A part.)* Ouf !

LA COMTESSE.

A la bonne heure !... je vous crois... Mais que prétendez-vous faire ?

ANATOLE.

Partir ! oh ! partir ! bien loin... très loin !

LA COMTESSE, *feignant un sentiment de pudeur.*

Ensemble !

ANATOLE.

Qu'il me tarde de vous appeler ma femme ! *(Il la regarde tendrement.)*

LA COMTESSE.

Anatole !

ANATOLE.

Aurélia !

LA COMTESSE, *à elle-même.*

Décidément il fera un très bon mari !

ANATOLE.

Ce soir, chez vous, nous achèverons de prendre les mesures nécessaires pour notre départ.

LA COMTESSE, *tendrement à Anatole.*

Ah ! pourquoi suis-je venue en Suisse !

ANATOLE.

Aurélia !

LA COMTESSE, *lui pressant la main.*

Anatole ! *(Elle sort en souriant à Anatole qui l'accompagne.)*

ANATOLE, *seul, la contrefaisant.*

Anatole ! Décidément c'est une bien bonne femme ! *(Apercevant son père qui entre avec Antoine.)* Oh ! *(Il saisit son portefeuille en feignant d'examiner des papiers.)*

SCÈNE XII

ANATOLE, TALLANDAZ, ANTOINE.

TALLANDAZ.

Toujours au travail !

ANATOLE.

Oui, la... le... la société protectrice !

TALLANDAZ, *enchanté, à Antoine.*

Ah !... les animaux avant sa cousine. Ah ! quel fils j'ai là !

ANATOLE, *sortant.*

Les premiers efforts de la société auront pour but...

TALLANDAZ, *à Antoine.*

Sans compter que j'ai rencontré à la porte de mon notaire cette excellente demoiselle Desportès, et elle m'a regardé d'un air...

ANTOINE.

Vraiment !

TALLANDAZ.

Enfin ces pauvres infirmes vont avoir leur asile ! seront-ils heureux ! *(déployant le plan)* une façade magnifique !

ANTOINE.

Ah ! *(Il prise.)*

TALLANDAZ.

Et dans une situation !...

ANTOINE.

Un bon air... héin !

TALLANDAZ.

Parbleu ! l'endroit le plus fréquenté.

ANTOINE.

Oui, il est bon que le monde les voie un peu... ces pauvres gens !

TALLANDAZ.

Ah ! songes-tu, l'hospice Tallandaz !

ANTOINE.

Cela sera très beau en effet !

TALLANDAZ.

Et quand on me rencontrera on se demandera : quel est ce monsieur à la figure si bienveillante, et l'on répondra : c'est ce bon M. Tallandaz qui est à la tête de toutes les sociétés charitables du pays, le fondateur de l'asile qui porte son nom, le bienfaiteur de la ville qui lui a dédié une rue par reconnaissance.

ANTOINE.

C'est en effet une joie bien douce que de tenir une rue sur les fonts de baptême.

TALLANDAZ, *il tire son mouchoir.*

Voilà, rien qu'en y pensant je ne puis m'empêcher de... de...

ANTOINE.

Des larmes... de vraies larmes et l'hospice n'est pas encore construit !

SCÈNE XIII

Les mêmes, Mlle DESPORTES.

LA DOMESTIQUE, *entrant.*

Mlle Desportes demande si Monsieur peut la recevoir.

TALLANDAZ, *à Antoine.*

Quand je te disais... *(A la domestique.)* Je cours à sa rencontre, j'y cours...

ANTOINE.

Je te laisse. *(Saluant Mlle Desportes qui entre.)* Mademoiselle !

SCÈNE XIV

TALLANDAZ, Mlle DESPORTES.

TALLANDAZ.

Combien je suis heureux de vous revoir !

Mlle DESPORTES.

Aussi, c'est pour vous procurer ce bonheur que je viens.

TALLANDAZ.

Encore plus vive et plus alerte que tantôt ; vous rajeunissez certainement !

Mlle DESPORTES.

Ah ! mon Dieu que de compliments ! et je ne suis pas seulement assise.

TALLANDAZ, *avançant un fauteuil.*

Dans ce fauteuil vous serez mieux !

Mlle DESPORTES.

Vous voulez donc m'asphyxier ; les compliments sont comme les fleurs savez-vous ? à mon âge, ils sont très dangereux.

TALLANDAZ.

Et toujours riante aussi.

Mlle DESPORTES.

Ah ! mon vieil ami, je ne sais pas si vous êtes gai vous, mais du moins vous inspirez la gaieté, ah ! ah !

TALLANDAZ.

Que vous êtes bonne !

Mlle DESPORTES.

Je voulais vous soumettre un petit acte.....

TALLANDAZ.

Un petit acte ! *(A part avec un élan de joie.)* Ah ! *(Haut.)* Voulez-vous me permettre de placer ce tabouret sous vos pieds ? *(Il le lui offre.)*

Mlle DESPORTES.

Merci. Vous devinez ce que c'est.

TALLANDAZ.

Oh ! chère demoiselle !... Oui... c'est-à-dire... je suppose... *(A part avec un nouvel élan de joie.)* Son testament ! *(Haut.)* Placez, je vous prie, ce coussin derrière votre tête. *(Il le lui offre.)*

Mlle DESPORTES, *se défendant.*

Je vous assure...

TALLANDAZ.

Permettez !

Mlle DESPORTES.

Je n'ai pas besoin...

TALLANDAZ.

Permettez, permettez !... *(A part.)* Me voilà son héritier !

Mlle DESPORTES.

Il faut donc vous obéir. Maintenant, veuillez prendre connaissance... *(Elle cherche des papiers dans un portefeuille.)*

TALLANDAZ, *haletant et tendant la main.*

Oui! mademoiselle! oui! *(A part.)* Ah! ah!

Mlle DESPORTES.

Non, ce n'est pas cela! Ah! dans mon aumônière... je l'ai laissée dans ma voiture.

TALLANDAZ.

J'y cours, j'y cours!

Mlle DESPORTES.

Oh! il n'est pas nécessaire que vous-même....

SCÈNE XV

LES MÊMES, LA DOMESTIQUE, JULES.

LA DOMESTIQUE.

M. Jules Ramelin demande à parler à Monsieur.

TALLANDAZ, *à lui-même.*

Ce Ramelin... encore lui!... dans un pareil moment! *(A la domestique.)* C'est impossible! vous voyez bien que je ne suis pas seul.

JULES, *paraissant.*

Vous voudrez bien m'entendre.

TALLANDAZ.

Mais monsieur! *(A part.)* Devant Mlle Desportes.

JULES, *saluant.*

Mademoiselle!

Mlle DESPORTES, *lui rendant son salut.*

Mon cher monsieur Jules!

JULES.

J'aime mademoiselle votre nièce et j'en suis aimé...

TALLANDAZ.

Permettez...

JULES, *continuant.*

Et je viens auprès de vous, son tuteur et son oncle, solliciter la faveur de sa main.

TALLANDAZ, *à part.*

Pourvu que Louise ne vienne pas !

JULES.

J'ai déjà eu l'honneur de me présenter chez vous, mais en vain.

TALLANDAZ, *très mal à son aise.*

Si vous voulez bien passer dans mon cabinet.

JULES.

Mademoiselle a été assez bonne pour s'intéresser à moi et quelle que soit votre réponse, je ne redoute pas qu'elle en soit le témoin !

TALLANDAZ.

Non, non, vous devez comprendre...

Mlle DESPORTES, *avec enjouement.*

Mais ce serait fort malhonnête de me laisser ainsi toute seule !

TALLANDAZ.

Mademoiselle... croyez bien...

JULES.

Je suis prêt à vous entendre...

Mlle DESPORTES.

Que ma présence ne vous gêne nullement !

JULES.

Parlez, je vous prie.

TALLANDAZ, *entre ses dents.*

Parlez ! parlez ! *(A part.)* Pourvu que Louise n'arrive pas !

JULES.

Eh bien !

TALLANDAZ, *cherchant ses mots.*

Certainement... je serais très heureux de recevoir... un homme comme vous dans ma famille...

JULES.

Eh bien !

TALLANDAZ, *entre ses dents.*

Eh bien! eh bien! *(Haut.)* Malheureusement des projets... enfin mon fils Anatole aime sa cousine.

JULES.

Monsieur Anatole aime sa cousine!

TALLANDAZ.

Mais... Enfin il va l'épouser.

JULES, *à lui-même.*

Oh! mon Dieu!

Mlle DESPORTES, *à elle-même.*

C'était son fils!

JULES, *éclatant.*

Avouez donc que vous vous servez de votre fils pour réaliser des projets soi-disant philanthropiques!

TALLANDAZ.

Monsieur! *(A part.)* Devant Mlle Desportes!

Mlle DESPORTES, *à Jules.*

La passion vous emporte M. Jules.

TALLANDAZ, *à part.*

Soi-disant... voilà comment on interprète les intentions les plus pures!

JULES.

Hé! Monsieur, croyez-vous en imposer à tout le monde?

TALLANDAZ.

Vous avez perdu l'esprit! *(A Mlle Desportes.)* Il a perdu l'esprit!

JULES.

Hé! Qui ne sait que pour vous la charité n'est qu'un moyen de vous créer un nom et de sortir de l'obscurité! Que vous vous accrochez à la plus noble des vertus pour vous hisser à la gloire...

TALLANDAZ, *courant à Jules.*

Monsieur! Monsieur!

JULES.

Que vous n'entassez les aumônes que pour vous jucher sur un piédestal de gros sous...

TALLANDAZ, *courant à Mlle Desportes.*
Oh ! Mademoiselle !

JULES.

Que si vous faites pleuvoir vos bienfaits sur la foule ce ne sont que les fusées finales du feu d'artifice qui servent à tracer votre nom en lettres de feu au bruit des pétards...

TALLANDAZ, *courant à Jules.*

Monsieur ! Monsieur ! *(A part.)* Pourvu que Louise n'arrive pas.

JULES.

Et que si vous vous êtes placé à la tête de toutes les associations charitables ; c'est que vous avez pensé qu'en vous créant l'administrateur de la générosité publique ; en vous donnant le rôle d'une Providence économique, une semaille de centimes faite ainsi avec sagesse dans le champ de la pauvreté vous produirait une récolte de lauriers.

TALLANDAZ, *courant de nouveau à Mlle Desportes.*
Oh ! Mademoiselle ! oh ! Mademoiselle !

SCÈNE XVI

LES MÊMES, LOUISE.

LOUISE.

Mon oncle ! mon oncle !

JULES.

Louise !

LOUISE.

Jules !

TALLANDAZ, *désolé.*

La voilà !

JULES, *à Louise.*

Je suis heureux de vous voir en présence de votre oncle.

LOUISE.

Jules, ne me condamnez pas...

TALLANDAZ, *à lui-même.*

Ventrebleu !

LOUISE, *à Jules.*

Si vous saviez...

JULES.

Oui, je sais que...

TALLANDAZ, *avec éclat.*

Monsieur! je vous ordonne de vous taire!

JULES, *reprenant à Louise.*

Je sais qu'on vous a dit que votre cousin vous aimait...

LOUISE.

Oui. Il se tuera si je ne l'épouse pas.

JULES, *à Tallandaz.*

Vous avez pu lui dire cela?

TALLANDAZ.

Monsieur!

JULES.

Pendant qu'il faisait la cour à une autre!

LOUISE.

A une autre?

TALLANDAZ.

Quoi?

LOUISE.

Ah! mon oncle!

JULES, *à Tallandaz.*

Vous ne l'ignoriez pas, je pense!

LOUISE, *à son oncle.*

Oh! pourquoi vouloir m'abuser!

TALLANDAZ, *exaspéré.*

Mais ce n'est pas vrai! ce n'est pas vrai!

SCÈNE XVII

LES MÊMES, ANATOLE.

ANATOLE, *qui a paru pendant les dernières répliques, à part.*

Tout va se découvrir.

LOUISE, *apercevant Anatole.*

Voilà mon cousin !

TOUS.

Anatole !

TALLANDAZ, *à son fils.*

Ce monsieur ose dire que tu aimes une autre femme que ta cousine !

ANATOLE, *à part.*

Oh ! *(A Jules.)* Vous en avez menti !

JULES.

Monsieur !

ANATOLE, *vivement.*

Assez d'explications ! assez d'explications ! vous me provoquez... je suis à vos ordres.

TALLANDAZ, *à son fils.*

Anatole !

JULES, *à Anatole.*

C'est bien !

TALLANDAZ, *avec un cri déchirant.*

Ah ! mon fils va se battre !

LOUISE.

Jules !

TALLANDAZ.

Mon fils ! mon unique fils ! *(A part.)* Si on le tue, voilà mon asile à bas !

SCÈNE XVIII

LES MÊMES, ALFRED.

ALFRED, *s'avançant, à Anatole.*

C'est à moi que vous devez demander raison !

JULES.

Mais non !

ALFRED.

Mais si !

ANATOLE.

Comment !

TALLANDAZ, *courant des uns aux autres.*

Anatole! *(A Alfred.)* Permettez!... *(A lui-même.)* C'est un horrible complot!

ALFRED, *à Anatole, continuant.*

Car c'est moi qui ai appris à mon ami Jules...

ANATOLE, *l'interrompant.*

Vous avez osé dire?...

ALFRED.

Oui.

ANATOLE, *à lui-même.*

Il me fait perdre onze cent mille francs.

TALLANDAZ, *à Louise.*

C'est un horrible complot!

ANATOLE, *à Alfred.*

Votre conduite est celle d'un misérable!

ALFRED.

Soit!

TALLANDAZ, *à son fils.*

Anatole! *(A Alfred.)* N'écoutez pas!

ANATOLE.

Oui, celle d'un misérable!

TALLANDAZ.

Anatole!... Anatole!...

JULES, *à Alfred.*

Je ne souffrirai pas que ce soit toi!...

ALFRED, *à Jules.*

Si!

JULES.

Non!

TALLANDAZ.

Messieurs! *(A lui-même.)* Ils se disputent ses morceaux!

ANATOLE.

Hé! l'un et l'autre, si vous le voulez!

TALLANDAZ, *désespéré.*

Anatole! *(Aux deux jeunes gens.)* Messieurs! *(A lui-même.)* Deux duels à présent!

SCÈNE XIX

LES MÊMES, Mme TALLANDAZ, CORNÉLIE, ANTOINE.

Mme TALLANDAZ, CORNÉLIE, ANTOINE.

Que se passe-t-il ?

LOUISE.

Jules !... mon cousin !... ils vont se battre !

Mme TALLANDAZ, CORNÉLIE.

Oh ! mon Dieu !

ANTOINE, *à part.*

Allons ! voilà un résultat inattendu de la philanthropie !.

ALFRED, *à Anatole.*

Nos témoins seront à votre disposition à l'heure que vous voudrez ! *(Il se dirige vers la porte avec Jules.)*

TALLANDAZ.

Il n'en échappera pas ! ah ! je suis perdu ! *(Il tombe assis sur un fauteuil. La toile baisse.)*

ACTE III

Le cabinet de Tallandaz.

SCÈNE PREMIÈRE

TALLANDAZ, puis ANTOINE, une domestique.

(Au lever du rideau, Tallandaz se prépare à prendre son chocolat servi sur un guéridon.)

TALLANDAZ, *à Antoine qui entre.*

Tu arrives à point, le chocolat est bouillant et le parfum en est délicieux.

ANTOINE, *il se dispose à se mettre à table, la domestique le sert.*

Tout est donc arrangé !

TALLANDAZ.

Je l'espère.

ANTOINE.

Très bien ! très bien !

TALLANDAZ.

D'abord Anatole s'est montré fort raisonnable ! C'est un garçon tout à fait docile ?

ANTOINE.

Oh ! tout à fait !

TALLANDAZ.

D'autre part Louise, en présence de mon désespoir, le désespoir d'un père qui lui demandait la vie de son fils... à genoux.

ANTOINE.

A genoux ! tu t'es mis à genoux devant ta nièce ?

TALLANDAZ.

A peu près.

ANTOINE.

Eh bien ?

TALLANDAZ.

Elle a écrit à ce... Ramelin.

ANTOINE.

Malgré ce que ce jeune homme avait dit d'Anatole?

TALLANDAZ.

Oui... cette chère Louise !

ANTOINE.

Ah !

TALLANDAZ.

Oh ! c'était un horrible complot !

ANTOINE.

Horrible, certainement !

TALLANDAZ.

Et quant à cette excellente demoiselle Desportes, les affreux propos de cet effronté vaurien, de ce drôle, de ce scélérat, de ce... *(Il reste court un instant comme s'il cherchait une expression.)*

ANTOINE.

Il n'y en a déjà pas mal comme cela !

TALLANDAZ, *reprenant.*

N'ont pu me nuire dans son esprit.

ANTOINE.

Très bien ! très bien !

TALLANDAZ.

Par son scandaleux éclat il n'a fait de tort qu'à lui-même.

ANTOINE.

Ah ! très bien !

TALLANDAZ.

Cependant il est triste de penser que rien ne peut me mettre à l'abri de si monstrueuses, de si criminelles calomnies. *(Il se verse du chocolat.)*

ANTOINE.

Assurément !

TALLANDAZ.

Ni mon âge... *(Il met du sucre dans sa tasse.)*

ANTOINE.

Oui.

TALLANDAZ.

Ni les intentions les plus pures... *(Même jeu.)*

ANTOINE.

Oui.

TALLANDAZ.

Ni le dévouement le plus désintéressé...*(S'attendrissant.)* Ah ! *(Changeant de ton.)* Encore un peu de chocolat.

ANTOINE.

Merci. Voyons, calme-toi !

TALLANDAZ.

Tu as raison ! tu as raison ! car j'attends le notaire.

ANTOINE.

Le notaire !

TALLANDAZ.

Oui, je l'avais prévenu pour le contrat.

SCÈNE II

LES MÊMES, LOUISE, Mme TALLANDAZ, CORNÉLIE.

LOUISE, *accourant éperdue.*

Mon oncle ! mon oncle !

TALLANDAZ, *sautant.*

Qu'y a-t-il ? qu'as-tu ?

LOUISE.

Ah ! mon oncle ! courez !

TALLANDAZ.

Que je coure ?

LOUISE.

Je vous en supplie !

Mme TALLANDAZ.

Pas un instant à perdre !

LOUISE.

Il est parti !

TALLANDAZ.

Parti ? qui parti ?

Mme TALLANDAZ.

Anatole !

LOUISE.

Avec des armes.

TALLANDAZ.

Anatole !... avec des armes ! Ah ! mon Dieu !

Mme TALLANDAZ.

Il va les rejoindre !

TALLANDAZ.

Comme il me trompait !

LOUISE.

Ils vont se tuer !

TALLANDAZ.

Se tuer ! Ah ! *(Il s'appuie contre un fauteuil pour se soutenir.)* Et j'avais prévenu le notaire !

SCÈNE III

LES MÊMES, LA DOMESTIQUE.

LA DOMESTIQUE, *entrant*.

Deux lettres pour Monsieur !

TOUS.

Des lettres !

LOUISE.

Peut-être de bonnes nouvelles !

TALLANDAZ.

Donnez ! donnez ! *(Il saisit lettres, déchire fiévreusement les enveloppes, ouvre l'une des lettres et laisse tomber l'autre à terre.)*

TOUS.

Eh bien !

TALLANDAZ, *à Antoine*.

Lis, lis toi-même... Je n'y vois plus ! *(Il lui donne la lettre.)*

TOUS.

Lisez vite.

ANTOINE, *lisant*.

« Monsieur, »

TALLANDAZ.

La fin ! la fin !

ANTOINE, *continuant*.

« Sollicité vivement par une personne à laquelle je ne puis rien refuser... »

TALLANDAZ.

Rien refuser ! Ah !

TOUS.

Eh bien !

ANTOINE, *lisant*.

« Je ferai tout pour que la provocation qui nous a été adressée n'ait pas de suite. »

TALLANDAZ.

Pas de suite !... ah ! ah !

Mme TALLANDAZ.

Très bien ! très bien !

LOUISE, *à part*.

Cher Jules !

TALLANDAZ.

Mon fils m'est rendu !

Mme TALLANDAZ.

Pauvre enfant !

TALDANDAZ, *à part*.

Nous pouvons épouser Louise !

ANTOINE.

« Il ne dépend donc que de M. Anatole... »

TALLANDAZ.

D'Anatole ?

ANTOINE, *lisant*.

« Qu'elle en reste là. »

TALLANDAZ.

Ah ! je cours, je cours à la poursuite d'Anatole.

ANTOINE.

Oui.

TALLANDAZ.

Et s'il persiste dans sa provocation, je... je le... *(Il fait un geste violent de menace.)*

ANTOINE.

Tu le tues ?

Mme TALLANDAZ.

Ah ! peut-on plaisanter dans un pareil moment ! *(La domestique entre.)*

TALLANDAZ.

Je le maudis..... de ma propre main. *(A Antoine.)* Entends-tu ? de ma propre main ! *(Il sort.)*

ANTOINE.

J'entends, j'entends !

SCÈNE IV

LES MÊMES moins TALLANDAZ, LA DOMESTIQUE.

LA DOMESTIQUE.

M. le baron de Steinhügel demande si ces dames sont visibles.

CORNÉLIE, *à sa mère avec joie.*

Ah ! maman... le baron !

Mme TALLANDAZ.

Ma fille ! mesdemoiselles ! allons le recevoir ! *(Mme Tallandaz se précipite dehors suivie de sa fille et de Louise. Antoine reste seul.)*

SCÈNE V

ANTOINE seul.

ANTOINE.

C'est cela ! on ne saurait être trop empressé à l'égard d'un homme qui a eu un ancêtre tué aux croisades ! *(Ramassant la lettre restée à terre.)* Qu'est ce que c'est que ce papier ? *(Lisant.)* « Ceci est mon testament. » *(Parlé.)* C'est la copie du testament de *(Imitant Tallandaz.)* cette excellente demoiselle Desportes ! Je me souviens. Voyons ! *(Il lit.)* « Me trouvant ici-bas sans parents, j'institue pour héritier de mes biens, à charge d'exécuter les legs ci-après mentionnés, monsieur Jules Ramelin. » *(S'interrompant.)* Ramelin ! oh ! *(Lisant.)* « Afin qu'il puisse épouser Mlle Louise Tallandaz... » *(S'interrompant.)* Oh ! oh ! *(Achevant.)* « qu'il aime. » *(Parlé.)* Oh ! oh ! oh ! voilà qui va chagriner un peu ce cher beau-frère !

SCÈNE VI

ANTOINE, ANATOLE.

ANATOLE.

Mon oncle !

ANTOINE.

Te voilà. Tout s'est donc passé tranquillement ?

ANATOLE.

Oui. Mon père me cherche ?

ANTOINE.

Il court après toi.

ANATOLE.

Je vais...

ANTOINE.

C'est inutile puisque tout est fini.

ANATOLE.

Alors je vais déjeûner.

ANTOINE.

Oui va. Et soigne-toi pour ton père... c'est d'un bon fils !

ANATOLE, *à part*.

Il est agaçant avec son persifflage !

ANTOINE.

Quoi ?

ANATOLE.

Je vais déjeuner.

SCÈNE VII.

TALLANDAZ, ANTOINE, puis Mme TALLANDAZ et LE BARON.

TALLANDAZ.

Où est-il ? où est-il ?

ANTOINE.

Anatole... il va déjeûner.

TALLANDAZ.

Ce cher enfant ! il a donc renoncé à...

ANTOINE.

Il paraît.

TALLANDAZ.

Ce cher enfant ! tout est sauvé !

Mme TALLANDAZ, *entrant avec le baron auquel elle parle bas.*

Mon ami ! M. le baron de Steinhügel désire avoir avec toi quelques instants d'entretien. *(Le baron salue.)*

TALLANDAZ, *à sa femme.*

Oui. *(A part, préoccupé, avec joie.)* Le notaire peut venir maintenant !

Mme TALLANDAZ, *à son mari.*

Ah ! mon ami ! Il vient faire sa demande.

TALLANDAZ.

Bien ! bien ! *(A part, tirant sa montre.)* Dans une heure le contrat sera passé !

Mme TALLANDAZ.

Nous te laissons ! *(Elle sort avec Antoine en souriant au baron et lui faisant une profonde révérence.)*

SCÈNE VIII.

LE BARON, TALLANDAZ.

(Les deux hommes se saluent.)

LE BARON.

Monsieur !...

TALLANDAZ.

Monsieur !...

LE BARON.

Je ne veux pas abuser de vos précieux instants...

TALLANDAZ, *en même temps.*

Vous voyez un père encore sous le coup d'une profonde émotion...

LE BARON.

Mais de la démarche que je fais auprès de vous dépend le bonheur de ma vie...

TALLANDAZ, *en même temps.*

Mon fils, pour un motif qu'il serait trop long de vous raconter...

LE BARON.

Je n'ai pu voir mademoiselle votre fille sans me sentir attiré irrésistiblement vers elle.

TALLANDAZ, *en même temps.*

S'était pris d'une sotte querelle avec deux jeunes gens...

LE BARON.

Et j'ai l'honneur de vous en demander la main.

TALLANDAZ.

La main... plaît-il... quelle main?

LE BARON, *après un léger mouvement d'impatience.*

De mademoiselle votre fille, ce qui, ainsi que je viens de vous le dire, me comblera de joie.

TALLANDAZ.

Ah! mille pardons! mais je suis si troublé.

LE BARON.

Puis-je cependant espérer?

TALLANDAZ.

Espérer!... ah! croyez bien qu'un pareil honneur me flatte certainement...

LE BARON.

Monsieur!

TALLANDAZ, *qui parcourt machinalement le testament qu'Antoine a posé sur un meuble.*

Et que je serai heureux de pouvoir vous nommer...

LE BARON.

Eh bien !

TALLANDAZ, *les yeux fixés sur la lettre.*

Bourreau ! oh ! bourreau ! *(Il jette la lettre et tombe accablé dans un fauteuil.)*

LE BARON, *étonné.*

Bourreau !

TALLANDAZ, *poussant un cri étouffé.*

Oh !

LE BARON, *à Tallandaz.*

Monsieur... expliquez-moi...

TALLANDAZ, *se relevant et marchant avec fureur sans voir personne.*

Non !...

LE BARON, *le suivant.*

Mais monsieur !

TALLANDAZ, *de même.*

Non !

LE BARON, *de même.*

Cependant !...

TALLANDAZ, *de même.*

Non ! ce n'est pas possible !...

LE BARON, *de même.*

Il est juste que je sache !

TALLANDAZ, *entre ses dents.*

Ce... Ramelin... héritier !

LE BARON.

Qu'a-t-on pu lui écrire ?

TALLANDAZ.

Lui !... encore lui ! *(Il continue à marcher en long et en large.)*

LE BARON, *qui le suit, à part.*

S'agirait-il de moi ?

TALLANDAZ, *de même.*

Elle s'entendait avec ce serpent !

LE BARON, *de même.*

Serpent !... Moi !... Monsieur !...

6

TALLANDAZ, *même jeu.*

Pour me dépouiller et me tromper...

LE BARON, *le suivant toujours.*

Serpent ! cela ne se passera pas ainsi !

TALLANDAZ.

Exécrable vieille !

LE BARON

Quelle vieille !

TALLANDAZ.

M'envoyer un pareil testament !

LE BARON.

Un testament à présent !... je n'y comprends rien du tout !

SCÈNE IX.

LES MÊMES, ANTOINE, Mme TALLANDAZ, CORNÉLIE, LOUISE, puis ANATOLE.

Mme TALLANDAZ, *à son mari.*

Dans quel état !

ANTOINE.

Hé ! Hé ! le petit acte opère !

TOUS, *moins Tallandaz, à Antoine.*

Qu'est-ce que c'est ? *(Antoine leur parle à voix basse.)*

TALLANDAZ, *à lui-même.*

Enfin, Anatole me reste !

ANATOLE, *entrant.*

Me voici !

TALLANDAZ, *à Anatole.*

Mon fils !... j'étais dans une inquiétude !...

ANATOLE.

Mon père !

TALLANDAZ.

Que je te presse dans mes bras !... Ah ! *(Changeant de ton.)* Déshérité !

ANATOLE, *sans comprendre.*

Quoi !

TALLANDAZ.

Enfin tu me restes.

Mme TALLANDAZ, *qui pendant ce qui précède a parlé bas au baron, à son mari.*

Est-ce que tu as oublié la demande de M. le baron ?

TALLANDAZ.

Le baron ! Ah oui !... Ah ! oui ! Au milieu de tant d'événements !...

Mme TALLANDAZ.

Eh bien mon ami ?

TALLANDAZ, *au baron.*

Monsieur... certainement... je suis confus... mais au milieu de tant d'événements !...

LE BARON.

Monsieur.

TALLANDAZ, *à Cornélie.*

Ma fille ! M. le baron m'a fait l'honneur de m'adresser la demande de ta main !...

CORNÉLIE.

Mon père !...

ANTOINE, *à Cornélie.*

Allons ! ma chère nièce, vous allez avoir des mouchoirs armoriés.

CORNÉLIE, *à elle-même.*

Quel être insupportable !

TALLANDAZ, *continuant.*

Je n'ai pas besoin de te dire que... certainement, je ne puis assez exprimer le..., la joie que me cause une démarche qui va causer le bonheur de ma... c'est-à-dire de ta vie.

CORNÉLIE.

Mon père !

LE BARON, *allant à Cornélie.*

Mademoiselle ! ma chère Cornélie !... *(A part.)* La dot est à moi !

SCÈNE X

Les mêmes, la domestique.

LA DOMESTIQUE.

Le notaire demande si monsieur peut le recevoir.

TALLANDAZ, *joyeux.*

Ah! ah! *(A la domestique.)* Faites entrer au salon! *(A lui-même.)* Enfin! *(Aux autres.)* Ah! mes enfants! Ah! mon fils!... Ah! ma nièce! Ah! ma fille! Ah! monsieur le baron! Quel bonheur pour un père de vous voir réunis pour le contrat!

LOUISE, *à part.*

Le contrat! Ah! tout est bien fini! *(Elle essuie une larme.)*

TALLANDAZ, *à lui-même.*

Ah! sans cet odieux testament, je serais trop... je serais trop heureux! *(Haut.)* Si vous voulez bien passer... *(Il désigne du geste la porte du salon. Tous se dirigent du côté indiqué; au moment où Anatole va entrer, la domestique s'approche de lui et lui parle bas.)*

ANATOLE, *à lui-même, sautant.*

Nom d'un scarabée.

TALLANDAZ, *se retournant.*

Hein!

ANATOLE, *à lui-même.*

La comtesse ici!

TALLANDAZ.

Que t'arrive-t-il?

ANATOLE.

Rien! rien! allez toujours! je vous rejoins!

TALLANDAZ.

A la bonne heure! mais ne te fais pas attendre! *(Il sort.)*

SCÈNE XI

ANATOLE, puis LA COMTESSE.

ANATOLE, *à lui-même.*

Au moment du contrat! que je l'empêche au moins

d'entrer ! *(Il va pour s'élancer dehors, la comtesse paraît, il pousse un cri.)* Ah !

LA COMTESSE, *très calme.*

Eh bien ! c'est ainsi que vous me témoignez votre amour ?

ANATOLE, *balbutiant.*

Mon amour... oui... co... comment vous... portez-vous ?

LA COMTESSE.

A la bonne heure ! voilà de la tendresse !

ANATOLE, *d'une voix étranglée.*

Cer... tai... nement... car votre visite me... cause une joie !...

LA COMTESSE.

Que vous ne pouvez contenir... cela se voit... mais comme vous êtes enroué !

ANATOLE.

Oui... la joie !

LA COMTESSE.

Et ainsi vous me ménagiez une surprise ?

ANATOLE.

Hein !

LA COMTESSE.

Vous avez fait préparer notre contrat sans me rien dire ?

ANATOLE, *machinalement.*

Le contrat !... oui ! oui ! *(Comme se réveillant, à lui-même.)* Ah ! mon Dieu ! elle a appris !...

TALLANDAZ, *en dehors.*

Anatole !

ANATOLE.

Voilà ! voilà.

LA COMTESSE.

Mais vous ne savez donc pas ce que c'est que la vengeance d'une femme !

TALLANDAZ, *en dehors.*

Anatole ! Anatole !

ANATOLE, *désespéré.*

Voilà ! Ah !

LA COMTESSE, *tirant un papier.*

D'abord j'ai vos promesses et... *(Elle va pour s'élancer dans la salle où sont les autres acteurs.)*

ANATOLE, *voulant l'arrêter.*

Je vous défends !...

LA COMTESSE.

Laissez-moi passer !

ANATOLE, *l'arrêtant encore.*

Non !

LA COMTESSE.

Place ! *(Elle force le passage.)*

ANATOLE, *perdant la tête et avec un geste menaçant.*

Un pas de plus et...

LA COMTESSE, *effrayée.*

Ah ! mon Dieu ! ah ! *(Elle va tomber sur un canapé en laissant échapper le papier.)*

SCÈNE XII

TALLANDAZ, *à lui-même.*

Mais que fait donc cet Anatole ?

LA COMTESSE, *en proie à une attaque de nerfs.*

Ah ! ah ! ah !

TALLANDAZ.

Une femme évanouie... la comtesse !

ANATOLE, *ne sachant plus où il en est et essayant de la faire revenir, sans voir Tallandaz.*

Aurélia ! Auré...

TALLANDAZ, *étonné.*

Aurélia.

LA COMTESSE, *même jeu.*

Ah ! ah ! ah !

ANATOLE, *à lui-même.*

Au moment du contrat !

LA COMTESSE, *criant.*

Moi qui lui avais donné mon amour !

TALLANDAZ, *à part.*

Son amour !

LA COMTESSE, *même jeu.*

Moi... qui lui avais signé des promesses de mariage !...

TALLANDAZ, *à part.*

Des promesses !... un mariage !

ANATOLE, *à part.*

Je voudrais l'étrangler !

TALLANDAZ, *à lui-même.*

Avec Anatole ! *(Poussant un cri et suffoqué par la colère.)* Oh ! oh ! oh !

ANATOLE, *effrayé, sautant.*

Papa !

LA COMTESSE, *à part, retombant sur le canapé.*

Son père !... bon !

ANATOLE, *perdant la tête, à son père.*

Co... comment... te portes-tu ?

TALLANDAZ.

Un mariage ! bourreau ! tu mériterais la potence !

ANATOLE.

Papa !

TALLANDAZ, *il parcourt la scène à grands pas.*

Une pareille dissimulation !

LA COMTESSE, *à part.*

Voilà un père qui fait la connaissance de son fils !

TALLANDAZ, *même jeu, avec des larmes dans la voix.*

Il semblait ignorer qu'il y eut des femmes !

ANATOLE, *le suivant.*

Voyons, papa !

TALLANDAZ, *même jeu.*

Un mariage ! il se disait occupé d'insectes !

ANATOLE, *de même.*

Papa !

TALLANDAZ, *sanglottant.*

Et il me faisait avaler les nègres !

ANATOLE.

Papa !

TALLANDAZ.

Ah ! les pères ne devraient pas avoir d'enfants ! *(Il se laisse tomber sur un fauteuil du côté opposé à celui où se trouve la comtesse.)*

SCÈNE XIII

LES MÊMES, Mme TALLANDAZ, CORNÉLIE. LOUISE, LE BARON, ANTOINE, LE NOTAIRE.

TOUS, *entrant.*

Que se passe-t-il encore ?

TALLANDAZ, *se relevant, à son fils.*

Il s'agit d'abord d'éloigner cette femme.

LA COMTESSE, *à elle-même.*

Cette femme ! Ah ! si je n'étais pas évanouie !

Mme TALLANDAZ.

Mon ami !

LOUISE, *en même temps.*

Mon oncle !

TALLANDAZ, ANATOLE, LA COMTESSE, *apercevant Louise, en même temps.*

Louise ! Ma cousine ! La jeune fille !

TALLANDAZ, *à lui-même.*

Trop tard ! *(A sa femme vivement, désignant Louise.)* Emmène-la ! Emmène-la !

LOUISE, *à Mme Tallandaz qui veut l'entraîner*

Ma tante !

LA COMTESSE, *à Tallandaz qui veut l'empêcher d'aller à Louise.*

Non !

TALLANDAZ, *essayant encore de l'arrêter.*

Madame ! madame !

LA COMTESSE, *se dégageant.*

Laissez-moi !

TALLANDAZ, *désespéré.*

Ah ! perdu !

LA COMTESSE, *à Louise.*

Mademoiselle, je... *(Elle s'arrête en apercevant le baron qui, depuis un moment a les yeux obstinément fixés sur elle, à elle-même.)* Cet homme de l'autre jour, ici !

LE BARON, *à lui-même.*

Encore cette dame !

CORNÉLIE, *au baron.*

Qu'avez-vous ?

LE BARON.

Un peu de migraine. *(A lui-même.)* Une pareille ressemblance !

ANTOINE, *aux autres.*

Ah ! ça, va-t-il s'évanouir aussi !

LE BARON, LA COMTESSE, *en même temps*

Oh ! c'est elle ! C'est lui !

LA COMTESSE, *au baron.*

Vous n'êtes donc pas mort ?

LE BARON, *à la comtesse.*

Vous êtes encore vivante ?

ANTOINE, *à part.*

Ils vont tomber malades de s'être rencontrés si bien portants.

LA COMTESSE.

On m'avait annoncé officiellement votre décès !

LE BARON.

Vous vous étiez donc fait passer pour défunte ?

LA COMTESSE.

Vous êtes mon mauvais génie !

LE BARON.

Vous êtes un démon attaché à mes pas !

ANTOINE, *à part.*

Il paraît que ni l'un ni l'autre ne viennent du ciel !

Mme TALLANDAZ.

Monsieur le baron, expliquez-nous.....

LA COMTESSE.

Baron... lui... Guibert !

TOUS.

Guibert !

CORNÉLIE.

Ah ! mon Dieu !

LE BARON.

Eh bien ! oui, son mari !

TOUS.

Son mari ?

ANATOLE.

L'empereur d'Autriche était innocent !

LA COMTESSE, *au baron*.

Je me vengerai !

LE BARON, *à la comtesse qui sort.*

Je ne vous crains pas. *(Il sort à son tour.)*

SCÈNE XIV

LES MÊMES, moins LE BARON et LA COMTESSE.

CORNÉLIE.

Oh ! c'est affreux ! un homme qui se disait l'ami du prince de Lichtenstein !

Mme TALLANDAZ, CORNÉLIE, *dans les bras l'une de l'autre, en même temps.*

Perdues ! Ah !

TALLANDAZ, ANATOLE, *à l'autre extrémité de la scène, même jeu.*

Ah ! sauvés !

LOUISE, *qui pendant ce temps a ramassé le papier que la comtesse a laissé tomber près du canapé, à elle-même.*

Oh ! mon Dieu ! C'était donc bien vrai !

TALLANDAZ et ANATOLE.

Quoi !

LOUISE.

Ah ! mon oncle et vous mon cousin, c'est bien mal de m'avoir trompée ainsi ! *(Elle présente le papier à son oncle.)*

ANATOLE, *à lui-même.*

Aïe ! Mes promesses à la comtesse !

TALLANDAZ.

Le bourreau ! le bourreau ! le bourreau ! *(Il froisse le papier et le jette.)*

ALFRED, *à Jules, ils entrent.*

Je te le répète... le moment est bon !

TALLANDAZ.

Hein ! mon persécuteur !

LOUISE, *joyeuse.*

Jules !

TALLANDAZ, *à lui-même.*

Il n'y a plus à hésiter maintenant. Un militaire ! il ne dépouillera pas les incurables !

JULES, *à Tallandaz.*

Monsieur ! nous venons.....

TALLANDAZ, *l'interrompant.*

Soyez le bienvenu.

JULES.

Monsieur...

TALLANDAZ.

Vous m'avez demandé la main de ma pupille.

LOUISE.

Oh ! mon oncle !

TALLANDAZ.

Je vous la donne.

LOUISE, *à son oncle.*

Que vous êtes bon !

JULES.

Vos pauvres ne perdront rien.

TALLANDAZ, *joyeux.*

Quoi?

JULES.

Avec le consentement de... ma femme, c'est nous qui construirons votre hospice.

TALLANDAZ, *furieux.*

Oh! c'est trop fort! l'ingrat! après ce que je viens de faire pour lui!

JULES et LOUISE, *étonnés.*

Comment!

TALLANDAZ, *continuant.*

Comment! il me prend mon héritage; il me prend ma nièce; il me prend mon asile; il me prend les bénédictions des malheureux... il me prend tout! il me prend tout! sacrifiez-vous donc aux autres!!

Tous l'entourent, cherchant à le calmer. La toile tombe.

L'ANE DE BURIDAN

PROVERBE EN UN ACTE

PERSONNAGES

La comtesse DE SAVENAY, jeune veuve.
Henri DE CHABANNES.
Jules DE ROZAN.

Un petit salon chez la comtesse. Une glace de chaque côté de la scène.
Dans un hôtel voisin des Champs Elysées.

SCÈNE PREMIÈRE

LA COMTESSE, *venant de l'intérieur.*

(Elle tient un chapeau de chaque main, l'un rose, l'autre bleu, elle est en toilette et prête à sortir.)

Je ne sais lequel mettre... *(Elle regarde les chapeaux.)* Ils sont ravissants tous les deux... des amours de chapeaux!... C'est vraiment désolant!... si j'avais encore mon mari... je serais bientôt décidée... Il aurait choisi l'un et... j'aurais pris l'autre!... il avait le goût si cruel le comte de Savenay!... Les maris sont quelquefois utiles!... *(Tout en parlant elle est allée à la glace de droite où elle essaie le chapeau bleu.)* Voyons! *(Continuant sa phrase interrompue.)* Utiles... mais ennuyeux! Bon! pas plus que ces petits messieurs qui tous les soirs sont là, plantés en rond, à faire le siége de ma main, en me parlant de l'Opéra, des chevaux qu'ils font courir et des demoiselles chez lesquelles ils courent; qui vous accablent de leurs prévenances fatiguantes; vous harcellent de leurs hommages stéréotypés et vous étouffent de leurs compliments de pacotille! Aussi je suis bien décidée maintenant... *(Regardant le chapeau qu'elle vient d'ôter.)* Il est tout bonnement adorable! *(Reprenant.)* Je suis bien décidée à épouser... de Rozan? oui; cela fera mourir de dépit la petite baronne de Rochedieu qui s'est presque jetée à sa tête... Cela n'a pas de nom! De sa fenêtre elle pourra voir la grande cérémonie, puisqu'elle demeure en face de moi. Il faut avouer que c'est un homme charmant, plein d'esprit, d'élégance... Et comme il m'aime!... Oui, mais il y a dix-huit mois qu'il me le répète! *(Elle va prendre le chapeau rose qu'elle essaie devant la glace de gauche.)*

C'est un bijou que ce chapeau! il est vraiment presqu'invisible... on le remarquera au bois! Puis, il est un peu jaloux ce cher de Rozan, un peu emporté... comme tous les bruns, et d'une impatience... Hier, il m'a envoyé une véritable sommation. Il me prend pour une citadelle! Et quelle désolation pour ce pauvre de Chabannes si gai, si dévoué et... blond... un blond irréprochable!... que peut-être il admire un peu trop, par exemple. Il avait bien besoin de me rencontrer cet été en Normandie! Car lui aussi m'a demandé la permission d'être mon très humble... maître, à perpétuité. *(Se mirant dans la glace.)* Assurément, il me va à ravir! quoique celui-ci s'harmonise si parfaitement avec mon visage que... *(Tout en parlant elle a mis le chapeau rose.)* Lequel choisir, le blond ou le rose? hein! qu'est-ce que je dis, moi! Non, le bleu ou le brun? Mais non! je mêle mes prétendants et mes chapeaux à présent! Mais voilà bien la position la plus odieuse pour une femme de mon caractère et pour laquelle l'hésitation est un supplice, une torture, un...

(Dans son impatience, elle arrache le ruban qui sert d'attache au chapeau rose qu'elle a sur la tête.)

Il ne me manquait plus que cela! Non, tant mieux!... j'allais précisément prendre l'autre. *(Elle met le chapeau bleu.)* Le bois sera d'une fraîcheur!... *(On entend sonner.)* Bon! une visite maintenant; je suis sûre que c'est de Rozan!

SCÈNE II

La comtesse, HENRI.

HENRI, *saluant.*

Madame!

LA COMTESSE, *à elle-même.*

Henri! *(Haut.)* M. de Chabannes!

HENRI.

Vous me voyez au désespoir!

LA COMTESSE.

Au désespoir... vous!

HENRI.

Moi!

LA COMTESSE, *riant.*

Vous m'effrayez. Vous serait-il arrivé quelque affreuse catastrophe?

HENRI.

En effet!

LA COMTESSE.

Vous seriez-vous découvert un cheveu blanc? *Conquérant*, votre cheval, serait-il arrivé le dernier dimanche aux courses, ou seriez-vous allé aux Italiens avec un gilet dont la mode était passée depuis quinze jours?

HENRI.

Comtesse... de grâce... c'est très sérieux !

LA COMTESSE.

Sérieux.

HENRI.

On ne peut plus sérieux.

LA COMTESSE.

Parlez alors, je vous écoute.

HENRI.

Mon oncle... Vous connaissez mon oncle?

LA COMTESSE.

Un ancien officier de marine.

HENRI.

Qui habite les environs de Brest.

LA COMTESSE.

Une tempête déguisée en homme.

HENRI.

A peu près. Or, dans sa terre de Kergouët est enclavée une forêt qui, depuis 1773, est revendiquée par des voisins, les Keradek.

LA COMTESSE.

La terre de Kergouët, une forêt enclavée, les Keradeck... c'est plein de couleur locale ! Mais quel rapport entre les Kergouët, les Keradeck, leur forêt et votre désespoir ?

HENRI.

Attendez ! Je vous fais grâce des nombreux incidents qui se sont succédés depuis cent ans ainsi que des flots d'éloquence bretonne qui ont submergé cette forêt.

LA COMTESSE.

Je vous en sais gré.

HENRI.

Or ce matin, à une heure où il n'y a d'éveillé à Paris que les coqs et les marchands de la halle...

LA COMTESSE.

Il paraît que le désespoir ne vous empêche pas de dormir !

HENRI.

Ah ! comtesse...

LA COMTESSE.

C'est bien ! achevez !

HENRI.

Je suis arraché de mon sommeil par un grand bruit.

LA COMTESSE.

Qu'est-ce que c'était ?

HENRI.

C'était mon oncle.

LA COMTESSE.

Ah !

HENRI.

Lève-toi, me dit-il. — Mais mon oncle ! — Pas de réplique ! — Mais mon oncle ! — Le notaire est prévenu. — Quel notaire ? — Et puis nous reviendrons signer le contrat.

LA COMTESSE.

Le contrat !

HENRI.

Voilà précisément l'exclamation que je poussai ! Le contrat ! Quel contrat ? Alors il m'explique que de ses adversaires, il ne restait plus qu'une femme, veuve du dernier des Keradeck ; que pour terminer le procès il lui avait offert sa main ; qu'elle l'avait refusée et qu'il lui avait offert la mienne.

LA COMTESSE.

La vôtre ! Ah ! Mais c'est très indiscret, savez-vous !

HENRI.

Oui il est comme cela mon oncle. Il ajouta que l'on avait agréé cette substitution ; qu'il avait répondu pour moi, et que rien ne manquait au contrat que les signatures.

LA COMTESSE, *riant d'un rire forcé.*

Rien que cela ! Ah ! ah ! ah !

HENRI.

Vous riez.

LA COMTESSE.

Oui vraiment ! Votre petite histoire armoricaine est charmante... un peu longue mais charmante. *(Riant.)* Ah ! ah ! ah ! j'en avais besoin.

HENRI.

Ah ! comtesse !

LA COMTESSE.

Et vous l'avez dite à ravir.

HENRI.

Mais ce n'est pas le moins du monde une plaisanterie.

LA COMTESSE.

Comment cette dame de Keradeck ?...

HENRI.

Est à Paris.

LA COMTESSE.

Vous la connaissez ?

HENRI.

Je l'ai vue quelquefois.

LA COMTESSE.

Une douairière sans doute ?

HENRI.

Une charmante personne, je dois l'avouer.

LA COMTESSE.

Ah !... Seulement je vous demanderai à quoi je dois la faveur d'avoir été choisie par vous pour écouter ce récit.

HENRI.

Ah ! comtesse, vous êtes cruelle.

LA COMTESSE.

Moi !

HENRI.

Oui, car je vous aime, je vous aime depuis le jour où je vous ai vue pour la première fois.

LA COMTESSE.

M. de Chabannes!

HENRI.

Vous m'avez cru léger et frivole; vous n'avez pas deviné que sous le ton badin de la conversation ; derrière cette habitude de voir la plupart des choses de la vie sous leur côté plaisant, se cachait un sentiment vrai, profond, sincère.

LA COMTESSE, *à part.*

On ne se trompe pas aux battements de son cœur !

HENRI.

Vous êtes émue! Serais-je assez heureux...

LA COMTESSE, *à part.*

C'est lui que j'aime, c'est évident! *(Haut.)* M. de Chabannes, certainement...

HENRI.

Vous n'osez achever?

LA COMTESSE.

Oh! si... je...

HENRI.

Vous?...

LA COMTESSE, *à part.*

C'est qu'il est encore mieux que de Rozan! Quelle horrible situation!

HENRI.

Dites, dites!

LA COMTESSE.

Eh bien !

HENRI.

Eh bien !

LA COMTESSE.

Attendez-moi ici quelques instants. Je ne fais qu'aller au bois et revenir. À mon retour je vous donnerai une réponse !

HENRI.

Ah! madame!

LA COMTESSE, *sortant.*

Un tour de bois m'inspirera! Ah! cet oncle avait bien besoin de sortir de sa forêt !

SCÈNE III

HENRI, puis JULES.

HENRI, *seul.*

Quelques instants! C'est bien le moins qu'elle réfléchisse quelques instants! Comme elle paraissait émue! Ah! diantre et mon oncle que je devais rejoindre chez le notaire! Doit-il grincer! Bien sûr, il va dévorer quelque clerc en m'attendant! Qu'est cela? Une aquarelle! *(Il va au guéridon sur lequel est placée une aquarelle presque achevée, le pinceau et les couleurs.)* Les bords de la mer... L'endroit où nous nous sommes rencontrés pour la première fois! Elle pensait à moi! Chère Angéline! Quel talent! quelle légèreté de pinceau! Ces vagues ont une grâce... et puis ce rayon de lumière qui glisse entre deux nuages et fait scintiller l'eau comme des émeraudes! Oh! l'aquarelle! il n'y a que l'aquarelle! elle est bien supérieure à la peinture à l'huile! Je suis le plus heureux des hommes! Tant pis pour mon oncle!

JULES, *se retournant pour parler au dehors.*

C'est bien! J'attendrai votre maîtresse!

HENRI, *se retournant.*

Hein! de Rozan ici!

JULES.

Tiens, Henri! chez la comtesse. *(Ils se donnent la main.)*

HENRI.

Vous connaissez Mme de Savenay, vous!

JULES.

Mais oui. Eh bien! vous aussi à ce qu'il me semble.

HENRI.

J'ai cet avantage, car elle est charmante!

JULES.

Ravissante!

HENRI.

Adorable!

JULES.

Divine!

HENRI.

Votre enthousiasme me fait plaisir.

JULES.

Eh bien! le vôtre me ravit.

HENRI.

Bah!

JULES.

Parce que?

HENRI.

Oh! je puis bien vous le dire maintenant.

JULES.

Moi aussi!

HENRI.

Car j'ai tout lieu de croire que je vais l'épouser!

JULES, *en même temps.*

Car je vais obtenir sa main!

HENRI.

Quoi?

JULES.

Epouser qui?

HENRI.

Eh bien! la comtesse!

JULES.

Vous voulez épouser la comtesse!

HENRI.

Et elle veut bien m'épouser!

JULES.

Vous êtes fou!

HENRI.

Fou d'amour cela ne m'étonnerait pas; car je l'aime beaucoup.

JULES.

Que vous l'aimiez, je n'y vois rien d'extraordinaire, mais que vous l'épousiez!

HENRI.

Il n'y a pas un quart d'heure que répondant à mes sollicitations, elle me disait attendez-moi ici et elle me souriait.

JULES.

Il n'y a pas dix minutes, elle me disait « dans une heure je serai chez moi, » et elle me regardait d'un air...

HENRI.

Voyez-vous cette aquarelle ?

JULES.

Je la vois.

HENRI.

Eh bien ! elle représente l'endroit où nous nous sommes rencontrés pour la première fois.

JULES.

Heu ! Heu ! La peinture est médiocre !

HENRI.

Peu importe ! Vous voyez qu'elle pensait à moi.

JULES, *qui pendant ce temps feuilletait un morceau de musique ouvert sur le piano.*

Veuillez regarder la dédicace de cette romance que chantait la comtesse.

HENRI.

Hein ! *(Lisant.)* « Hommage de l'auteur. Jules de Rozan ! » Eh bien !

JULES.

Il me semble qu'elle ne m'oubliait pas !

HENRI, *jouant et fredonnant machinalement avec humeur.*

La ! la ! la !

JULES, *le corrigeant en battant la mesure et fredonnant.*

La ! la ! la ! la !

HENRI.

C'est faux ! c'est un ré !

JULES.

Dièze !

HENRI.

Bémol !

JULES.

Dièze !

HENRI.

Peu importe ! une musique pareille !

JULES.

Qui vaut bien votre dessin !

HENRI.

De Rozan !

JULES.

De Chabannes !

HENRI, *à part, désignant Jules.*

Voilà le motif de son hésitation de tout à l'heure !

JULES, *de même, désignant Henri.*

Voilà la raison de ses remises perpétuelles !

HENRI.

Est-ce une querelle que vous me cherchez.

JULES.

Ma foi non ! car, en effet, je vois bien que vous êtes le préféré !

HENRI.

C'est vous !

JULES.

C'est vous !

HENRI, *qui ayant jeté un coup-d'œil à la pendule, consultait sa montre.*

Oh !

JULES, *se méprenant.*

Je vous dis que c'est vous !

HENRI, *à lui-même.*

Il faut absolument... *(Haut.)* Je vous cède la place !

JULES.

Permettez ! ce sera moi !

HENRI.

Moi ! vous dis-je !

JULES.

Moi !

SCÈNE IV

LES MÊMES, LA COMTESSE.

LA COMTESSE, *entrant, à elle-même.*

Quelle étourderie ! j'avais oublié que de Chabannes

m'attendait! *(Apercevant les deux hommes.)* Ciel! ensemble!

JULES ET HENRI.

Oh! la comtesse!

JULES, *à part.*

Il me faut une explication!

LA COMTESSE.

Messieurs!

JULES, *bas à la comtesse.*

Il me faut une explication!

LA COMTESSE, *de même.*

M. de Rozan!

HENRI.

Adieu madame!

LA COMTESSE.

M. de Chabannes!

JULES, *à lui-même.*

Elle le retient!

HENRI, *bas à la comtesse.*

Un seul mot peut me retenir!

LA COMTESSE, *de même.*

Mais...

JULES, *de même à la comtesse.*

Faites que nous soyons seuls!

HENRI, *de même.*

Dites oui et je reste!

LA COMTESSE, *à de Chabannes à demi-voix.*

Oh! c'est trop fort!

HENRI.

Alors adieu madame!

LA COMTESSE, *à elle-même.*

Mais c'est de la persécution, du despotisme, de la tyrannie!

HENRI, *sortant, à part.*

C'est égal, je saurai...

SCÈNE V

JULES, LA COMTESSE.

LA COMTESSE.

Eh bien! nous sommes seuls, dites, parlez, je vous écoute tranquillement, paisiblement. *(Avec force.)* Paisiblement!

JULES.

Comtesse, je...

LA COMTESSE.

Mais permettez-moi de vous dire d'abord que je trouve étrange ce despotisme que vous prétendez exercer chez moi...

JULES.

Je vous...

LA COMTESSE.

Monsieur me donne des ordres; monsieur m'adresse des sommations; monsieur m'envoie des ultimatum; monsieur me menace d'épouser la baronne de Rochedieu.

JULES.

Permettez si...

LA COMTESSE.

Eh! mon Dieu! épousez-la! vous n'aurez pas besoin d'aller loin.

JULES.

Madame!

LA COMTESSE.

C'est une conquête qui vous fera honneur... vingt-sept ans, presqu'une vieille femme, des yeux noirs qui ont l'air de cavernes, une bouche qui sourit toujours comme une écluse et des toilettes qui ressemblent à un bazar algérien!

JULES.

La colère vous égare.

LA COMTESSE.

En colère, moi... parce qu'en vous ménageant à la fois un amour en face et ici, vous faites preuve d'une sage prudence, dans l'administration de vos sentiments!

JULES.

L'administration!

LA COMTESSE.

Parce qu'en demandant ma main, vous teniez tout prêt un mariage de rechange...

JULES.

Madame!

LA COMTESSE.

Et parcequ'en entrant chez moi, vous laissez la moitié de votre cœur de l'autre côté de la rue!

JULES.

Comment, c'est moi que vous accusez, quand depuis deux ans mon amour n'est pour vous qu'une pierre d'attente!

LA COMTESSE.

Une pierre d'attente!

JULES.

Oui, sur laquelle vous posez le pied pendant que vous tendez le bras à un autre.

LA COMTESSE.

A un autre!

JULES.

A ce monsieur qui sort d'ici.

LA COMTESSE.

C'est-à-dire que je suis une coquette!

JULES.

A vous croire je ne serais qu'un jaloux!

LA COMTESSE.

Tenez, je vous déteste, je vous hais!

JULES.

Si c'est un congé que vous voulez me donner, il n'est pas besoin d'injures.

LA COMTESSE.

Si c'est une rupture que vous désirez, il n'est pas besoin de prétexte.

JULES.

Soit, puisque vous le voulez je vais sur-le-champ chez la baronne.

LA COMTESSE.

Allez, allez ! Je serais désolée de vous retenir un instant de plus ! *(Elle salue et entre dans son boudoir.)*

SCÈNE VI
JULES, puis HENRI.

JULES, *seul*.

Epouser la baronne ! Par exemple ! Je ne l'aime pas ! Elle est très bien ! Mais je ne l'aime pas. Je voulais seulement exciter la jalousie de Mme de Savenay. Allons ! j'ai bien réussi... Voilà mon congé en bonne forme ! On m'offrait un poste diplomatique à Constantinople.... Je le refusais..... Je l'accepte. Je cours au ministère et je resterai garçon !

HENRI, *entrant, à lui-même*.

J'ai obtenu un sursis. Mon oncle a été généreux... Il m'a accordé trente-cinq minutes !

JULES, *qui allait sortir se trouve nez à nez avec Henri*.

Oh !...

HENRI.

Eh bien ! Où allez-vous ainsi ?

JULES.

A Constantinople.

HENRI.

Comment !

JULES.

Je vous laisse le champ libre.

HENRI.

A moi !

JULES.

A vous, puisque vous êtes le préféré !

HENRI.

Elle vous l'a dit ?

JULES.

Non, mais elle me renvoie.

HENRI.

Ah !

JULES.

C'est clair, n'est-ce pas?

HENRI.

Non. Voulez-vous que je vous dise une chose?

JULES.

Dites.

HENRI.

Je crois qu'elle nous préfère tous les deux.

JULES.

Si vous voulez dire qu'elle est coquette?

HENRI.

Non.

JULES.

Alors?

HENRI.

Vous souvenez-vous de votre cours de philosophie?

JULES.

Qu'est-ce que vous me demandez là?

HENRI.

Répondez-moi seulement.

JULES.

Oh! fort mal!

HENRI.

Très bien! Alors vous vous souvenez peu de ce qu'à propos du libre arbitre, on nous contait de l'âne de Buridan.

JULES.

Un âne! Que me chantez-vous avec votre âne? Je ne me souviens pas du tout!

HENRI.

Un jour son maître, qui sans doute était goguenard, l'amène entre deux superbes boisseaux de grains.

JULES.

De l'avoine?

HENRI.

Peut-être.

JULES.

Eh bien!

HENRI.

Voyez-vous d'ici le pauvre aliboron flairant d'un côté, puis regardant de l'autre et secouant ses oreilles? Le quarteron de droite est si bien garni jusqu'aux bords d'un grain doré! Il allonge déjà ses lèvres... Quel festin de Sardanapale il va faire! Mais tout à coup, il retire sa tête prête à plonger dans ce bassin de voluptés. C'est que le quarteron de gauche est là non moins rempli d'un déjeûner non moins doré. Et il reste indécis. Il va, il vient, retourne, revient, reflaire et finit.....

JULES.

Par se donner une bonne indigestion?

HENRI.

Par mourir de faim entre ses deux boisseaux.

JULES.

Et puis...

HENRI.

Vous ne comprenez pas?

JULES.

Non.

HENRI.

Nous jouons le rôle des deux boisseaux.

JULES.

Et la comtesse est l'â... Comparer une femme et une femme délicieuse à un..... c'est d'un goût, c'est d'un trivial, c'est d'un..... Tenez vous êtes trop du siècle qui a produit Theresa!

HENRI.

Et vous, vous ne l'êtes pas assez.

JULES.

Non, c'est odieux!

HENRI.

D'abord je ne compare pas, la!

JULES.

Et que faites-vous malheureux!

HENRI.

Je dis que la comtesse est charmante, mais indécise

et qu'elle restera veuve entre deux hommes qui ne lui déplaisent ni l'un ni l'autre, si une circonstance imprévue ne vient pas forcer sa volonté.

JULES.

Et cette circonstance!...

HENRI.

Où est la comtesse?

JULES.

Là, enfermée dans son boudoir.

HENRI.

Très bien! alors...

JULES.

Alors?

HENRI, *changeant de ton et élevant la voix.*

Monsieur j'aurai votre vie ou vous aurez la mienne!

JULES.

Comment un duel!

HENRI, *bas.*

Taisez-vous!

JULES.

Quoi!

HENRI.

Faites du bruit! *(Il remue un fauteuil.)*

JULES, *ahuri.*

Vous perdez la tête!

HENRI, *bas, tirant le piano.*

Morbleu! Aidez-moi! *(Haut.)* Je vous le répète, vous aurez votre vie. *(Se reprenant.)* J'aurai votre vie ou vous aurez la mienne! *(Bas.)* Aidez-moi donc à rouler le piano!

JULES, *commençant à comprendre.*

Ah! *(Il aide Henri à pousser le piano devant la porte du boudoir de manière à ce que cette porte ne puisse que s'entrouvrir.)*

HENRI.

La! *(Bas.)* Mais, voyons! dites quelque chose!

JULES, *bas.*

Ah! oui! *(Haut.)* Soit, nous nous battrons!

HENRI.

Nous nous tuerons !

JULES.

Nous nous exterminerons !

HENRI.

A l'épée, au sabre, au pistolet ! *(Bas.)* Avez-vous une arme ?

JULES.

Sur moi... non.

HENRI, *embarrassé et cherchant de tous côtés, bas.*

Diantre ! pour un duel, il faut des armes !

LA COMTESSE, *essayant d'ouvrir la porte.*

Mon Dieu ! que se passe-t-il ?

(La porte s'ouvre de façon que la comtesse est en vue du public; mais elle-même ne peut apercevoir les acteurs en scène.)

HENRI, *bas.*

Aïe ! la comtesse... et rien !

JULES, *de même.*

Nous voilà dans une position très ridicule !

HENRI, *de même.*

Oui.

JULES, *cherchant de son côté.*

Rien ! rien !

HENRI, *criant.*

Alors, à mort ! nous nous battrons à mort !

LA COMTESSE, *à elle-même.*

Un duel ! chez moi !... à mort !

HENRI, *à lui-même.*

Et pas même un pistolet en chocolat !

LA COMTESSE, *désespérée.*

Et pour moi ! c'est horrible !

HENRI, *à lui-même.*

Ah ! cette bonbonnière ! *(Tournant la clef du coffret.)* Cric ! crac ! *(Haut.)* Voilà les pistolets !

LA COMTESSE.

Des pistolets !

HENRI, bas à Jules.

Elle ne peut pas nous voir! (Haut, lui faisant des signes.) Prenez le vôtre!

JULES, trouvant un flacon de cristal à tête d'or ciselé et fermant à ressort.

Ah! voici! la batterie est en état! (Il fait jouer le bouton du couvercle.)

LA COMTESSE, ne sachant que devenir.

Et ils sont enfermés!

HENRI, prenant un bonbon dans la boîte.

Les cartouches ne nous manqueront pas!

LA COMTESSE.

Les cartouches! M. de Rozan! M. de Chabannes!

HENRI, mangeant un bonbon, à Jules et à haute voix.

Quelqu'un! Dépêchons! Dépêchons!

LA COMTESSE.

Ensemble! ils vont se tuer tous deux!

HENRI.

Un! Ajustez bien! je ne vous manquerai pas, vous!

LA COMTESSE.

Mais c'est horrible! attendez au moins...

HENRI.

Pas une seconde! Deux!

LA COMTESSE, à elle-même.

Lequel! lequel! Henri! Jules! Jules! Henri! Ah! je ne sais... je ne sais plus... je ne sais...

HENRI.

Trois!

LA COMTESSE.

Henri! M. de Chabannes! ne tirez pas! c'est vous!

JULES et HENRI.

Ah!

JULES.

Madame! Soyez heureuse avec M. de Chabannes. (Il sort.)

SCÈNE VII

HENRI, LA COMTESSE.

Henri a dégagé la porte du boudoir, la comtesse est entrée et s'est laissé tomber dans un fauteuil.

HENRI.

Comtesse ! Madame !

LA COMTESSE.

Ah ! mon Dieu !

HENRI.

Ah ! je suis le plus heureux des hommes ! *(Apercevant le coffret qu'il a posé sur le piano.)* Oh ! cette boîte.

LA COMTESSE.

Tenez ! c'est horrible ce que vous avez fait !

HENRI.

Madame ! *(A part.)* Si elle l'avait vue... vite remettons-la à sa place !

LA COMTESSE.

Que tenez-vous là ?

HENRI, *cachant le coffret derrière son dos, embarrassé.*

Moi !

LA COMTESSE.

Oui.

HENRI, *ne sachant que faire du coffret.*

Mais... *(A part.)* Aïe !

LA COMTESSE.

Ah ! je devine !

HENRI.

Hein !

LA COMTESSE.

Ce sont ces armes ! ces affreuses armes !

HENRI.

Précisément ce sont les...

LA COMTESSE.

Cachez ! cachez ! je ne veux pas voir...

HENRI.

Je ne demande pas mieux mais... *(A part.)* Elle me regarde !

LA COMTESSE.

Ah ! un flacon ! donnez-moi mon flacon !

HENRI.

Votre... *(il cherche des yeux, à part.)* Aïe ! Parti pour Constantinople, le flacon ?

LA COMTESSE.

Que parlez-vous de Constantinople !

HENRI.

Je dis que... que... M. de Rozan tenait ce flacon et que comme il est parti pour Constantinople...

LA COMTESSE.

Quoi !

HENRI.

Il paraît ! une mission diplomatique qu'on lui offrait. Alors...

LA COMTESSE, *à elle-même.*

Il n'est pas allé chez la baronne. *(Haut.)* Eh bien ! sonnez !

HENRI.

Pourquoi ?

LA COMTESSE.

Pour que ma femme de chambre me donne... sonnez donc !

HENRI, *cherchant à gagner à reculons le bouton du timbre.*

J'obéis ! *(Il se heurte contre une chaise, étend les deux mains pour reprendre l'équilibre et laisse tomber le coffret.)* Ah ! aïe !

LA COMTESSE.

Mon coffret ! Que signifie !

HENRI, *le ramassant.*

Il n'a pas de mal !

LA COMTESSE.

Et vous me disiez... pourquoi cachiez-vous ce coffret !

HENRI, *très-embarrassé.*

Pourquoi! *(A part.)* Aïe! Aïe!

LA COMTESSE.

Oui! Pourquoi ce mystère à propos d'un objet insignifiant; pourquoi cet air embarrassé, pourquoi...

HENRI, *à lui-même.*

Pourquoi! pourquoi! *(Haut.)* Tenez madame, j'aime mieux tout vous dire.

LA COMTESSE.

Ah! il y a donc quelque chose?

HENRI.

Ce duel...

LA COMTESSE.

Eh bien!

HENRI.

N'était qu'une feinte pour vous forcer à...

LA COMTESSE.

Une feinte! ainsi vous vous moquiez de moi.

HENRI.

Madame!

LA COMTESSE.

Une feinte! Ainsi vous n'avez pas craint cette émotion, cette terreur, cette angoisse que j'ai éprouvée, c'était pour... une feinte!

HENRI.

Madame!

LA COMTESSE.

Je suis sûre qu'elle est de vous cette belle invention!

HENRI.

Madame! il est vrai que...

LA COMTESSE.

Tenez! je vous hais, je vous déteste, et ne vous reverrai de ma vie.

HENRI.

Madame! *(A lui-même.)* Eh bien! le voilà l'incident! le voilà! *(Haut.)* Je vois que cette fois tout est fini pour moi ! A mon tour, je vous dirai soyez heureuse avec M. de Rozan !

LA COMTESSE, *faiblissant.*

M. de Chabannes !... *(Il s'arrête.)* Adieu !

HENRI, *à lui-même.*

Allons ! il paraît que j'épouserai la forêt de mon oncle ! *(Il sort; à peine sorti, il reparaît une lettre à la main et vient la présenter à la comtesse.)*

LA COMTESSE.

Merci ! *(A elle-même, voyant l'écriture.)* Ciel ! l'écriture de de Rozan ! *(Elle déchire fièvreusement l'enveloppe.)*

HENRI, *qui la suivait des yeux sans pouvoir se décider à quitter le salon, prenant sa résolution, à lui-même.*

Décidément, les bois de mon oncle seront sauvés !

SCÈNE VIII

LA COMTESSE seule.

LA COMTESSE, *lisant.*

« Ce n'est pas chez la baronne que je vais, mais à Constantinople où j'ai sollicité une mission ! à cinq heures, dans quelques minutes, j'aurai quitté Paris. » Ah ! mon Dieu ! dans quelques minutes... à Constantinople ! Et moi qui croyais que la baronne... il part... il est peut-être déjà parti ! Ah ! c'est ma faute ! c'est moi qui l'ai renvoyé ! que faire ! que faire ! ah ! je jure que cette fois... si je... si il... plus d'hésitation !... peut-être est-il encore temps... vite de l'encre, une plume... en se hâtant... où ai-je mis l'écritoire ? non, ce serait trop long ! Mon châle ! mon chapeau ! je vais... c'est cela... *(Allant à la porte du salon.)* Ma voiture ! Jean ! faites atteler ! qu'on se dépêche ! *(Revenant.)* Non ! ce serait encore trop long... *(Allant de nouveau à la porte.)* C'est à deux pas ! j'irai à pied ! *(S'arrêtant au moment de sortir.)* Oh ! impossible ! que dirait-on... une femme aller ainsi... *(La pendule sonne, elle compte les coups.)* Cinq heures !...

trop tard ! ah ! *(Elle se laisse tomber sur le canapé, la porte s'ouvre du dehors.)*

SCÈNE IX.

LA COMTESSE, de ROZAN.

UNE VOIX, *dans l'antichambre, annonçant.*

M. de Rozan !

LA COMTESSE.

Lui !

DE ROZAN.

Madame !

LA COMTESSE.

Ah !

DE ROZAN.

Au moment de partir, j'ai trouvé sur moi ce flacon que j'avais emporté par mégarde et je venais, en vous le rapportant, vous demander pardon de la comédie indigne que nous avons jouée ici tantôt.

LA COMTESSE.

Vous me demandez pardon, vous !

DE ROZAN.

Mais...

LA COMTESSE.

Quand c'est moi qui...

DE ROZAN, *étonné.*

Quoi ?

LA COMTESSE, *lui tendant la main.*

Je vous pardonne si vous me pardonnez !

DE ROZAN, *lui baisant la main.*

Ah ! Madame ! *(A part.)* Que disait donc ce Chabannes avec son âne !

(La toile baisse.)

LES

CENTAURES DE PARIS

COMÉDIE EN CINQ ACTES

PERSONNAGES

DE MONTLUCHON.
DE LONGIVET.
DE CLOSFERMÉ.
Gaston DE VILLIERS.
Lord FOLLMOUTH.
James FOLLMOUTH.
DE CHASAN.

HOIN DE BOISFLORY.
WILLIAM, jockey.
ERMINE, fille de Montluchon.
Mme TAPIN, sœur de Montluchon.
Mme DE MONTLUCHON.
AURORA.
Zoë POMPON.

Deux gromms ; un garçon de café ; un marchand de cigares ; un cocher ; sportsmans ; sportswomans ; jockeys ; domestiques.

L'action se passe près de Paris vers 1868. Les trois premiers actes au château de Montluchon ; les deux derniers aux courses.

ACTE PREMIER

Le théâtre représente une cour. D'un côté, un petit bâtiment très élégant, ce sont les écuries. Du côté opposé et au fond, des massifs d'arbres au-dessus desquels on aperçoit le château. Devant les écuries, une grande balance. Sous les arbres, une table et des chaises.

SCÈNE PREMIÈRE

Deux GROOMS jouant aux cartes ; PALEFRENIERS frottant et balayant, puis WILLIAM.

1ᵉʳ GROOM.

Je vous dis que je ne pèse que quarante kilos, comme William, le jockey de Monsieur !

2ᵐᵉ GROON, *accent anglais.*

Hau !

1ᵉʳ GROOM, *le contrefaisant.*

Hau ! Il n'y a qu'à nous peser ; et moi je ne suis que groom comme vous...

2ᵐᵉ GROOM.

Yes.....

1ᵉʳ GROOM, *le contrefaisant.*

Yes !... tandis que lui.....

WILLIAM, *entrant, à part.*

Cré nom ! Monsieur vient de recevoir un certain rhum de la Jamaïque..... Si je pouvais...

1ᵉʳ GROOM, *continuant.*

Il se fait appeler Cawlet... un nom anglais... et il se nomme tout bonnement Guillaume Collet.

WILLIAM.

Pardieu ! ma mère était de Saint-Denis !

1ᵉʳ GROOM, *à part.*

Hein ! il était là ! *(Haut.)* Eh bien !

WILLIAM.

Mais je vous défie de connaître mon père.

1ᵉʳ GROOM.

Ah ! ah !

WILLIAM.

Je ne l'ai jamais connu moi-même.

1ᵉʳ GROOM.

Ah! bon!

WILLIAM.

Vous voyez donc que je pourrais bien être anglais.

2ᵐᵉ GROOM.

Aôh!

1ᵉʳ GROOM, *le contrefaisant.*

Aôh! *(A William.)* Comme ça.....

WILLIAM.

D'abord, si je ne l'étais pas, je n'inspirerais aucune confiance comme jockey!

2ᵐᵉ GROOM.

Yes!

WILLIAM.

De quoi s'agissait-il?

1ᵉʳ GROOM.

Il ne voulait pas croire que je ne pèse que quarante kilos comme vous.

WILLIAM.

Moi, trente-huit!

1ᵉʳ GROOM.

Allons donc!

WILLIAM.

Allons donc! Faut pas aller bien loin pour le prouver. *(Il monte dans la balance.)* Mettez les poids! *(Le 2ᵐᵉ groom met des poids dans la balance : le plateau trop chargé fait monter William et descend brusquement sur les pieds du premier groom.)*

1ᵉʳ GROOM.

Tonnerre! Faites donc attention!

2ᵐᵉ GROOM, *toujours impassible.*

Yes!

WILLIAM, *dans le plateau, reste en l'air.*

Ce n'est rien! *(Reprenant, sans s'apercevoir que le 1ᵉʳ groom a remonté la scène en sautant sur un pied, suivi du 2ᵐᵉ groom, et s'est assis.)* Même que pour un jockey de mon mérite, 4000 fr. d'honoraires... c'est pas gros ! à peine la paie d'un sous-chef au ministère ! Et encore depuis quelque temps monsieur de Montluchon n'est plus régulier du tout..... quand on est menacé, dit-on, des huissiers..... Et ça se croit le premier éleveur de France et d'Angleterre ! Aussi si mon compte n'est pas réglé demain avant le derby, il pourra chercher quelqu'un pour monter Rantamplan, son fameux produit. Il n'a plus que lui dans la tête..... il ferait bien mieux de veiller sur Madame..... A son âge, quand on se remarie avec une jeune femme..... D'autant plus qu'on dit que déjà avant son mariage Madame..... *(Se retournant.)* Gré nom ! Qu'est-ce que vous faites donc ?

1ᵉʳ GROOM, *se frottant la jambe.*

Vous voyez bien, je me frotte !

WILLIAM.

Assez frotté comme ça ! vous savez bien que Monsieur attend du monde ce matin.

1ᵉʳ GROOM.

Ah ! oui, pour les courses !

WILLIAM.

Parbleu !

1ᵉʳ GROOM.

Bah ! ils ne sont pas encore arrivés. Ici, c'est pas à deux pas de Paris et ces messieurs ne se lèvent pas pour entendre chanter le rossignol.

WILLIAM.

Enfin, y êtes-vous ?

1ᵉʳ GROOM, *qui pendant ce qui précède a ôté et mis des poids dans la balance.*

Quarante !

WILLIAM.

Vous voulez dire trente-huit !

1ᵉʳ GROOM.

Quarante !

WILLIAM.

Trente-huit !

1er GROOM.

Eh bien ! comptez vous-même ! *(Il enlève les poids; le plateau dans lequel se trouve William frappe rudement le sol.)*

WILLIAM, *furieux, se relevant.*

Imbécile !

1er GROOM.

Imbécile toi-même !

WILLIAM.

Attends, je vais t'apprendre ! *(Il s'élance sur lui.)*

2me GROOM, *se mettant entr'eux.*

Aôh !

CLOSFERMÉ, *en dehors.*

Je te dis qu'il n'en fait jamais d'autres...... ton père !

1er GROOM.

Bigre ! quelqu'un !

WILLIAM.

Cré nom ! *(Ils se séparent.)*

SCÈNE II

Les mêmes, CLOSFERMÉ, ERMINE.

(Ils sont en costume de voyage.)

ERMINE.

Ah ! mon petit oncle, vous n'êtes pas gentil ! Vous allez recommencer.

CLOSFERMÉ.

Mon petit oncle ! mon petit oncle !..... Enfin soit, je ne dirai plus rien. *(Il tire sa tabatière et prend une prise.)*

1er GROOM, *bas à William.*

Qui sont ces gens-là ?

WILLIAM.

Des amis de Monsieur... sans doute... ils auront trouvé la porte du parc ouverte.

CLOSFERMÉ, *à Ermine.*

Mais tu ne m'empêcheras pas de juger en moi-même sa conduite...!... oublier sa fille pareillement !

ERMINE.

Encore !

CLOSFERMÉ.

Non, j'ai fini !... Ne pas t'envoyer sa voiture au débarcadère !

ERMINE.

Eh bien ! Eh bien ! *(Elle le menace du doigt en riant.)*

CLOSFERMÉ.

Je te dis que j'ai fini ! Et cependant, je lui avais écrit... tu sais bien que je lui avais écrit...

ERMINE.

Cette fois !.....

CLOSFERMÉ.

Non ! c'est une réflexion que je fais... toujours en moi-même.

ERMINE.

Ah ! ah !

CLOSFERMÉ.

C'est comme pour ce procès avec la compagnie d'assurances la Salamandre, au sujet des Glandiers, une ferme à toi..... Tu dis?

ERMINE.

Rien... je ne vous entends pas, puisque vous parlez en vous-même.

CLOSFERMÉ.

Ermine !... Enfin, on ne peut pas seulement obtenir sa signature. Est-ce bien administrer ta fortune ?

ERMINE.

Allez ! allez !

CLOSFERMÉ, *qui lorgnait à droite et à gauche.*

Qu'est-ce que c'est que ça ? *(Il désigne les écuries.)*

WILLIAM, *s'avançant.*

Monsieur, ce sont les box !

CLOSFERMÉ.

Box ! Vous dites?

WILLIAM.

J'ai dit à Monsieur, ce sont les box.

CLOSFERMÉ.

Bon!... j'avais bien entendu... mais je ne comprends pas et toi Ermine !

ERMINE.

C'est un mot anglais qui signifie..... je crois.....

WILLIAM, avec importance.

Ecuries, mademoiselle !

CLOSFERMÉ, sautant.

Des écuries ! Ils mettent des chevaux là-dedans ! *(Il prend une prise qu'il jette machinalement.)*

WILLIAM.

Oui monsieur.

CLOSFERMÉ.

Des dorures à des chevaux ! *(Même jeu.)*

WILLIAM.

Si j'osais dire à monsieur...

CLOSFERMÉ.

Des sculptures à des chevaux ! *(De même.)*

WILLIAM.

Si j'osais...

CLOSFERMÉ.

Des peintures à des chevaux !

WILLIAM.

Si...

CLOSFERMÉ.

Comme à une danseuse ! *(Il remet la tabatière en poche.)*

WILLIAM.

Monsieur, ce sont tous des coureurs connus.

CLOSFERMÉ.

Hein ?

WILLIAM.

Ou en passe de l'être. All-Rigt, Pique-Assiette, Turlutaine, Carafe d'orgeat et Rantamplan.

CLOSFERMÉ.

Rantamplan !

WILLIAM.

Le fameux produit de Monsieur.

CLOSFERMÉ.

Comment son produit !

WILLIAM.

Par miss Arabella et lord Warwick, fils de Pretty Girl et de Black Prince, fils de.....

CLOSFERMÉ, *se bouchant les oreilles.*

Assez ! assez ! assez !

WILLIAM.

Tous inscrits au Studbook.

CLOSFERMÉ.

Studbook ! encore ! il n'y a plus de France !

1er GROOM, *à part.*

En voilà un qui ne fera pas fortune sur le turf ! *(Au 2me groom.)* Viens-tu ?

2me GROOM.

Yes !

1er GROOM, *le contrefaisant et le poussant.*

Yès ! *(Ils sortent.)*

WILLIAM.

Oh ! Monsieur a des écuries superbes.

CLOSFERMÉ, *à Ermine.*

Peut-on baptiser un cheval Studbook !

WILLIAM.

Il y a fait assez de choses depuis quinze mois qu'il est ici, pour cela.

CLOSFERMÉ.

C'est ça ! *(A Ermine.)* Au lieu de s'occuper de toi... et de la Salamandre !

WILLIAM.

Il n'y a que le marquis de Bellefontaine, notre voisin dont il puisse encore être jaloux.

CLOSFERMÉ, *même jeu.*

Voilà, une jalousie bien placée... dans les écuries !

WILLIAM.

Mais aussi, Monsieur n'épargne rien pour le surpasser.

CLOSFERMÉ, *de même.*

La grenouille et le bœuf! Je vois ça d'ici! Il s'enfle, il s'enfle!...

ERMINE.

Mon oncle!

CLOSFERMÉ, *de même.*

Je comprends maintenant pourquoi il a vendu ses deux maisons de Paris... il se vide pour mieux se gonfler.

ERMINE.

Ah! mon oncle!

WILLIAM, *à lui-même*

Cré nom! j'oubliais le fameux rhum! *(Haut.)* Si monsieur n'a plus besoin de moi.....

CLOSFERMÉ, *sèchement.*

Non... Merci!..... *(A lui-même.)* Studbook!

WILLIAM, *sortant.*

Faut que j'en siffle une bouteille!

SCÈNE III
ERMINE, CLOSFERMÉ.

CLOSFERMÉ.

Studbook!... Qu'ils fassent tout de suite enseigner le français dans les colléges, par des chevaux anglais!

ERMINE, *riant.*

Ah! ah! ah!

CLOSFERMÉ.

Je le reconnais maintenant, Bonaparte était un grand homme... il faisait brûler tous les produits britanniques.

ERMINE.

Je n'entends rien à la politique, moi.

CLOSFERMÉ.

Alors tu pourrais être attaché d'ambassade comme Gaston, mon ex-pupille.

ERMINE, *vivement.*

Oh! vous savez bien que Gaston... *(Se reprenant.)*

Que M. de Villiers est plein de talents et que s'il voulait...

CLOSFERMÉ.
Ah! oui... un joli diplomate assurément. Un écervelé qui étudie le droit international à Londres, en sautant des haies et en poursuivant des renards.

ERMINE.
Mais aussi quel courage ! Vous vous souvenez, il y a deux ans tous les journaux ont parlé de cette course où Monsieur de Villiers, la jambe cassée d'un coup de pied de cheval avait continué à courir et était arrivé premier.

CLOSFERMÉ.
Oui, oui, cet imbécile passera toute sa vie à se tuer !

ERMINE.
Mais, mon oncle.....

CLOSFERMÉ, *l'imitant.*
Mais, ma nièce..... vous prenez bien chaudement sa défense ! (*Il se dispose à sortir et va prendre sa canne et son parapluie qu'il avait déposés en arrivant.*)

ERMINE, *embarrassée.*
Moi... un ami d'enfance... naturellement... et... (*Voix de M*^me *Tapin en dehors.*) Voici ma tante !

CLOSFERMÉ.
Madame Tapin !

Mme TAPIN, *en dehors.*
Prenez soin de Pepita !...

CLOSFERMÉ, *regardant Ermine, à lui-même.*
Je crois qu'elle arrive à propos la tante ! ah ! ces petites filles !

SCÈNE IV

Les mêmes, Mme TAPIN.

(*En amazone, costume exagéré.*)

Mme TAPIN, *se retournant du côté où elle est venue.*
Et bouchonnez-la chaudement ! (*Apercevant les voyageurs.*) Ah ! ma toute charmante..... quelle sur-

prise! Mon cher Closfermé bonjour! *(Sans lui laisser le temps de parler, à Ermine.)* Eh bien! tu ne me dis rien?

ERMINE, *ouvrant la bouche pour parler.*

Je.....

Mme TAPIN.

Tu as donc quitté ton pensionnat, Nancy; tu ne dois pas le regretter...

ERMINE.

Oui, nous.....

Mme TAPIN, *à Closfermé.*

Vous êtes donc muet, aussi vous?

CLOSFERMÉ.

Parbleu si.....

Mme TAPIN, *à Ermine.*

Moi, je viens de faire un temps de galop, tous les matins... voilà mon régime, je suis une vraie sportswoman moi, jamais fatiguée et vous?

CLOSFERMÉ, *la regarde et s'assied.*

Quelquefois!

Mme TAPIN.

Tu sais... nous avons les courses demain... ce sera superbe! quel dommage que les femmes ne soient pas admises à courir!

CLOSFERMÉ, *entre ses dents.*

Elles ne courent pas assez déjà!

Mme TAPIN.

As-tu une robe?... *(Ermine ouvre la bouche pour répondre.)* Non? ça ne fait rien. Nous t'arrangerons! Clémentine.....

ERMINE.

Ah! belle-maman!

Mme TAPIN.

Ne voyant pas arriver la sienne, est allée elle-même ce matin à Paris la chercher.

CLOSFERMÉ, *à lui-même.*

Ah! ce n'est pas *(Désignant Ermine.)* sa mère, ma pauvre sœur *(Il essuie une larme.)* qui eût couru après sa robe.

Mme TAPIN.

Moi, je suis plus raisonnable! Ah! j'avais une toilette aux dernières courses, à Porchefontaine, chapeau forme ruche d'où se précipite un essaim d'abeilles jaunes sur un justaucorps de taffetas vert à basquines, avec jupon de même. Quel cachet, hein?

ERMINE.

Certainement, si...

Mme TAPIN.

Peux-tu croire que ni le *Turf* ni le *Steeple-Chase* n'en ont dit un mot dans leurs colonnes, tandis qu'ils ont consacré chacun dix lignes de critique à Mademoiselle Aurora Lear qui avait des hannetons tout autour de sa jupe.

ERMINE.

Mais s'ils ont critiqué les hannetons.....

Mme TAPIN.

Critiqué, critiqué! mais ils l'ont remarquée, ils en ont fait mention. Ah! ces journalistes! des amis de cette demoiselle, cela va sans dire!

CLOSFERMÉ, *à lui-même.*

Elle est complétement folle! *(Il se prépare de nouveau à sortir et va reprendre la canne et le parapluie qu'il a posés pendant le récit de Mme Tapin.)*

MONTLUCHON, *en dehors.*

William! William!

ERMINE.

Ah! papa!

Mme TAPIN.

Avec monsieur de Longivet! je vais voir si ma robe est arrivée. *(Elle sort.)*

SCÈNE V

CLOSFERMÉ, ERMINE, puis MONTLUCHON et LONGIVET.

CLOSFERMÉ.

Longivet! Il est encore avec ton père ce Longivet! *(A elle-même.)* Un parasite qui lui fait faire toutes les sottises et les lui reproche quand elles sont faites.

MONTLUCHON, *entrant, sans voir personne.*

William! où peut-il être?

LONGIVET.

Il dort dans quelque coin; ce ne sera jamais qu'un fainéant... je te l'avais bien dit!

CLOSFERMÉ, *à part.*

Ça commence bien!

MONTLUCHON.

Ah! c'est trop fort! c'est toi qui l'as placé chez moi!

LONGIVET.

Et tu l'as accepté les yeux fermés!... sans t'informer.....

MONTLUCHON.

Puisque tu me l'avais conseillé.

LONGIVET.

Je t'ai dit que sur la piste je le croyais sans pareil.

MONTLUCHON.

La piste!... la piste!...

LONGIVET.

Et puis d'une sobriété!... mais tu écoutes tout le monde!

MONTLUCHON.

Encore une fois.....

LONGIVET.

Je finirai par t'abandonner. *(Ils se dirigent vers l'écurie.)*

CLOSFERMÉ, *à part.*

Il serait bien gentil!

ERMINE.

Papa ne nous aperçoit pas! *(Courant à son père pour l'embrasser.)* Mon petit père!

CLOSFERMÉ.

Bonjour, Montluchon!

MONTLUCHON, *à Closfermé et à Ermine.*

Ah! bonjour! bonjour! *(Il serre la main à Closfermé et embrasse Ermine.)*

SCÈNE VI

Les mêmes, WILLIAM.

WILLIAM, *accourant au fond, une bouteille à la main, sans voir personne ; à lui-même.*

Je tiens le fameux rhum ! *(Apercevant les personnages en scène.)* Sapristi ! *(Il cache la bouteille.)*

MONTLUCHON, *à Ermine.*

Je t'attendais avec une impatience !... je comptais les jours, mais je croyais que c'était après-demain.

ERMINE.

N'avais-tu pas reçu la lettre de mon oncle ?

MONTLUCHON.

Si, si, mais il paraît que j'avais mal compté. C'est égal, je suis bien heureux de te voir, bien heureux ! *(Appelant.)* William ! William !

WILLIAM, *s'avançant.*

Voilà, monsieur, voilà !

MONTLUCHON.

Tu ne m'entendais donc pas ?

WILLIAM.

C'est que..... j'étais occupé dans ma chambre à préparer la potion de Rantamplan. *(A part, toujours embarrassé.)* Cré bouteille !

MONTLUCHON.

Ah !... *(Il se tourne vers Longivet comme pour formuler un reproche.)*

LONGIVET.

Je te l'avais bien dit.

MONTLUCHON.

Hein ?

LONGIVET.

Te voilà avec tes soupçons, toi ! Toujours prêt à accuser.....

MONTLUCHON.

Mais ce n'est pas moi qui.....

LONGIVET.

Donnez-donc votre avis aux gens !

ERMINE, *à son père.*

Eh bien ! me trouves-tu grandie ?

MONTLUCHON, *comme quelqu'un qu'on réveille.*

Hein ? Ah ! oui, énormément. Et toujours blonde. Vous avez fait bon voyage ?

ERMINE.

Excellent, d'abord j'étais si contente de quitter Nancy pour venir à Paris... Et puis c'est si joli la campagne au printemps ! les arbres fleuris, les prés d'un beau vert... Quel dommage qu'on aille si vite ! Quand tout-à-coup en arrivant à Bar...

MONTLUCHON, *se tournant vers son jockey.*

Et comment va-t-il ce matin, Rantamplan ?

ERMINE, *à elle-même, boudant.*

Ah ! bien, par exemple !

WILLIAM.

Vif comme le diable... trop vif seulement ! Pendant que je le bridais il m'a fichu un coup de tête dans la mâchoire.

MONTLUCHON.

Très bien ! très bien ! Pauvre bête !

WILLIAM.

Monsieur est bien bon !

MONTLUCHON, *à sa fille.*

Je te demande pardon... Tu disais donc qu'à l'arrivée de la barque...

ERMINE, *étonnée.*

De la barque !..... (*Puis riant.*) Ah ! ah ! En arrivant à Bar...

MONTLUCHON, *riant aussi.*

Ah ! ah ! A Bar... je comprends... Eh bien ?

ERMINE, *continuant.*

Tout-à-coup une secousse se fait sentir et...

MONTLUCHON, *se tournant de nouveau vers le jockey.*

L'a-t-on frictionné ?

WILLIAM.

Oui, avec du rhum; les jarrets... partout. Fallait voir! la peau était d'un souple... Et le poil... fallait voir le poil comme il était brillant !

MONTLUCHON.

Parfait!... bonne bête! (*A Ermine.*) Je t'écoute... je t'écoute.....

ERMINE, *à elle-même.*

Joliment ! (*Elle ouvre la bouche pour continuer.*)

MONTLUCHON, *à William.*

Et tu l'as conduit sur la piste ?

WILLIAM.

Comme hier et comme avant-hier.

MONTLUCHON.

Excellent! Bonne bête ! (*A Ermine.*) Eh bien !

SCÈNE VII

LES MÊMES, Mme TAPIN.

Mme TAPIN, *à Ermine, accourant.*

Ma chère! j'accours te chercher; ma robe est arrivée.

ERMINE.

Allons.....

MONTLUCHON.

Eh bien! où vas-tu donc ?

ERMINE.

Je vais voir la robe de ma tante... Adieu, méchant père ! (*Elle sort avec Mme Tapin.*)

SCÈNE VIII

LES MÊMES, moins ERMINE et Mme TAPIN.

MONTLUCHON.

Ermine! Ermine ! je t'assure que j'étais tout oreilles !

CLOSFERMÉ, *entre ses dents.*

Tout oreilles !... oui, si ça continue... Midas va !

MONTLUCHON.

Ces enfants sont-elles capricieuses... pour une robe... je vais voir Rantamplan !

CLOSFERMÉ, *à Montluchon, l'arrêtant.*

J'ai à t'entretenir d'une affaire importante... de la ferme des Glandiers qui...

MONTLUCHON, *se dégageant.*

Ah ! oui. Tout-à-l'heure, plus tard !... Je vais voir Rantamplan.

CLOSFERMÉ, *entre ses dents.*

Rantamplan ! Ah ! c'est trop fort ! *(Longivet est entré dans les écuries et Montluchon le suit.)*

WILLIAM, *faisant des efforts pour dissimuler sa bouteille, à part.*

Cré bouteille !

CLOSFERMÉ, *à lui-même.*

Qu'a-t-il donc à se tortiller ainsi, ce garçon !

WILLIAM, *laissant tomber la bouteille, qui se brise, à part.*

Crédié ! fichu le rhum !

MONTLUCHON, *reparaissant au bruit.*

Qu'est-ce que c'est ?

WILLIAM.

C'est... c'est... la potion pour Rantamplan.

MONTLUCHON.

Ah ! *(Rentrant dans les écuries.)* C'est égal, une fille est un bien grand souci pour son père ! *(Tous sortent, moins Closfermé.)*

SCÈNE IX

CLOSFERMÉ, puis GASTON.

CLOSFERMÉ, *regardant sortir Montluchon.*

Son cheval lui tourne la tête. Il n'a pas songé seulement à me faire conduire au château !

GASTON, *entrant, il porte le costume de sportsman mais sans ridicule.*

On m'a dit aux écuries ! Parbleu ! les voici les écuries ! (*A Closfermé qui a le dos tourné.*) Monsieur, seriez-vous assez bon pour m'indiquer...... (*Closfermé est allé pour la troisième fois reprendre sa canne et son parapluie.*)

CLOSFERMÉ, *se retournant.*

Hein ?... Gaston !

GASTON, *le reconnaissant.*

Tiens ! c'est mon tuteur ! Vous allez bien ?

CLOSFERMÉ.

Très-bien, Monsieur. Comment vous trouvez-vous ici... Mauvais sujet ?

GASTON.

J'allais vous adresser la même question. Mon tuteur stationnant devant des écuries ; mon tuteur en contemplation devant des box... cela semble indiquer une notable perturbation dans le cours des choses de la nature.

CLOSFERMÉ.

Monsieur !...

GASTON.

J'y suis. Vous avez suivi le courant, vous vous êtes converti aux idées modernes ; vous élevez, vous faites courir, vous courez peut-être vous-mêmes... (*Closfermé fait un mouvement pour parler.*) Non. Vous vous contentez de parier... Yvanoë ou Rantamplan ? Soixante louis contre dix pour Rantamplan !

CLOSFERMÉ.

Rantamplan... lui aussi... si vous voulez bien faire trêve à vos plaisanteries...

GASTON.

Soit ! (*Offrant son porte-cigares.*) Ils sont excellents !

CLOSFERMÉ, *refusant avec colère.*

Monsieur !... Fumer !... Quel vice !

GASTON.

C'est vrai. (*Il allume.*) Vous désirez savoir comment je suis ici ?

CLOSFERMÉ.

Mais oui. (*Offrant sa tabatière.*) Il est tout frais !

GASTON, *riant*.

Ah ! ah ! priser quelle vertu ! *(Reprenant.)* Eh bien ! c'est à la suite d'une gageure.

CLOSFERMÉ.

Une folie encore, je parie !

GASTON.

La ! vous voyez, vous pariez aussi !

CLOSFERMÉ.

Monsieur !...

GASTON.

Donc j'avais parié avec lord Follmouth... *(Closfermé fait un mouvement.)* un original... vous le verrez, il va venir avec d'autres sportsmans, un assortiment des centaures de Paris.

CLOSFERMÉ.

Les centaures... les centaures... ça ne m'explique pas...

GASTON.

J'y arrive ! Donc j'avais... *(S'interrompant.)* Quelle heure est-il ?

CLOSFERMÉ, *s'impatientant*.

Ah ça ! *(Avec colère tirant sa montre.)* Dix heures trente-cinq !

GASTON.

Eh bien ! c'était... il y aura précisément deux mois dans quelques minutes...

CLOSFERMÉ.

Ah ! décidément...

GASTON.

Un peu de patience ! j'avais donc parié de le suivre à cheval partout où il irait, lui étant à pied...

CLOSFERMÉ.

La, j'en étais sûr ! Et tu as perdu ?

GASTON.

Tout-à-l'heure. En quittant son hôtel, point de départ, il commence par monter au club... un premier étage...

CLOSFERMÉ.

Et toi ?

GASTON.

Moi aussi. Il se fait servir à déjeûner, je me fais servir à déjeûner...

CLOSFERMÉ.

Toujours à cheval?

GASTON.

Toujours à cheval. Ah! par exemple, j'ai cassé quelques porcelaines...

CLOSFERMÉ.

Ah !

GASTON.

Oh ! une misère... une vingtaine de livres...

CLOSFERMÉ.

Mais ça ne m'explique pas...

GASTON.

Un instant... Après le déjeûner, il prend une queue de billard et se met à jouer...

CLOSFERMÉ.

Et toi ?

GASTON.

Moi aussi. Il carambole, je carambole et je gagne la partie...

CLOSFERMÉ.

Toujours à cheval ?

GASTON.

Toujours à cheval. Ah! par exemple, j'ai mis trois glaces en pièces...

CLOSFERMÉ.

Ah !

GASTON.

Oh ! une bagatelle !... une cinquantaine de guinées...

CLOSFERMÉ.

Mais ça ne m'explique pas...

GASTON.

Attendez... Mon parieur vexé ouvre une fenêtre et saute dans le jardin...

CLOSFERMÉ.

Et toi ?

GASTON.

Moi aussi !

CLOSFERMÉ.

Ah ! par exemple, c'est alors que tu as dû casser...

GASTON.

Rien !

CLOSFERMÉ.

Ah !

GASTON.

Seulement je me suis enfoncé deux côtes et mon cheval a été tué net.

CLOSFERMÉ.

Vois-tu misérable fou... tiens, tu aurais mérité... et tu ne m'as pas prévenu !

GASTON.

Ah ! mais non ! vous m'auriez peut-être fait quelques légers reproches.

CLOSFERMÉ.

Quelques légers reproches... triple étourdi ! je t'aurais... je t'aurais bâtonné, entends-tu ?

GASTON.

Voyez-vous ! C'est égal, d'une rive à l'autre, il vous aurait fallu une jolie canne.

CLOSFERMÉ.

Il rit encore.

GASTON.

J'ai eu soixante jours pour me repentir.

CLOSFERMÉ.

Ah ! pourtant !

GASTON.

Oui ce pauvre Bébé !

CLOSFERMÉ.

Qui ça Bébé ?

GASTON.

Mon cheval.

CLOSFERMÉ.

C'est son cheval qu'il regrette ! Mais, morbleu, m'expliqueras-tu enfin....

GASTON.

Que diable voulez-vous que je vous explique ?

CLOSFERMÉ.

Et il y a deux heures qu'il me tient là...

GASTON.

Après deux mois de consigne en chambre, j'avais besoin de sentir l'air natal, l'air de France.

CLOSFERMÉ, *à lui-même.*

L'air de France !... il a encore du bon. *(Haut.)* Tu y tiens donc encore, toi, à l'air de France ?

GASTON.

Parbleu ! *(Fredonnant.)* « C'est le pays où j'ai reçu le jour. »

CLOSFERMÉ.

Tiens, sais-tu... tu devrais te marier... marie-toi !

GASTON, *sautant.*

Ne me faites pas des plaisanteries pareilles !

CLOSFERMÉ.

Une gentille petite femme t'empêcherait de faire des sottises.

GASTON.

Ainsi, vous me donneriez une femme en manière de garde-fou, ou plutôt de garde-côtes ?

CLOSFERMÉ.

De garde-côtes ! Si on n'a jamais entendu...

GASTON.

Que voulez-vous ? Je n'aime et je n'ai jamais aimé personne.

CLOSFERMÉ.

Tu n'as jamais aimé... à ton âge... ce n'est pas possible.

GASTON.

C'est-à-dire...

CLOSFERMÉ.

Tu vois... tu vois...

GASTON.

Mais non... j'avais cru un instant...

CLOSFERMÉ.

Ah !

GASTON.

Une jeune personne qui fréquentait assidûment tous les steeples-chases.

CLOSFERMÉ, *imitant la prononciation de Gaston, avec colère.*

Steeples-chases !

GASTON.

Nous avions échangé quelques lettres... Vous vous souvenez de mon accident de la Marche ?

CLOSFERMÉ.

Je sais... je sais ! J'étais sûr qu'il allait se rompre encore quelque chose !

GASTON.

Et lorsque ma jambe a été guérie je me suis aperçu que mon cœur n'avait jamais été malade.

CLOSFERMÉ.

Et c'est alors que tu as consenti à partir pour Londres ?

GASTON.

Oui. Mais à votre tour vous ne m'avez pas dit...

BOISFLORY, *en dehors.*

Par ici, chers... par ici !

GASTON.

Ah ! le petit Hoin !

CLOSFERMÉ.

Hoin !

GASTON.

De Boisflory ! Fils d'un ex-gros marchand d'huile de pétrole. Gentleman pur sang du reste.

CLOSFERMÉ.

Ah !

GASTON.

Ayant un cheval comme prétexte d'une cravache et faisant du sport pour avoir des bottes.

SCÈNE X

LES MÊMES, BOISFLORY.

(Costume exagéré de sportsman ; imitation anglaise.)

BOISFLORY.

Par ici ! Eh bien... ils ne viennent pas ! *(Il se heurte contre une chaise, manque de tomber et marche sur le pied de Closfermé.)*

CLOSFERMÉ.

Hé ! doucement !

BOISFLORY.

Ah ! pardon ! j'y vois si mal. *(Reconnaissant Gaston.)* Bonjour cher !

GASTON, *sèchement.*

Bonjour !

BOISFLORY.

Vous avez eu tort, cher, de ne pas accepter une place dans mon breack... avec Follmouth, son fils et de Chasan, nous avons fait un voyage... c'est moi qui conduisait à grandes guides... c'était idéal !.. idéal !...

GASTON.

Bah ! vraiment ?

CLOSFERMÉ, *lorgnant Boisflory, à part.*

Quelle tournure !

BOISFLORY, *lorgnant Closfermé, à part.*

Drôle de touche ! *(Haut.)* Oui, sur la route nous rencontrons un âne... un petit âne, traînant sur une petite charrette une petite bonne femme avec du lait et des œufs...

GASTON.

Du petit lait et de petits œufs.

BOISFLORY.

Oui, de petits... *(Se reprenant.)* Mais non ! Nous étions lancés... vous savez comme je conduis... vitesse de train express. Je crie « gare ! » la bonne femme fait « hue ! » à son âne ; l'âne fait « hiha !... » j'accroche l'âne ; il roule sur la bonne femme ; la bonne femme roule dans les œufs et les œufs roulent par terre avec le lait... Voyez-vous le petit spectacle? C'était idéal !

CLOSFERMÉ, *à lui-même.*

Un singe affligé de la parole !

BOISFLORY.

Follmouth a jeté dix louis dans l'omelette. *(Regardant en dehors.)* Eh bien ! qu'est-ce qu'ils font donc ? de Chasan maquignonne déjà... j'en suis sûr.

CLOSFERMÉ.

Comment ! maquignonne !

BOISFLORY.

Dame ! sur le turf il fait des affaires... il spécule, trafique, brocante sur les chevaux et les jockeys, vend, loue, prête, échange et parie... seulement c'est l'homme qui manque le coche... il s'essouffle pour arriver trop tard.

CLOSFERMÉ, *à lui-même.*

Jolie connaissance pour Montluchon !

BOISFLORY.

Je les ai laissés là ! By god ! J'avais aperçu deux femmes qui me lorgnaient.

CLOSFERMÉ.

Hein ?

BOISFLORY.

Oh ! toutes les femmes me lorgnent moi ; j'y suis habitué... j'ai une certaine manière de porter les modes anglaises... je suis connu pour ça au bois.

CLOSFERMÉ, *à Gaston.*

Au jardin d'acclimatation il veut dire.

JAMES, *en dehors.*

Boisflory ! Boisflory !

BOISFLORY.

Ah ! James ! arrivez donc, cher !

SCÈNE XI.

Les mêmes, JAMES.

JAMES, *léger accent anglais, il regarde à droite et à gauche.*

C'était très chic, ici !

BOISFLORY, *à Gaston et à Closfermé.*

Ah ! oui. C'est qu'il a appris le français avec Zoë Pompon et Nini Bataclan !

CLOSFERMÉ.

Bataclan !

BOISFLORY.

Dès son arrivée à Paris, il y a six mois, je l'avais présenté dans la société d'Aurora... *(A Gaston.)* Vous savez, cher, Aurora... Aurora Lear.

CLOSFERMÉ, *à lui-même.*

La demoiselle aux hannetons !

BOISFLORY.

Elle n'a rien à me refuser.

SCÈNE XII

Les mêmes, FOLLMOUTH, DE CHASAN.

FOLLMOUTH, *accent anglais très prononcé.*

Il était anglais votre jockey, Monsieur de Chasan ?

DE CHASAN.

De père en fils depuis le déluge !

FOLLMOUTH.

Aôh ! le déluge... Nous verrons ! nous verrons !

BOISFLORY, *aux autres.*

Qu'est-ce que je disais !

FOLLMOUTH, *à Closfermé.*

Vous faisiez dire à moi que tous les sportsmans de la Angleterre, ils étaient bien venus chez vous...

CLOSFERMÉ.

Hein ! Moi ?

FOLLMOUTH.

James... Traduisez à Monsieur l'obligation que nous avions à lui !

JAMES, à Closfermé.

Ah ! c'est que papa étant embêté de parler français, me charge d'en détacher à sa place.

FOLLMOUTH.

Yes ! détacher !

BOISFLORY, aux autres.

L'idiome de Zoë Pompon dans la bouche d'un lord, c'est idéal... idéal !

FOLLMOUTH.

Pour le dehors des écuries... on ne faisait pas mieux en Angleterre.

CLOSFERMÉ, *essayant de se faire entendre.*

Permettez...

JAMES.

Oui, c'est d'un chic épatant !

FOLLMOUTH.

Epatant, yes !

CLOSFERMÉ.

Vous vous trompez, je...

FOLLMOUTH.

No, no, vous ne pouvez mieux faire que d'imiter le Angleterre !

DE CHASAN, *intervenant.*

Pardon, milord, vous...

FOLLMOUTH.

Vous verrez demain Yvanoë, le cheval de moa.

CLOSFERMÉ.

Ventrebleu ! mais Monsieur...

SCÈNE XIII

Les mêmes, MONTLUCHON, LONGIVET.

LONGIVET, à *Montluchon.*

Nous avons le temps, il n'est pas onze heures.

MONTLUCHON.

Comment! les voici! Et-je n'étais pas là pour les recevoir!

LONGIVET.

Aussi, tu n'avais jamais fini d'examiner Rantamplan... je te l'avais bien dit!

MONTLUCHON.

Messieurs, veuillez m'excuser. Nous assistions, Monsieur de Longivet et moi, au repas de Rantamplan.

DE CHASAN, *à Montluchon.*

Lord Follmouth et son fils!

FOLLMOUTH, *à Closfermé.*

Comment, ce n'était pas vous qui était lui?

CLOSFERMÉ.

Il me semble...

FOLLMOUTH.

Pourquoi disiez-vous pas?...

CLOSFERMÉ.

Pourquoi... Pourquoi?

FOLLMOUTH, *à James, montrant Montluchon.*

Traduisez à Monsieur l'obligation que nous avions à lui.

MONTLUCHON.

Il n'est pas nécessaire! Messieurs, si vous voulez visiter les écuries.

TOUS, *moins Closfermé.*

Allons visiter les écuries!

MONTLUCHON, *appelant.*

Jean! Jean! *(Un domestique paraît.)* Préparez le Madère! *(Ils se préparent à entrer dans les écuries.)*

CLOSFERMÉ, *les regardant.*

Voilà donc les Centaures de Paris!

SCÈNE XIV
Les mêmes, ERMINE.

ERMINE, *accourant, elle tient un flacon à la main.*

Mon oncle! mon oncle! venez donc vous reposer!

CLOSFERMÉ.

Ce ne sera pas malheureux ! *(Il va pour la quatrième fois reprendre sa canne et son parapluie.)*

BOISFLORY, *se retournant.*

Hein ? La petite qui me lorgnait tout à l'heure..... voyez donc, cher !

JAMES.

Oh ! Aurora avait plus de chic !

BOISFLORY.

Very well, vous vous formez, cher !

SCÈNE XV

ERMINE, GASTON, CLOSFERMÉ.

ERMINE, *regardant Gaston qui s'est arrêté.*

Mais c'est Gaston ! *(Se reprenant.)* M. de Villiers, mon oncle !

CLOSFERMÉ.

Eh bien ! oui, c'est Gaston !

ERMINE, *à Gaston.*

Monsieur Gaston, combien je suis heureuse de vous voir.

CLOSFERMÉ, *à Ermine.*

Eh bien ! qu'est-ce que tu fais ?

GASTON.

Mademoiselle...

ERMINE.

Vous ne me reconnaissez pas ? Je suis donc bien changée !

GASTON.

Ermine !... pardon... ce n'est pas possible !

ERMINE.

Mais si, c'est possible, monsieur le diplomate !

CLOSFERMÉ.

Diplomate ! Il n'a fait que se casser des côtes...

ERMINE.

Comment !

GASTON.
Rien! rien! *(A Closfermé.)* Elle est charmante, savez-vous?

CLOSFERMÉ.
Parbleu! si je le sais. *(Se reprenant vivement.)* C'est-à-dire... elle n'est pas mal. *(A lui-même.)* Avec un gaillard comme lui...

GASTON.
Pas mal! on voit bien que vous êtes son oncle!

ERMINE.
Avez-vous fini de chuchoter; venez plutôt faire un tour dans le parc!

CLOSFERMÉ.
Je ne dois plus être fatigué maintenant que tu as retrouvé Gaston?

ERMINE.
Voyons mon petit oncle, soyez gentil; venez avec nous.

CLOSFERMÉ.
Mon petit oncle... mon petit oncle.,.

SCÈNE XVI
LES MÊMES, LONGIVET.

LONGIVET, *à lui-même*.
Que peut-il me vouloir, de Chazan? *(Haut.)* Messieurs, vous n'allez pas voir les écuries?

CLOSFERMÉ.
Merci, nous allons voir le parc.

LONGIVET.
Le parc... Et vous, mademoiselle, vous ne désirez pas visiter...

ERMINE.
Les écuries?... Je les visiterai plus tard. *(Ils sortent.)*

SCÈNE XVII
LONGIVET, puis DE CHASAN.

LONGIVET.
Le parc... plus tard!... Quel plaisir peut-on trouver à regarder des arbres?

DE CHASAN, *entrant, à lui-même.*

Impossible de faire endosser mon jockey à Follmouth ! Je suis assez fin... Je vais le placer ailleurs.

LONGIVET.

Vous avez à me parler ?

DE CHASAN.

Oui. Pas un instant à perdre... ils vont revenir.

LONGIVET.

Dépêchez-vous alors.

DE CHASAN.

Vous savez que je suis ordinairement assez fin.

LONGIVET.

Très-fin ! mais passons les qualités.

DE CHASAN.

Passons. Je suis donc assez fin ; mais vous ne savez pas que avant les dernières courses j'avais un cheval, mais un cheval...

LONGIVET.

Si nous passions aussi les qualités du cheval...

DE CHASAN.

C'est ça, passons... le temps presse... Un vrai bouquet ! Je ne vous raconterai pas la manière assez originale dont il était parvenu dans mes mains.

LONGIVET.

Non, non.

DE CHASAN.

Vous saurez seulement que je n'avais pas de jockey, par une circonstance qui...

LONGIVET.

Mais où diable voulez-vous en venir ?

DE CHASAN.

Soit ; laissons les circonstances... le temps... Cependant si vous connaissiez vous verriez que... *(Geste de Longivet.)* Soit ! Eh bien ! maintenant, c'est tout le contraire.

LONGIVET.

Le contraire de quoi ?

DE CHASAN.

Suivez-moi bien. J'avais un cheval et pas de jockey, n'est-ce pas ? Eh bien ! maintenant, j'ai un jockey...

LONGIVET.

Et pas de cheval.

DE CHASAN.

Voilà ! Mais un jockey incomparable ! la perle du turf ! c'est une histoire qui...

FOLLMOUTH, *en dehors.*

Very well, very well !

DE CHASAN.

Chut ! Follmouth ! *(A lui-même.)* Que le diable l'emporte ! J'ai pourtant marché assez rondement.

SCÈNE XVIII

Les mêmes, FOLLMOUTH, MONTLUCHON, JAMES, BOISFLORY, un domestique, puis successivement, ERMINE, un groom, CLOSFERMÉ et GASTON.

MONTLUCHON.

Jean ! offrez le Madère à ces messieurs !

FOLLMOUTH.

C'était tout comme en Angleterre !

MONTLUCHON.

N'est-ce pas ? N'est-ce pas ? Et Rantamplan ? Que pensez-vous de Rantamplan ?

FOLLMOUTH.

C'était tout l'Angleterre.

MONTLUCHON.

Oui ! Oui... Hein ! Comme il est campé !

BOISFLORY.

Idéal !

JAMES.

Très-chic !

MONTLUCHON, *flatté.*

Ah ! Avez-vous examiné la poitrine, les avant-bras ! les muscles sont-ils assez détachés ! et les canons... on n'a pas des canons comme ça !

FOLLMOUTH.

Aôh! Voyez aussi les canons d'Yvanhoë..! le cheval de moa.

MONTLUCHON, *sans l'écouter.*

Et la tête... Avez-vous remarqué l'encolure? mince comme une lame de couteau, longue comme la chambrière...

DE CHASAN.

Trop longue! *(A part.)* Je déprécie l'animal... Je suis assez fin!

MONTLUCHON.

Trop longue! Une tête et demie!

JAMES.

Comme Eclipse!

TOUS, *moins de Chasan.*

Comme Eclipse!

MONTLUCHON, *regardant James, à part.*

Il est charmant ce jeune homme!

FOLLMOUTH.

L'encolure de l'Angleterre!

MONTLUCHON, *flatté.*

Ah!

DE CHASAN.

Mais il a le garot bas votre cheval!

JAMES.

Eclipse l'avait aussi!

TOUS, *moins de Chasan.*

Eclipse aussi!

MONTLUCHON, *regardant encore James.*

Il est charmant... charmant!

DE CHASAN, *aux autres.*

Eclipse... mais vous ne l'avez pas vu Eclipse!

MONTLUCHON, *sans l'écouter, au domestique.*

Jean! Versez à ces messieurs!

BOISFLORY, *à de Chasan.*

Où donc est allé Gaston, cher?

DE CHASAN.

Je l'ignore.

BOISFLORY.

C'est un sportsman qui manque de sérieux.

DE CHASAN.

Il n'est pas comme vous.

BOISFLORY.

Je ne suis pas sérieux moi... sur le turf?

DE CHASAN.

Si, si ! d'un sérieux *(Riant.)* irrésistible !

BOISFLORY.

A la bonne heure ! Vous savez pourquoi il est revenu de Villiers ?

ERMINE, *qui pendant la dernière réplique a paru chercher et a trouvé sur la table le flacon oublié à la scène précédente, à part.*

On parle de Gaston !

BOISFLORY.

Un roman ! c'est idéal ! Thésée revenant chercher Marianne !

DE CHASAN, *le reprenant.*

A, pas Ma.

BOISFLORY, *sans comprendre, répétant.*

A pas Ma ! *(Continuant.)* Seulement Marianne...

DE CHASAN.

Ariane !

BOISFLORY.

Ariane... Marianne ! au lieu de se jeter dans la mer s'est jetée dans les bras...

DE CHASAN.

De qui ?

BOISFLORY.

Ma foi ! on n'a pas voulu me le nommer. Mais nous le saurons bien puisqu'elle est mariée et que Gaston, c'est-à-dire Thésée l'aime toujours !

ERMINE, *qui a entendu.*

Ah ! *(Elle s'évanouit.)*

TOUS, *se retournant.*

Hein ?

MONTLUCHON, *courant à Ermine.*

Ma fille... Mon Ermine !

TOUS, *avec des marques diverses d'étonnement.*

Sa fille ! *(Follmouth et de Chasan témoignent par un geste qu'il vient de leur naître une idée.)*

UN GROOM, *accourant.*

Monsieur ! Monsieur !

MONTLUCHON.

Je n'ai pas le temps ! Vite de l'eau... des sels !

LE GROOM.

Rantamplan vient de s'échapper !

MONTLUCHON.

Quoi ?

LE GROOM.

Rantamplan vient de s'échapper.

MONTLUCHON,

Rantamplan ! Ma fille ! Rantamplan ! *(A Closfermé qui vient d'entrer avec Gaston.)* Soutiens-là toi ! *(Il sort en courant.)*

LONGIVET, *à Montluchon.*

Je te l'avais bien dit. *(Les sportsmans courent à la suite de Montluchon.)*

(La toile tombe.)

ACTE II

Une salle du château de Montluchon. Le long des murs, des tableaux représentant les chevaux de course les plus célèbres. En outre des trophées composés de selles, de cravaches, de fouets, d'étriers, de mors, de fers à cheval. Un peu partout sur les meubles des objets de même nature. Un cheval de bois. Une table recouverte d'un tapis traînant jusqu'à terre.

SCÈNE PREMIÈRE

WILLIAM, puis CLOSFERMÉ, GASTON.

(Au lever du rideau William qui tient une bouteille de rhum referme avec précaution l'armoire dans laquelle il l'a prise, comme quelqu'un qui craint d'être surpris. Au moment où il va s'échapper, on entend des voix en dehors et la porte s'ouvre brusquement.)

WILLIAM, *poussant un cri.*

Oh! *(Il se précipite sous la table.)*

CLOSFERMÉ, *entrant vivement, suivi de Gaston.*

Je n'ai pas le temps maintenant!

GASTON.

Mais, mon cher tuteur.....

CLOSFERMÉ.

Laisse-moi relire mon télégramme. Il faut que je parle à Montluchon.

GASTON, *à Closfermé.*

Que peut avoir Ermine contre moi?

CLOSFERMÉ, *lisant.*

« Transaction proposée. Salamandre offre cent cinquante mille francs. Réponse vite. Crapulet. » *(Parlé.)* C'est l'avoué.

GASTON.

Elle me fuit maintenant.

CLOSFERMÉ.

C'est-à-dire la compagnie d'assurances la Salamandre offre cent cinquante mille francs comme transaction. C'est bien ça.

GASTON.

Vous devez savoir pourquoi?

CLOSFERMÉ.

Parce qu'elle se voit condamnée d'avance.

GASTON.

Ermine ?

CLOSFERMÉ.

La compagnie la Salamandre qui a assuré la ferme des Glandiers incendiée au moment du renouvellement de la police d'assurance.

GASTON.

Mais, je vous parle d'Ermine.

CLOSFERMÉ.

Certainement la ferme des Glandiers est à Ermine et comme Ermine est mineure... tu vois, il faut que je parle à Montluchon. « Réponse vite » laisse-moi passer !

GASTON.

Il ne vous écoutera pas en ce moment.

CLOSFERMÉ.

Il ne m'écoutera pas !

GASTON.

Non !

CLOSFERMÉ.

Non ? Quand je viens de recevoir un télégramme !...

GASTON.

Peuh !

CLOSFERMÉ.

De Nancy !

GASTON.

Il est occupé à tailler un bac.

CLOSFERMÉ.

Un bac ! Qu'est-ce que c'est que ça ?

GASTON.

Le baccarat, un jeu de cartes.

CLOSFERMÉ.

Ah ! Anglais.

GASTON.

Peut-être bien aussi.

CLOSFERMÉ.

Voilà ! Voilà ! L'Angleterre, les chevaux, le jeu, tout se tient ! On est au bac et on néglige les affaires de sa fille ; on est au bac et depuis quinze jours j'envoie vainement lettres sur lettres au sujet du procès d'Ermine ; on est au bac et un avoué vous envoie un télégramme ! on est au bac ! Tiens, c'est...

GASTON.

Inqualifiable ! parbleu ! inqualifiable !... Mais, je n'ai rien à me reprocher à l'égard d'Ermine, moi, je n'ai pas taillé de bac, moi !

CLOSFERMÉ.

Laisse-moi passer !

GASTON.

Pas avant que vous m'ayez répondu !

CLOSFERMÉ.

Pas avant que..... tu oserais séquestrer ton ancien tuteur.

GASTON.

Oui.

CLOSFERMÉ.

Oui !... Mais, sac à papier et mon télégramme !

GASTON.

Parlez.

CLOSFERMÉ.

Tiens ! tu es un scélérat ! et Ermine connait le motif de ton retour en France.

GASTON.

De mon retour...

CLOSFERMÉ.

Oui... en France ! A présent laisse-moi... *(Il veut passer.)*

GASTON.

Mais vous le saviez, vous. Je vous l'ai dit, mon motif.

CLOSFERMÉ.

Oui, l'autre ; pas le vrai !

GASTON.

Pas le vrai !

MONTLUCHON, *en dehors.*

Suivez-moi.

CLOSFERMÉ.

Ah ! je l'entends !

GASTON.

Ermine ?

CLOSFERMÉ.

Montluchon ! Va-t-en à présent.

SCÈNE II

Les mêmes, MONTLUCHON, suivi de DEUX DOMESTIQUES.

MONTLUCHON, *aux domestiques portant une caisse.*

Posez ça sur la table et apportez-la ici. *(Les domestiques apportent la table sur le devant de la scène).*

WILLIAM, *sous la table, suivant le mouvement à quatre pattes. Il montre un instant sa tête au public. A part.*

Cré nom !

GASTON.

Mais il n'y en a pas d'autre.

CLOSFERMÉ.

Bah ! bah ! tu aimes une femme mariée.

GASTON.

Une femme mariée ! mais c'est faux !

CLOSFERMÉ, *à Montluchon.*

Je te cherchais... je viens de recevoir un télégramme.

MONTLUCHON, *aux domestiques.*

Apportez-moi un marteau et un ciseau. *(Les domestiques sortent.)*

CLOSFERMÉ.

De Nancy !

MONTLUCHON, *à lui-même, regardant la caisse.*

Je sais ce que c'est !

CLOSFERMÉ.

Tu sais...

MONTLUCHON.

Ma selle !.... ma fameuse selle !

CLOSFERMÉ.

Comment ?

MONTLUCHON.

Une nouvelle invention à moi.

CLOSFERMÉ, *à Montluchon.*

Mais il n'est pas question !...

GASTON, *à Closfermé.*

C'est une affreuse calomnie, entendez-vous !

CLOSFERMÉ, *à Gaston.*

Mais sac à papier ! Va-t-en donc !

GASTON.

Et je veux savoir d'abord...

CLOSFERMÉ, *essayant de le pousser dehors.*

Je ne sais plus rien !

GASTON.

Je veux.....

CLOSFERMÉ, *le poussant toujours.*

Non ! *(Il le pousse dehors.)*

SCÈNE III

Les mêmes, moins GASTON.

CLOSFERMÉ, *revenant essoufflé et s'essuyant le front.*
Ouf !

MONTLUCHON, *auquel un des domestiques a apporté le marteau et le ciseau, déclouant la caisse, à Closfermé.*
Ce marquis de Bellefontaine... je ne puis le souffrir ce marquis ! Il croit qu'il n'y a que lui pour inventer ! Il a imaginé le mors steeple-chase ; eh bien ! moi j'ai inventé la selle jockey. Voilà ! *(Il donne un grand coup de marteau sur la caisse au moment où William passait la tête pour regarder.)*

WILLIAM, *effrayé, sautant et se heurtant contre le rebord de la table.*
Oh ! *(Il disparaît.)*

MONTLUCHON.

Quoi !

CLOSFERMÉ, *qui a retrouvé sa respiration, se fouillant pour chercher son télégramme.*

Où l'ai-je mis ?

MONTLUCHON.

Il sera furieux.

CLOSFERMÉ, *trouvant.*

Ah ! *(Lisant.)* « Transaction proposée. Salamandre » offre cent cinquante mille francs...... »

MONTLUCHON.

Cent cinquante mille francs, la Salamandre ! C'est un cheval inconnu sur le turf !

CLOSFERMÉ.

Sur le turf..... la Salamandre ! Et je t'entretiens de cette affaire depuis quinze jours.

MONTLUCHON.

Ah ! oui. La compagnie qui a assuré... je me souviens maintenant.

CLOSFERMÉ.

C'est heureux !

MONTLUCHON.

Que veux-tu ? J'étais si occupé ! Rantamplan nous a donné un mal...

CLOSFERMÉ.

C'est ça... Rantamplan toujours ! Son cheval avant sa fille !

MONTLUCHON.

Avant ma fille ! par exemple tu exagères. Cette chère Ermine ! Mais un cheval vous cause un souci.

CLOSFERMÉ.

Oh !

MONTLUCHON.

Et puis bien autrement difficile à entraîner.

CLOSFERMÉ.

A entraîner !... Veux-tu que je te dise..... vous êtes les instruments corrupteurs de l'Angleterre. Ne pouvant envahir le sol de la France, elle envahit l'esprit français, elle envahit les mœurs, elle envahit les modes, elle envahit la langue. Boissons anglaises, habits anglais, coiffures anglaises, jargon anglais, chevaux anglais, tout est anglais en France.

MONTLUCHON.

Pas tout..... malheureusement. On ne comprend qu'imparfaitement le cheval en France.

CLOSFERMÉ.

Et c'est pour mieux le comprendre que vous négligez vos devoirs, que vous négligez vos affaires, que vous abandonnez vos filles... votre famille est à l'écurie.....

MONTLUCHON, *vexé*.

A l'écurie... à l'écurie !

CLOSFERMÉ.

Oui. Votre unique préoccupation consiste à former un coureur capable de devancer ses rivaux de la longueur d'une oreille ; et vous vous vantez d'avoir des chevaux ! Beaux chevaux vraiment ! qu'il faut soigner comme de jeunes miss poitrinaires ! Beaux chevaux ! qui mangent dans des bombonnières dorées, boivent dans des gobelets d'argent et dorment dans un boudoir, revêtus d'une robe de chambre.

MONTLUCHON.

Une robe de chambre.....

CLOSFERMÉ.

Beaux chevaux ! incapables de courir cinq minutes ! Espèces d'araignées quadrupèdes, bons seulement à porter sur leur dos une virgule humaine, courbée en apostrophe !

MONTLUCHON.

En apostrophe..... tu ne comprends pas le cheval ?

CLOSFERMÉ, *à lui-même*.

Ah ! si ce n'était pour Ermine ! (*Haut.*) Enfin que faut-il répondre ?

MONTLUCHON.

A qui ?

CLOSFERMÉ.

Oh !

MONTLUCHON.

Ah ! oui... la Salamandre...

CLOSFERMÉ, *regardant le télégramme.*

« Réponse vite. Crapulet. » C'est ton avoué.

MONTLUCHON.

Eh bien ! réponds...... *(Il semble chercher.)*

CLOSFERMÉ.

Quoi ?

MONTLUCHON.

Tout ce que tu voudras.

CLOSFERMÉ.

Tiens, tu mériterais !... Ah ! si ce n'était pas pour Ermine ! *(Il sort.)*

SCÈNE IV

MONTLUCHON, puis LONGIVET.

MONTLUCHON.

Ça veut se mêler... et ça ne sait pas le premier mot du cheval ! Il est absurde ! ! *(Grand coup de marteau sur la caisse; William qui montrait de nouveau la tête la retire vivement et se heurte une deuxième fois contre le rebord de la table.)*

LONGIVET, *entrant.*

Je te cherches depuis une heure... tu quittes le jeu... brusquement.

MONTLUCHON.

Ma selle qui vient d'arriver.

LONGIVET.

Ta selle !

MONTLUCHON.

Ma nouvelle invention !... le marquis sera furieux !

LONGIVET.

Hé ! il s'agit bien du......

MONTLUCHON.

Et de quoi alors ?

LONGIVET.

De quoi ?..... de quoi ?..... j'ai dû tenir le jeu à ta place.....

MONTLUCHON.

Eh bien?

LONGIVET.

Il faut que je fasse tout ici!... j'ai perdu cinquante louis.

MONTLUCHON.

Que veux-tu! On n'est pas toujours heureux!

LONGIVET.

Ah! tu me les rendras, par exemple!

MONTLUCHON, *posant son marteau et son ciseau.*

Moi?

LONGIVET.

Toi! Puisque c'est pour toi que je jouais.

MONTLUCHON.

Merci bien!

LONGIVET.

Ce petit Hoin a une chance... il gagne toujours!

MONTLUCHON, *qui a achevé de défaire la caisse, montrant la selle qui s'y trouvait renfermée.*

Regarde-moi ça!

LONGIVET.

Pas mal! pas mal! Ce n'est pas comme lord Follmouth! Voilà un beau joueur!

MONTLUCHON, *regardant sa selle.*

Enfoncé le marquis!

LONGIVET.

Il tient tout ce qu'on veut et il perd avec une grandeur!...

MONTLUCHON.

Est-ce assez léger! *(Il fait des efforts énormes pour soulever la selle, à Longivet.)* Voyons! aide-moi donc! Là, sur le mannequin! *(Ils portent la selle sur le cheval de bois.)*

LONGIVET.

Voilà! Ouf! Sais-tu qu'il ferait un fameux beau-père pour ta fille!

MONTLUCHON.

Qui?

LONGIVET.
Lord Follmouth !
MONTLUCHON.
Follmouth !
LONGIVET.
Tu ne vois donc rien. Pendant tout le déjeûner il n'a pas perdu Ermine du regard et il parlait bas à son fils.
MONTLUCHON.
Ah !
LONGIVET.
Les plus belles écuries de l'Angleterre !
MONTLUCHON, *il monte sur le cheval de bois pour essayer sa selle*.
Ah !
LONGIVET.
Quarante chevaux dans ses box...
MONTLUCHON.
Quarante chevaux dans ses box !
LONGIVET.
Et soixante dans ses haras du comté de York.
MONTLUCHON.
Et soixante dans... les plus belles écuries... *(Emu.)* Quel sort pour cette chère Ermine !
LONGIVET.
Oui.
MONTLUCHON.
Enfoncé le marquis !
LONGIVET.
Es-tu heureux de m'avoir !
MONTLUCHON, *très-ému, à Longivet*.
Ce cher Alexandre ! Ma fille ! Ma selle !... tout cela à la fois !

SCÈNE V

Les mêmes, un domestique, puis FOLLMOUTH et son fils.

LE DOMESTIQUE.
Milord Follmouth et son fils demandent à Monsieur si Monsieur peut leur accorder un instant d'entretien.

MONTLUCHON, *sur le cheval.*

Certainement ! certainement ! *(A Longivet, vivement.)* Aide-moi donc à descendre !

LONGIVET, *sans l'écouter.*

Lord Follmouth ! Tu vois ! Ah ! c'est un original. Il est capable de venir... là... à brûle pourpoint, te demander Ermine !

MONTLUCHON, *entortillé dans le filet.*

Bon ! me voilà empêtré ! Maudit filet !

LONGIVET, *s'apercevant que Montluchon est toujours à cheval.*

Eh bien ! Encore perché ?

MONTLUCHON, *faisant des efforts inouïs pour se dégager.*

Tu vois bien que je suis empêtré !

LONGIVET.

Recevoir les gens sur un mannequin !

MONTLUCHON.

Mais nom d'une étrille ! aide-moi !

FOLLMOUTH, *paraissant avec son fils.*

Veuillez excuser moâ de déranger vous !

MONTLUCHON.

C'est moi au contraire qui... *(A lui-même.)* Maudit filet !

FOLLMOUTH.

Je voulais témoigner à vous tout mon... *(A son fils.)* What is that... *(Il lui parle bas.)*

JAMES, *à son père.*

Estime.

MONTLUCHON, *se délivrant.*

Ah ! Nom d'une étrille !

FOLLMOUTH.

Non. Pas témoigner étrille ! estime !

MONTLUCHON.

Milord !...

FOLLMOUTH.

Car je avais vu le caractère de vous...

MONTLUCHON, *flatté.*

Oh !

FOLLMOUTH.

Les écuries de vous...

MONTLUCHON, *de même.*

Oh !

FOLLMOUTH.

Les chevaux de vous...

MONTLUCHON, *de même.*

Oh ! milord !

FOLLMOUTH.

J'avais vu aussi la fille de vous !

MONTLUCHON.

Oui.

LONGIVET, *bas à Montluchon.*

Hein ! quand je te disais !

FOLLMOUTH.

Et je demandais à vous, le... la... *(A son fils.)* What is that hand...

JAMES, *qui regardait la selle placée sur le mannequin.*

Très chic !

FOLLMOUTH, *se retournant étonné.*

Très chic !

JAMES.

Regardez donc mon père !

MONTLUCHON.

Ma selle ! *(A Longivet.)* C'est un charmant garçon !

LONGIVET.

Parbleu.

MONTLUCHON, *à Follmouth.*

Une invention de moi... la selle jockey.

FOLLMOUTH.

Une invention de vous... Aôh ! Perfectly !

MONTLUCHON.

Vous voyez ! comme ça, le poids est en avant.

LONGIVET.

Les épaules libres !

MONTLUCHON
Les reins déchargés.
LONGIVET.
Le ventre à l'aise.
FOLLMOUTH.
Je voulais essayer ! *(Il monte sur le cheval.)*
MONTLUCHON.
Par exemple le jockey est plus exposé...
LONGIVET.
A tomber lors d'un arrêt brusque.
FOLLMOUTH.
Oh ! c'est tout égal.
JAMES.
C'est tout égal.
MONTLUCHON.
N'est-ce pas ? Pourvu que le cheval arrive...
JAMES, *achevant.*
Plus vite.
MONTLUCHON.
Oui. *(A lui-même.)* Décidément, c'est un bien charmant garçon.
FOLLMOUTH, *à Montluchon.*
J'estimais encore plus vous.
MONTLUCHON.
Oh !
FOLLMOUTH.
Car maintenant j'avais vu la selle de vous.
MONTLUCHON.
Milord !
FOLLMOUTH.
Et je demandais à vous... le... la... James ?
JAMES.
Mon père.
FOLLMOUTH.
Non... je savais ! *(A Montluchon.)* la main de votre fille pour mon fils.

MONTLUCHON, *à Longivet.*

A propos, nous avions perdu de vue... *(A Follmouth.)* Oh ! milord !

FOLLMOUTH.

Vous voulez bien.

MONTLUCHON.

Comment donc... un pareil honneur... *(A lui-même.)* Les plus belles écuries de l'Angleterre !

FOLLMOUTH.

James, exprimez votre gratitude à Monsieur.

MONTLUCHON, *sans lui laisser le temps de parler.*

Messieurs ! Si vous permettez, nous passerons dans mon cabinet pour causer de votre demande.

SCÈNE VI

Les mêmes, ERMINE.

ERMINE, *à elle-même.*

Ah ! que je suis contente ! C'était une vilaine calomnie... Gaston me l'a juré ! *(A Montluchon.)* Je croyais trouver ici mon oncle.

MONTLUCHON.

Ton oncle ! il est allé je ne sais où !... avec sa Salamandre !

FOLLMOUTH, *se rapprochant d'Ermine.*

Mademoiselle ! je étais très honoré de... James traduisez la satisfaction de môa.

JAMES, *gracieusement.*

Vous êtes la plus chic femme que je connaisse.

ERMINE.

Plaît-il, monsieur ? *(A elle-même.)* Qu'est-ce que cela veut dire ?

MONTLUCHON.

Ma fille ! Monsieur vient de me faire l'honneur de me demander ta main pour son fils.

ERMINE.

Mais mon père !...

MONTLUCHON.

Je n'ai pas besoin de te dire que j'ai accepté avec joie, cette proposition d'alliance.

ERMINE.

Mais...

MONTLUCHON, *bas à Ermine.*

Trente chevaux dans ses box...

LONGIVET, *de même.*

Soixante dans ses haras du comté d'York.

ERMINE.

Mon père, un mot !

MONTLUCHON.

Plus tard ! Plus tard ! Messieurs si vous voulez bien... *(A lui-même.)* Enfoncé le marquis ! *(Tous sortent, sauf Ermine.)*

SCÈNE VII

ERMINE, WILLIAM sous la table, puis DE CHASAN.

ERMINE, *à elle-même.*

Par exemple ! je ne veux pas ! je ne veux pas ! Un petit palefrenier anglais !

DE CHASAN, *entrant sans voir Ermine ; à lui-même.*

Décidément ce diable de jockey est d'un placement difficile. Mais il m'est venu une idée splendide... si je demandais la main de la petite Montluchon. Je vais tâter Longivet ! *(Apercevant Ermine.)* Oh !

ERMINE, *à part, sans voir de Chasan.*

Mais je vais tout dire à mon oncle ! *(Se retournant et apercevant de Chasan.)* Ah !

DE CHASAN.

Pardon ! Je croyais trouver ici M. de Longivet.

ERMINE, *montrant le cabinet.*

Monsieur, il est là avec papa.

DE CHASAN.

Mais vous paraissez tout émue.

ERMINE.

Oh! certainement! papa veut me faire épouser ce petit Monsieur anglais.

DE CHASAN.

Comment! Follmouth fils! *(A lui-même.)* Prelotte! j'arrive trop tard!

ERMINE.

Mais moi.....

DE CHASAN.

Vous ne le voulez pas!... c'est très bien! c'est très bien!

ERMINE.

Monsieur.....

DE CHASAN.

Une jeune personne doit montrer du caractère!

ERMINE.

Oh! oui. *(A part.)* Il a l'air bien bon ce Monsieur!

DE CHASAN, *à part.*

J'encourage la révolte... c'est assez fin!

ERMINE, *saluant.*

Monsieur! *(A part, sortant.)* Je vais tout conter à mon oncle!

SCÈNE VIII

Les mêmes, moins ERMINE.

DE CHASAN, *à lui-même.*

Charmante enfant! charmante... une fortune qui lui vient de sa mère!

WILLIAM, *sous la table, montrant la tête.*

Je n'entends plus rien!

DE CHASAN, *à lui-même.*

Seulement, il faudrait trouver un moyen..... j'ai beaucoup d'imagination, mais je ne le trouve pas!

WILLIAM, *à lui-même.*

Cette fois... je file! *(Il sort brusquement de dessous la table et la renverse.)*

DE CHASAN, *effrayé et poussant un cri.*

Oh!

WILLIAM, *l'apercevant.*

Oh! *(Effrayé et laissant tomber la bouteille de rhum qui se brise; à lui-même.)* Sapristi! Cré nom!

DE CHASAN.

Le jockey de Montluchon! *(A William.)* Qu'est-ce que tu faisais sous cette table!

WILLIAM.

Monsieur! c'est que....

DE CHASAN.

Et cette bouteille? Qu'est-ce que c'est que cette bouteille?

WILLIAM, *balbutiant.*

C'est... Monsieur... c'est... la potion de Rantamplan!

DE CHASAN.

Et tu l'essaies d'abord sur toi-même... par dévouement.

WILLIAM, *perdant la tête.*

Oui, Monsieur, par dévouement... Mais je vous jure que c'est sans y penser.

DE CHASAN, *se frappant le front.*

Oh!

WILLIAM, *se méprenant, effrayé.*

Monsieur, ne me perdez pas!

DE CHASAN, *à lui-même.*

Encore une idée! *(Haut.)* Comme ça tu aimes le rhum?

WILLIAM, *d'abord interdit.*

Monsieur... je vous assure... c'est sans y penser!

DE CHASAN.

Il n'y a pas de mal.

WILLIAM, *qui pendant ce qui précède a relevé la table et ramassé les débris de la bouteille.*

Plaît-il?

DE CHASAN.

Tu me plais et puisque tu aimes le rhum, je vais... *(La porte du cabinet s'ouvre.)*

WILLIAM.

Monsieur ! voici Monsieur !

DE CHASAN.

Eh bien ! sauve-toi d'abord !

WILLIAM, *se sauvant.*

Merci M'sieu ! *(A lui-même, sortant vivement.)* Enlevé !

SCÈNE IX

DE CHASAN, puis LONGIVET.

DE CHASAN, *regardant, à lui-même.*

Non, c'est Longivet !

LONGIVET, *à lui-même.*

Comment ! on me donne à entendre..... on me renvoie.....

DE CHASAN, *très aimable.*

Ah ! ce cher Longivet !... Qu'avez-vous donc ?

LONGIVET.

Comment ce que j'ai ! Lorsqu'après avoir préparé Montluchon à donner sa fille...

DE CHASAN.

Ah ! c'est vous...

LONGIVET.

Hein ! vous savez déjà.....

DE CHASAN.

J'ai rencontré Mlle Ermine qui...

LONGIVET.

Ah ! bon. Follmouth feint d'avoir un ordre pressant à donner à ses gens, pour que je lui offre d'aller moi-même... il me met à la porte enfin !

DE CHASAN, *à part.*

Oh ! très bien ! *(Haut.)* Ce cher Longivet.

LONGIVET.

Et Montluchon ne m'a pas retenu.

DE CHASAN.

Bah !

LONGIVET.

Pour parler... des affaires de sa fille !

DE CHASAN, *avec exagération*.

Oh !

LONGIVET.

Et à peine sait-il qu'il en a une de fille !

DE CHASAN.

C'est vrai.

LONGIVET.

Moi qui l'ai marié !

DE CHASAN.

Vous !

LONGIVET.

Il faut que je fasse tout ici.

DE CHASAN.

Cet excellent Longivet ! Quel dévouement !

LONGIVET.

Mais sans moi, il n'aurait jamais remarqué Mademoiselle Clémentine Dumirail ! une orpheline, mais remplie de talents... une manière de lancer son panier à travers les équipages... Et quel coup de fouet !... le plus beau coup de fouet de Paris !

DE CHASAN.

Et devant lui, il tolère que...

LONGIVET.

C'est fort, n'est-ce pas ?

DE CHASAN.

Dites ignoble !

LONGIVET.

Scandaleux !

DE CHASAN.

Infect !

LONGIVET.

Odieux !

DE CHASAN.

Monstrueux !

LONGIVET.

Monstrueux, c'est le mot !

DE CHASAN.

Mais que voulez-vous ! assurément les Anglais sont nos maîtres sur le turf.

LONGIVET.

Nos maîtres !... nos maîtres !...

DE CHASAN.

Mais ils sont personnels, égoïstes et envahisseurs.

LONGIVET.

Envahisseurs !... je l'ai toujours dit.

DE CHASAN.

Aujourd'hui vous êtes chassé du cabinet de Montluchon...

LONGIVET.

Oui.

DE CHASAN.

Et demain vous serez forcé de quitter...

LONGIVET.

Sa maison.

DE CHASAN.

Voilà !

LONGIVET, *ému*.

Ah !

DE CHASAN.

Et il resterait seul !

LONGIVET.

Sans amis !...

DE CHASAN.

Entouré d'étrangers !...

LONGIVET.

Privé de conseils !... *(Très ému.)* Ah ! ah ! *(Changeant de ton.)* Le gredin ! Je vais bien l'arranger !

DE CHASAN, *à lui-même, se frottant les mains.*

Très-bien !

SCÈNE X

Les mêmes, MONTLUCHON, FOLLMOUTH, JAMES, puis CLOSFERMÉ.

MONTLUCHON, *accompagnant Follmouth et James qui traversent la scène sans voir les autres; à Follmouth.*

Ah! milord, ah! je vous le répète... je suis... je suis... enchanté!

FOLLMOUTH.

Môa aussi nous étions... comme vous disiez...

CLOSFERMÉ, *entrant, à lui-même.*

Cette fois c'est trop fort et... *(Heurté par Follmouth qui marchant à reculons, se préparait à sortir sans le voir.)* Oh!

FOLLMOUTH, *se retournant.*

Aôh! Je pardonnai à vous! *(Il sort avec James.)*

SCÈNE XI

Les mêmes, moins FOLLMOUTH et JAMES.

LONGIVET, *à Montluchon qui va accompagner Follmouth à la porte, le ramenant brusquement.*

A nous deux!

MONTLUCHON, *tiré par Longivet, à Follmouth et à James, saluant.*

Milord! Messieurs!

CLOSFERMÉ, *forçant Montluchon à se retourner de son côté.*

Réponds-moi catégoriquement.

MONTLUCHON, *à Closfermé.*

Quoi?

LONGIVET, *ramenant Montluchon à lui.*

Tu vas m'expliquer...

MONTLUCHON, *joyeux.*

C'est soixante et dix au lieu de soixante qu'il possède dans ses haras du comté d'York.

CLOSFERMÉ, *même jeu.*

Est-il vrai que tu vas donner ta fille à ce petit Anglais ?

DE CHASAN, *à lui-même, se préparant à sortir.*

Ah ! très-bien ! très-bien ! *(Il se frotte les mains.)*

MONTLUCHON.

Mais certainement.....

DE CHASAN, *à lui-même.*

Encore un coup. Et hop ! l'Anglais sera hors de selle ! *(Il sort.)*

SCÈNE XII

LES MÊMES, moins de CHASAN.

MONTLUCHON

C'est un garçon charmant, charmant, charmant !

CLOSFERMÉ.

Lui !

MONTLUCHON

Mais il connaît la généalogie de tous les chevaux célèbres depuis Eclipse jusqu'à Fervacque.

CLOSFERMÉ.

Fervacque ! c'est ça ! On oublie ses propres ancêtres pour ceux de ses étalons.

LONGIVET.

Certainement les Anglais sont nos maîtres sur le turf.

MONTLUCHON.

Oui, oui.

LONGIVET.

Mais ils sont personnels, égoïstes et envahisseurs.

MONTLUCHON, *à Longivet.*

Comment, c'est toi qui...

CLOSFERMÉ.

Tu n'examines pas si ton gendre sera un bon mari...

LONGIVET.

Sera-t-il un bon mari, oui ou non ?

CLOSFERMÉ.

Mais seulement s'il fera un bon jockey !

LONGIVET.

Voilà tout !

MONTLUCHON, à *Longivet.*

Mais c'est toi.....

CLOSFERMÉ.

Tu ne t'inquiètes pas du nombre de ses qualités ou de ses défauts.

LONGIVET.

Non.

CLOSFERMÉ.

Tu ne comptes que le nombre de ses poulains ! As-tu consulté ta fille ? Lui as-tu demandé son goût, ses désirs, ses sympathies ?

LONGIVET.

C'est ça ! lui as-tu demandé ses sympathies ?

MONTLUCHON.

Mais c'est...

CLOSFERMÉ.

T'es-tu inquiété de ses sentiments ? As-tu interrogé son cœur ?

LONGIVET.

Tu n'as pas interrogé son cœur.

MONTLUCHON.

Mais.....

LONGIVET.

Tu ne l'as pas interrogé...

MONTLUCHON.

C'est.....

LONGIVET.

C'est évident !...

MONTLUCHON.

Toi.....

LONGIVET.

Tu vois bien que tu ne peux rien répondre.

CLOSFERMÉ.

Tiens ! vois-tu, tu es un mauvais père !

LONGIVET.

Je te l'ai toujours dit !

MONTLUCHON.

A la fin.....

CLOSFERMÉ.

Tu ne mérites pas d'avoir une fille !

LONGIVET.

C'est honteux !

CLOSFERMÉ.

Et tous les gens sensés te jetteront la pierre...

LONGIVET.

C'est scandaleux !

MONTLUCHON, *parvenant enfin à développer sa pensée, à Longivet.*

Mais nom d'une étrille, c'est toi qui m'as conseillé ce mariage !

LONGIVET.

Conseillé !... conseillé !... je t'en ai parlé comme ça... en l'air !...

MONTLUCHON.

C'est-à-dire que je n'ai fait que...

LONGIVET.

Il fallait réfléchir..... s'informer..... peser à loisir le pour et le contre.....

MONTLUCHON.

Je n'ai fait que...

LONGIVET.

Mais te voilà toujours... prenant les choses au pied de la lettre...

MONTLUCHON.

Je.....

LONGIVET.

Construisant des châteaux en Espagne sur un mot et ne consultant jamais les gens raisonnables ou expérimentés.

MONTLUCHON.

Tout à l'heure.....

LONGIVET.

Si je te disais que tu ferais mieux de te jeter, une pierre au cou, dans la mare, tu ne te jetterais pas dans la mare.

MONTLUCHON.

Tout à......

LONGIVET.

Non, tu ne te jetterais pas dans la mare.

MONTLUCHON.

Tu......

LONGIVET.

Ainsi toutes tes récriminations ne servent à rien.

CLOSFERMÉ.

Il faut rompre.

MONTLUCHON.

Oh !!

CLOSFERMÉ.

Va droit au but !

LONGIVET.

Cherche un biais !

MONTLUCHON.

Un biais ! droit au but ! Mais nom d'une étrille, tous nos arrangements sont pris. Ma parole est donnée et Rantamplan fait partie de la dot !

CLOSFERMÉ.

De la dot !

LONGIVET.

Rantamplan ! *(Trouvant une idée.)* Ah !

CLOSFERMÉ.

N'importe ! déclare-lui franchement que ta fille ne veut pas de son fils !

MONTLUCHON.

Moi !

LONGIVET.

Avoue-lui que Rantamplan a un vice grave.

CLOSFERMÉ, *suivant son idée*.

C'est le seul moyen !

LONGIVET, *en même temps*.

C'est le seul moyen !

MONTLUCHON.

Mais... mais... mais... *(A lui-même.)* Leur seul moyen est au nombre de deux !

SCÈNE XIII.

Les mêmes, FOLLMOUTH, JAMES suivis par DE CHASAN.

FOLLMOUTH, *poussant un cri.*

Aôh !

MONTLUCHON, CLOSFERMÉ, LONGIVET, *ensemble.*

Le voilà !

FOLLMOUTH, *à Montluchon.*

Je comprenais bien vous ! Vous vouliez me... *(S'interrompant, à James.)* Deceved ?

JAMES.

Fourrer dedans !

FOLLMOUTH.

Vous vouliez me fourrer dedans.

DE CHASAN, *bas à Follmouth.*

Très vrai !

MONTLUCHON.

Milord !

CLOSFERMÉ, *à Montluchon.*

Dis franchement à Monsieur que ta fille ne peut...

MONTLUCHON.

Oh !

CLOSFERMÉ, *à Follmouth.*

Monsieur, Ermine est désolée, mais....

MONTLUCHON, *à Closfermé.*

Je te défends....

FOLLMOUTH, *à Montluchon.*

Ce n'était pas le conduite d'un gentleman.

MONTLUCHON.

Milord !

LONGIVET, *à Follmouth.*

Mon ami est forcé de vous avouer que Rantamplan...

MONTLUCHON.

C'est faux !

LONGIVET, à *Follmouth.*

Milord!... Rantamplan.....

MONTLUCHON.

Rantamplan est le premier cheval.....

FOLLMOUTH.

Aôh! premier!

DE CHASAN, *à lui-même.*

Parfait!

FOLLMOUTH.

Pas plus premier qu'Yvanhoë!

DE CHASAN, *à Montluchon.*

N'insistez pas, vous pourriez vous exposer...

LONGIVET, *à Montluchon.*

Tu recules?...

MONTLUCHON.

Moi! J'ai dit le premier.

DE CHASAN, *à Follmouth.*

Arrêtez-vous, vous pourriez courir risque de.....

FOLLMOUTH.

Je pariais avec vous!

DE CHASAN, *à Montluchon.*

Ne pariez pas.

CLOSFERMÉ, *commençant à être inquiet.*

Montluchon!

LONGIVET, *à Montluchon.*

Poltron!

MONTLUCHON.

Je parie aussi.

FOLLMOUTH.

Deux cents livres contre cinquante!

DE CHASAN.

C'est trop!

MONTLUCHON.

Cinq cents louis à égalité!

FOLLMOUTH.

Mille livres!

MONTLUCHON.

Deux mille !

FOLLMOUTH.

Quatre mille !

MONTLUCHON.

Tenus !

LONGIVET.

Cent mille francs... Bravo !

CLOSFERMÉ, *effrayé.*

Montluchon !

DE CHASAN, *se frottant les mains, à part.*

Très bien ! très bien ! très bien !

SCÈNE XIV

Les mêmes, GASTON, Mme DE MONTLUCHON, ERMINE, BOISFLORY, Mme TAPIN, UN DOMESTIQUE.

TOUS, *accourant du même côté, sauf Mme de Montluchon, qui arrive par le cabinet de son mari. Mme de Montluchon est encore en toilette de ville.*

Qu'y a-t-il ?

Mme DE MONTLUCHON, *à son mari.*

Mon ami !

MONTLUCHON, *qui a sonné, au domestique.*

Qu'on aille me chercher William ! *(Le domestique sort. Pendant ce temps, Closfermé d'une part, de Chasan et Longivet de l'autre, semblent expliquer ce qui est arrivé, à Ermine, à Boisflory et à Mme Tapin.)*

GASTON, *reconnaissant Mme de Montluchon.*

Ah !

Mme DE MONTLUCHON, *en même temps.*

Ah !

GASTON, *à part.*

Clémentine !

Mme DE MONTLUCHON, *de même.*

Gaston !

GASTON, *de même.*

Et belle-mère d'Ermine ! Aïe !

BOISFLORY, *qui a observé le trouble de Gaston et de Mme de Montluchon, les désignant à de Chasan.*

Si c'était... ce serait drôle, hein?

FOLLMOUTH, *à Montluchon.*

Maintenant, je rendais votre fille à vous.

MONTLUCHON.

Milord!

JAMES, *à demi-voix.*

Moi, je m'en bats l'œil!

FOLLMOUTH, *à Montluchon.*

Yès! nous nous en battons l'œil! *(Ils vont pour sortir.)*

MONTLUCHON.

Milord! *(A lui-même.)* Soixante chevaux à son haras du... non, soixante et dix! Ma fille aurait été pourtant bien heureuse!

ERMINE, *à la fenêtre.*

Ah! mon Dieu!

TOUS.

Qu'y a-t-il?

ERMINE.

Voyez! un accident!

TOUS.

Un accident?

Mme TAPIN.

On dirait un blessé qu'on apporte!

MONTLUCHON.

William! c'est William!

LONGIVET.

Oui; c'est ton jockey!

SCÈNE XV

LES MÊMES, WILLIAM porté à demi par deux domestiques.

MONTLUCHON, *s'élançant au devant du groupe et poussant un grand cri.*

Mort!

TOUS.

Mort !!!

CLOSFERMÉ.

Ivre !

WILLIAM, *essayant de se redresser et articulant à peine.*

Ivre ! Qui est-ce qui dit que je suis ivre ? *(Il chancelle ; les domestiques le reçoivent dans leurs bras.)*

MONTLUCHON.

Oh ! le brigand ! le scélérat !

DE CHASAN, *à lui-même.*

Hein !... Ai-je été assez fin !

(La toile tombe.)

ACTE III

Un salon. Les lampes sont allumées.

SCÈNE PREMIÈRE

GASTON, seul.

GASTON, *entrant vivement ; il tient un billet à la main.*

Voilà une rencontre ! Le moment est surtout heureusement choisi. J'ignorais complétement ce qu'elle était devenue... Mlle Dumirail... Elle partait pour Bade pendant que je raccommodais ma jambe à Nancy. Diantre ! si Ermine venait à savoir... c'est que maintenant j'en suis fou de cette enfant... je ne sais pas comment cela s'est fait ! Qu'est-ce qu'elle peut m'écrire Mme de Montluchon ? Impossible de lui parler pendant le dîner ! *(Lisant.)* « Vous êtes un monstre ! » Bon ! « je vous attends dans le parc près de la pièce d'eau. » Rendez-moi mes lettres. Je ne vous pardonnerai de » ma vie. » De ma vie ! Et c'est elle qui... Ceci me plaît assez ! Heureusement que nous n'en étions encore qu'à la correspondance... Tout lui dire... c'est le mieux ! Mais entendra-t-elle raison... *(Lisant.)* « près de la pièce d'eau. » Brûlons ! *(Il approche le papier d'une lampe.)* Oh ! Mon tuteur ! Que le diable l'emporte ! *(Il chiffonne le papier, le jette dans la cheminée qui n'a pas de feu et va pour sortir.)*

SCÈNE II

GASTON, CLOSFERMÉ.

CLOSFERMÉ.

Eh bien ! où vas-tu ? *(Il le retient.)*

GASTON.

Pardon... je suis pressé...

CLOSFERMÉ.

Pressé ! Il se croit toujours sur le champ de course...

GASTON.

Je vous assure.....

CLOSFERMÉ.

Qu'attends-tu pour parler à Montluchon ? Tu aimes Ermine..... Ermine t'aime ; ce projet ridicule de mariage anglais est mis de côté. Le moment est bon !

GASTON.

Ah ! oui.

CLOSFERMÉ.

Plaît-il ?

GASTON.

M. de Montluchon a bien le temps de m'écouter maintenant ! Il s'est institué le garde-malade de son jockey et il l'a fait mettre dans sa propre chambre !

CLOSFERMÉ.

Dans sa propre chambre !... un domestique !

GASTON.

Oui. Ainsi... *(Il va pour sortir.)*

CLOSFERMÉ.

Ça ne fait rien, allons ! *(Il le retient.)*

GASTON.

Non ; pas maintenant ! *(Essayant de se dégager.)*

CLOSFERMÉ.

Pourquoi ? *(Même jeu.)*

GASTON, *embarrassé*.

Parce que... *(A lui-même.)* Elle va s'impatienter au bord de la pièce d'eau !

CLOSFERMÉ.

Parce que ?...

GASTON, *essayant de s'échapper*.

Permettez !...

CLOSFERMÉ, *même jeu*.

Je ne te lâche pas !

GASTON, *luttant*.

Laissez-moi !

CLOSFERMÉ.

Non !

GASTON.

Je vous en prie !

CLOSFERMÉ.

Voilà Ermine !

GASTON.

Ah ! que le diable vous emporte !

CLOSFERMÉ.

Comment !

GASTON, *à lui-même*.

Et je ne suis pas près de la pièce d'eau !

SCÈNE III

LES MÊMES, ERMINE.

ERMINE, *à Gaston*.

Vous me fuyez donc à votre tour !

GASTON.

Pouvez-vous croire.....

CLOSFERMÉ.

Il a des fourmis dans les jambes.

ERMINE.

Avez-vous parlé à mon père ?

GASTON.

Pas encore, parce que.....

ERMINE.

Mais qu'avez-vous fait alors ?

CLOSFERMÉ.

Lui qui va toujours au galop.

ERMINE.

Vous ne paraissez guère empressé...

CLOSFERMÉ.

Allons ! je vais t'introduire.

ERMINE.

Moi qui avais si peur tout à l'heure, de devenir.....

CLOSFERMÉ.

Anglaise, n'est-ce pas ?

ERMINE.

Mais il est bien parti ce jeune homme ?

GASTON, *à lui-même, préoccupé.*

Si elle allait venir !

ERMINE.

Vous dites ?

GASTON.

Je dis non... c'est-à-dire je ne crois pas...

ERMINE.

Mais qu'avez-vous ?

CLOSFERMÉ.

Oh ! mieux !

GASTON, *inquiet.*

Quoi ?

CLOSFERMÉ.

Je vais chercher Montluchon.

GASTON.

C'est ça ? *(A lui-même, soulagé.)* Ouf ! Je pourrai m'échapper !

ERMINE.

Et moi de mon côté, je vais faire ma confidence à ma belle-maman.

GASTON.

Très bien ! *(A lui-même.)* Elle est au bord de l'eau, belle-maman... J'aurai le temps de la prévenir.

ERMINE.

C'est que vous ne savez pas... j'ai été au pensionnat avec elle... seulement elle était déjà dans les grandes quand moi j'entrais. Oh ! elle était très avancée !

GASTON, *entre ses dents.*

Oui, très avancée !

ERMINE.

Plaît-il ? Comment savez-vous ?

GASTON.

Je l'ai entendu dire... mais allez vite... *(A lui-même.)* comme ça j'aurai le temps...

SCÈNE IV

Les mêmes, Mme DE MONTLUCHON.

Mme DE MONTLUCHON, *à elle-même, sans voir personne.*

Ah ! c'en est trop ! je me vengerai !

ERMINE.

La voilà !

GASTON.

Aïe !

Mme DE MONTLUCHON, *poussant un cri.*

Oh ! *(A elle-même.)* Il était ici tranquillement pendant que moi...

ERMINE.

Maman, je te cherchais et...

GASTON, *bas à Ermine.*

Pas un mot, je vous en conjure !

ERMINE.

Comment !

GASTON, *à Closfermé.*

Emmenez Ermine !

CLOSFERMÉ.

Quoi ?

GASTON.

Vite... vite... il le faut !

CLOSFERMÉ.

Mais...

ERMINE.

Qu'est-ce que cela signifie ?

CLÉMENTINE, *bas à Gaston.*

Je me vengerai !

GASTON.

Clémentine... Madame !

ERMINE.

Qu'y a-t-il entre Gaston et belle-maman ?

CLÉMENTINE, *à Ermine.*

Tu me cherchais ?

ERMINE, *embarrassée.*

Non... c'est-à-dire... parce que...

GASTON, *à Closfermé.*

Dites quelque chose !

ERMINE, *à Closfermé.*

Que faut-il dire ?

CLOSFERMÉ, *effaré.*

Hein ?

ERMINE, *à elle-même.*

Je ne vois pas pourquoi je n'avouerais pas à belle-maman.....

CLOSFERMÉ, *auquel Gaston a dit quelques mots à l'oreille, poussant un cri.*

Oh !!

CLÉMENTINE, *les contemplant tour à tour.*

C'est donc bien difficile !

ERMINE.

Non, je vais tout te raconter.

CLOSFERMÉ.

Ermine !

GASTON, *à lui-même.*

Patatras !

SCÈNE V

Les mêmes, MONTLUCHON, LONGIVET, WILLIAM soutenu par les deux autres acteurs.

MONTLUCHON, *au jockey.*

Appuie-toi sur moi !

ERMINE.

Voilà papa !

GASTON, *à part, s'essuyant le front.*

Ouf ! il arrive bien ! *(A M*^{me} *de Montluchon.)* Je suis à vos ordres, Madame !

CLÉMENTINE.

Oh ! je saurai bien ce qu'ils me cachent ! *(Bas à Gaston.)* Venez ! *(Elle sort la première ; au moment où Gaston va sortir à son tour, Ermine l'appelle.)*

ERMINE.

Eh bien ! où allez-vous monsieur Gaston ?

GASTON, *vivement.*

Chut ! Je vais solliciter l'appui de… votre belle-mère. *(Il sort.)*

ERMINE.

Ah ! *(A Closfermé.)* Mais expliquez-moi…..

CLOSFERMÉ.

Oui, oui ; laisse-moi maintenant parler à Montluchon.

ERMINE, *sortant, à elle-même.*

Pourquoi ne veulent-ils pas que je parle à belle-maman ? *(Elle sort.)*

SCÈNE VI

Les mêmes, moins ERMINE.

CLOSFERMÉ, à *lui-même.*

Voilà où ils arrivent ces beaux écuyers ! Ah l'Angleterre !

MONTLUCHON, *qui à l'aide de Longivet a fait asseoir William sur un fauteuil, lui faisant respirer un flacon, avec beaucoup de sollicitude.*

Respire ! mon ami ! respire ! *(A lui-même, changeant de ton.)* Drôle !

LONGIVET, *de l'autre côté du fauteuil.*

C'est ça, fort !

WILLIAM, *respirant et éternuant.*

Atchi ! Ah !

MONTLUCHON, *avec satisfaction.*

Très bien ! Très bien ! mon ami ! *(A part, de même.)* Brigand !

CLOSFERMÉ, *à lui-même.*

Quelle sollicitude pour un domestique ivrogne !

WILLIAM, *éternuant.*

Atchi !...... Atchi !......

MONTLUCHON, *enchanté, à Longivet.*

Ah ! l'ammoniac opère ! *(A part, de même.)* Brute !

LONGIVET.

Hein, sans moi......

CLOSFERMÉ, *à lui-même.*

Je lui aurais fait cuver son rhum d'une autre façon ! *(Il fait le geste de battre.)*

MONTLUCHON, *à William, toujours avec beaucoup de sollicitude, voulant lui faire respirer le flacon.*

Encore ! encore !

WILLIAM, *qui fait d'immenses efforts pour éternuer.*
Ah! non... assez... j'ai... là... un creux... *(Il montre son estomac.)*

MONTLUCHON.
Longivet! Il a un creux!

LONGIVET, *à Montluchon.*
Eh bien! qu'est-ce que tu veux que j'y fasse?

WILLIAM.
Il me semble que je mangerais bien un morceau.

MONTLUCHON, *très empressé.*
Un morceau! Deux, quatre, six! *(A Longivet.)* Longivet!

LONGIVET.
Quoi?

MONTLUCHON, *changeant d'idée.*
Non!... manger... la veille d'une course...

LONGIVET.
Eh bien! crains-tu qu'il n'engraisse d'ici à demain?

MONTLUCHON.
Au fait!

LONGIVET.
Les forces avant tout!

MONTLUCHON.
Oui. Les forces...

CLOSFERMÉ, *à lui-même.*
Si ça ne fait pas pitié!

MONTLUCHON, *à Longivet.*
Vite! un bon perdreau, un bon pâté, mon meilleur Bordeaux!

CLOSFERMÉ, *entre ses dents.*
Pourquoi pas du Johannisberg 1811? *(Pendant ce temps Longivet a sonné, un domestique a paru et il lui a donné des ordres.)*

MONTLUCHON, *à William, essayant de le faire lever.*
Voyons! un petit effort! Hop! là!

WILLIAM.
Hop là! Ah!

MONTLUCHON, *lui faisant faire quelques pas.*

Allons d'abord doucement !

WILLIAM.

Oui. Bien doucement. Ce sont les jambes !

MONTLUCHON.

Les jambes... c'est ça !

WILLIAM.

Ou la tête.....

MONTLUCHON.

La tête... oui.

WILLIAM.

Non... non !

MONTLUCHON.

Quoi !

WILLIAM.

La tête et puis les jambes et puis partout !

MONTLUCHON, *toujours avec beaucoup de douceur.*

Partout..... c'est toujours comme ça ! ce pauvre William ! *(A part, changeant de ton.)* Scélérat ! *(Pendant ce temps, deux domestiques ont apporté une table servie et se sont retirés.)*

WILLIAM.

C'est égal, je taperais bien du bec sur cet oiseau. *(Il montre un plat.)*

MONTLUCHON.

Du perdreau.

LONGIVET.

Truffé.

WILLIAM.

Ah ! il est truffé ! Il me semble que je taperais bien sur les truffes.

MONTLUCHON.

Tape ! mon ami, tape ! Longivet ! une cuiller.

LONGIVET.

Voilà !

MONTLUCHON, *servant William avec empressement, à part.*

Maraud !

LONGIVET.

La... tu vois... tu voulais le laisser dormir encore!

MONTLUCHON, *à William.*

Tiens! un verre de ce Château-Lafite!

WILLIAM.

Du Château.....

MONTLUCHON.

Lafite... du vieux Château-Lafite. *(Il lui verse, à part.)* Chenapan!

WILLIAM, *buvant.*

Ça ne gratte pas, le Château?

MONTLUCHON.

Non. Ça ne gratte pas! mais il te fera du bien! voilà des truffes! *(Il le sert, à part.)* Misérable!

WILLIAM, *essayant de manger, avec des larmes dans la voix.*

Ah! je ne peux pas!

MONTLUCHON.

Tu ne peux pas?

WILLIAM.

Ah! je voudrais bien et... je peux pas!

MONTLUCHON.

Ah! le gredin! le gredin! le gredin!

LONGIVET.

Je ne parierais pas cinq centimes...

WILLIAM, *machinalement.*

Un sou.

LONGIVET.

Pour ton jockey!

MONTLUCHON.

Ah! le gredin! le gredin! le gredin!

CLOSFERMÉ.

Voilà où vous conduit votre Angleterre...

LONGIVET.

Tu ne crieras plus « Enfoncé le Marquis! »

MONTLUCHON.

Ma cravache! où est ma cravache! *(Il cherche sa*

cravache qui est pendue à la boutonnière de son veston.)

CLOSFERMÉ.

A hasarder des paris immenses !

LONGIVET.

Si tu l'avais mieux surveillé...

CLOSFERMÉ.

Des cent mille francs sur les jambes d'un cheval ou sur la tête d'un domestique !

LONGIVET.

Si tu l'avais renvoyé !

MONTLUCHON.

Si... si... si... il ne s'agit pas de si, maintenant ! Ah ! si j'avais ma cravache !

WILLIAM, *buvant à la bouteille, à lui-même.*

Ça ne gratte pas !

MONTLUCHON, *brandissant sa cravache qu'il a fini par trouver.*

Qu'est-ce que tu fais là, toi ?

WILLIAM.

C'est... c'est pour les jambes !

MONTLUCHON, *le battant.*

Eh bien ! voilà pour les épaules !

WILLIAM, *tombant et criant.*

Ah ! ah ! ah !

MONTLUCHON, *le battant.*

Tiens ! tiens !

WILLIAM, *s'accrochant à la nappe, à lui-même.*

Je crois que je suis tombé !

MONTLUCHON, *jetant sa cravache et sonnant.*

Ah ! le gredin ! le gredin ! le gredin !

LONGIVET, *à Montluchon.*

Je te l'avais bien dit ! *(Deux domestiques paraissent.)*

MONTLUCHON, *aux domestiques.*

Emportez cet ivrogne !

WILLIAM, *pleurant, à lui-même.*

Ivrogne! Il m'appelle ivrogne... quand je suis si faible! *(Les domestiques vont à William et le ramassent.)*

SCÈNE VII

Les mêmes, GASTON.

GASTON, *à Closfermé qui a été au-devant de lui.*
J'ai tout dit à la belle-mère!

CLOSFERMÉ.
Ah!

GASTON.
Et j'ai réussi à l'apaiser!

CLOSFERMÉ.
Bon!

WILLIAM, *aux domestiques qui l'emmènent.*
Je crois que je suis tombé!

SCÈNE VIII

Les mêmes, moins WILLIAM et les domestiques.

MONTLUCHON.
Et personne pour monter Rantamplan!

GASTON, *s'avançant.*
Vous vous trompez!

TOUS.
Hein?

GASTON.
Je suis prêt à endosser la casaque de William!

CLOSFERMÉ, *à Gaston.*
Toi!

MONTLUCHON, *à Gaston.*
Vous monteriez Rantamplan?

GASTON.
Je monterai Rantamplan.

LONGIVET, *à Montluchon.*
Tu vois! et tu es là à te désoler sottement!

MONTLUCHON.

Ah! tenez; demandez-moi tout ce que j'ai... je suis prêt à vous le donner!

GASTON.

Non pas tout, mais le plus précieux.

MONTLUCHON.

Quoi donc?

GASTON.

La main de Mlle Ermine.

MONTLUCHON.

La main de.....

GASTON.

Je l'aime!

CLOSFERMÉ.

Il en est aimé!

MONTLUCHON.

Je vous la donne; je vous la donne!

GASTON.

Ah! monsieur!

MONTLUCHON. *très ému, le pressant dans ses bras.*

Mon cher ami!... mon cher gendre! *(Changeant de ton.)* Mais vous ne connaissez pas le caractère de Rantamplan?

GASTON.

Ça ne fait rien... je réponds de lui!

MONTLUCHON.

Vous en répondez?

GASTON.

Oui.

MONTLUCHON.

Ah! laissez-moi vous serrer de rechef!

SCÈNE IX

LES MÊMES, DE CHASAN.

DE CHASAN, *entrant, à part.*

Le moment est bon! Je tiens Montluchon... je puis risquer ma demande!

MONTLUCHON.

Ah ! voilà de Chasan !

DE CHASAN, *vivement*.

Je viens vous sauver !

MONTLUCHON.

Moi !

GASTON, *à lui-même*.

Boisflory avait raison. *(Montrant de Chasan.)* Sa montre retarde !

DE CHASAN, *à Montluchon*.

Votre jockey est maintenant incapable de monter Rantamplan...

MONTLUCHON.

Sans doute, mais.....

DE CHASAN.

Vous êtes donc à la merci de Follmouth.....

MONTLUCHON.

Heureusement que.....

DE CHASAN.

Je suis là avec mon jockey..... n'est-ce pas ?

MONTLUCHON.

Je voulais dire.....

DE CHASAN.

Trapp... l'illustre Trapp.....

CLOSFERMÉ.

Mais écoutez donc !

DE CHASAN.

Je vous le donne et ne vous demande rien en revanche que...

LONGIVET.

C'est inutile...

CLOSFERMÉ.

Il n'en a plus besoin...

DE CHASAN.

De Trapp... vous n'avez plus besoin de Trapp...

MONTLUCHON.

Non, puisque M. de Villiers veut bien se charger de monter mon cheval.

DE CHASAN.

M. de Villiers...

MONTLUCHON.

Mon gendre...

DE CHASAN.

Votre...

MONTLUCHON.

Il m'a fait l'honneur de me demander la main d'Ermine.

DE CHASAN.

Lui !

LONGIVET.

Toujours le même ce cher de Chasan !

MONTLUCHON.

Je ne vous suis pas moins reconnaissant...

TOUS, *riant.*

Ah ! ah !

MONTLUCHON.

Allons voir Rantamplan !

TOUS, *moins de Chasan.*

Allons voir Rantamplan ! *(Ils sortent tous, moins de Chasan.)*

SCÈNE X

DE CHASAN, seul.

DE CHASAN.

Prelotte ! J'ai été trop fin... Aussi qui pouvait se douter que de Villiers... j'ai travaillé pour lui... je perds une héritière solide... et mon jockey me reste sur les bras ! Enfin n'y pensons plus ! *(Il va pour allumer un cigare à l'une des lampes placées sur la cheminée et ne réussit pas.)* Point d'allumettes ! *(Il aperçoit la lettre jetée par Gaston.)* Ah ! *(Il déplie le papier machinalement et lit.)* Un rendez-vous... près de la pièce d'eau... des lettres !... De qui... à qui ?... Pas de signature ! *(Regardant encore la lettre.)* Ah ! des initiales... sur le papier... C. de M... Clémentine de Montluchon... parbleu !... et... j'y suis !... *(Frappant sur la lettre.)* Adressée au beau Gaston! Suave! Je me retrouve en selle!

SCÈNE XI

DE CHASAN, BOISFLORY.

BOISFLORY, *à lui-même ; lorgnant et saluant avec diverses contorsions comiques.*

C'est elle !

DE CHASAN.

Boisflory !

BOISFLORY, *laissant tomber son lorgnon et reconnaissant de Chasan.*

Ah ! c'est ce cher de Chasan ! Je vous prenais... c'est étonnant comme j'y vois mal.

DE CHASAN.

Avec votre lorgnon.

BOISFLORY, *sans l'écouter.*

Parce que... je venais ici à un rendez-vous !

DE CHASAN.

A un rendez-vous !

BOISFLORY.

Cela vous étonne ! *(Avec une fatuité modeste.)* Moi pas ! C'est une chance ! Il est vrai que je m'habille avec un cachet... Les femmes aiment ça ! Regardez donc, cher ! le pantalon a un certain style... il sent son turf. Hein ?

DE CHASAN.

Ma foi ! je ne sais pas ce qu'il sent votre pantalon !

BOISFLORY.

C'est anglais... tout ce que j'ai est anglais... j'ai l'air d'un véritable gentlemen, n'est-ce pas ?

DE CHASAN, *à lui-même.*

Enrichi dans le pétrole !

BOISFLORY.

Quand j'emmène avec moi Follmouth, le petit Follmouth, on nous prendrait pour deux frères jumeaux.

DE CHASAN.

Pardon, mais...

BOISFLORY.

Je ne vous dirai pas le nom de celle que j'attends.

DE CHASAN.

Je ne vous le demande pas.

BOISFLORY.

Vous comprenez... nous sommes chez son père...

DE CHASAN.

Mlle Ermine ?

BOISFLORY,

Eh bien ! oui, puisque vous l'avez deviné.

DE CHASAN.

Impossible.

BOISFLORY.

Impossible ! Pendant tout le dîner, placée en face de moi... Tenez la voilà... *(Il sourit et lance des œillades.)* Et toujours comme ça... Il eut fallu être aveugle pour ne pas voir. De Villiers, lui qui était près de moi, s'en est bien aperçu.

DE CHASAN, *riant.*

De Villiers..... Ah ! ah !

BOISFLORY.

Et la tante donc... cette folle. Le voisinage de sa nièce lui ôtait l'appétit. Elle se trémoussait sur sa chaise ! tenez, comme ceci. *(Il se tortille et fait des grimaces.)* Elle n'a cependant pas vu que le bouquet de l'ingénue nous servait de boîte aux lettres. Aller et retour du courrier. Ah ! c'est idéal !

DE CHASAN.

C'est faux ! Mlle Ermine ne peut vous avoir écrit !

BOISFLORY, *à lui-même.*

Qu'est-ce qui lui prend ? *(Haut.)* Mais puisqu'on vous dit.....

DE CHASAN.

Non, vous ne me ferez pas croire.....

BOISFLORY.

Tenez, je l'entends. Allez-vous-en ! allez.....

DE CHASAN, *à lui-même.*

Oh ! ça me paraît... Je reviendrai ! *(Il sort.)*

SCÈNE XII

BOISFLORY, Mme TAPIN.

BOISFLORY, *à lui-même.*

Est-ce qu'il serait jaloux ? De Chasan jaloux ! Ce serait idéal !

Mme TAPIN, *avec un gros bouquet, toussant.*

Hum ! hum ! *(A elle-même.)* Il ne me voit pas !

BOISFLORY, *se retournant.*

Madame !... *(A lui-même.)* Oh ! la tante ! que vient-elle faire ici ?

Mme TAPIN.

Vous avez beaucoup d'audace, monsieur !

BOISFLORY.

Madame.....

Mme TAPIN.

La femme à qui vous écrivez ainsi, aurait le droit de s'offenser de cette liberté.

BOISFLORY, *à part.*

Comment a-t-elle découvert ?

Mme TAPIN.

Et si elle vous a répondu... si elle a accepté votre audacieux rendez-vous...

BOISFLORY.

Accepté... vous dites...

Mme TAPIN.

C'est qu'elle espère par la dignité de son maintien, ôter tout espoir à une passion téméraire.

BOISFLORY.

Pardon, je ne comprends pas...

Mme TAPIN.

Cependant, c'est bien vous qui... dans ce bouquet...

BOISFLORY.

Je vous avoue... *(A part.)* Sapristi ! le bouquet était à elle !...

Mme TAPIN.

Achevez!

BOISFLORY.

Madame! *(A part.)* Mon billet s'est trompé de génération!

Mme TAPIN.

Voyons! Est-il vrai que je vous aie inspiré un sentiment aussi profond que vous me l'avez écrit?

BOISFLORY.

Madame! *(A part.)* Comme elle me regarde!

Mme TAPIN.

Vous vous taisez?

BOISFLORY.

Madame! *(A lui-même.)* Je ne peux pas lui avouer pourtant qu'il s'agit de sa nièce!

Mme TAPIN.

Je suis prête à écouter votre... justification.

BOISFLORY.

Madame, je vous avoue que devant des charmes comme les vôtres... je suis... je ne suis pas...

Mme TAPIN, *à part.*

Ce pauvre jeune homme! il est intimidé!

BOISFLORY, *à lui-même.*

Comme elle me regarde!

Mme TAPIN.

Certainement vous êtes fait pour inspirer de l'intérêt.

BOISFLORY.

Trop bonne en vérité! *(A lui-même.)* Mais c'est une déclaration... une horrible déclaration!

Mme TAPIN.

La distinction de vos manières... *(Elle marche sur lui.)*

BOISFLORY, *reculant derrière une table.*

Oui.

Mme TAPIN, *même jeu.*

Le goût parfait de vos vêtements.

BOISFLORY, *même jeu.*

Oui, oui. *(A part.)* Et je n'ai pas de manteau !

Mme TAPIN.

Ah !

BOISFLORY.

Quoi ?

Mme TAPIN.

Ma boucle d'oreille qui se détache !

BOISFLORY.

Votre... *(A lui-même.)* Ça m'est parfaitement égal !

Mme TAPIN.

Oserais-je vous prier.....

BOISFLORY.

Plaît-il ?

Mme TAPIN.

De me la remettre.

BOISFLORY.

Moi ?

Mme TAPIN.

La voici !

BOISFLORY.

Cette faveur.....

Mme TAPIN.

Eh bien ?

BOISFLORY, *à lui-même.*

Comment me tirer de là !

SCÈNE XIII

LES MÊMES, DE CHASAN.

DE CHASAN, *sans voir les acteurs qui sont sur le devant de la scène du même côté que lui, à part.*

Personne ! *(Apercevant Mme Tapin et Boisflory et riant.)* Ah ! ah ! ah ! c'était la tante. *(Il cherche à se retirer sans être vu et fait tomber une chaise.)*

Mme TAPIN, *poussant un cri.*

Ah !

BOISFLORY, *mélodramatiquement, à part.*

Sauvé. Mon Dieu !

DE CHASAN.

Pardon!

Mme TAPIN, *feignant de se trouver mal, à Boisflory.*

Soutenez-moi! (*Elle se laisse aller dans les bras de Boisflory.*)

BOISFLORY.

Madame... madame!

DE CHASAN, *bas à Boisflory, le contrefaisant.*

Dites donc, cher; c'est idéal!

BOISFLORY, *à lui-même.*

Que le diable l'emporte!

DE CHASAN, *riant.*

Ah! ah! ah!

BOISFLORY, *lui remettant Mme Tapin sur les bras.*

Tenez-la vous! (*Il sort.*)

SCÈNE XIV

Mme TAPIN, DE CHASAN.

DE CHASAN, *embarrassé.*

Ah! mais... Boisflory!... Boisflory! (*A Mme Tapin.*) Remettez-vous, madame!

Mme TAPIN.

Monsieur de Chasan!... vous êtes un butor! (*Elle sort.*)

SCÈNE XV

DE CHASAN, seul.

DE CHASAN, *parlant du côté par où est sortie Mme Tapin.*

Un butor! madame!... c'est un peu vif! (*Riant.*) Ah! ah! ah! C'est égal! quel séducteur que ce Boisflory! Il a conquis une tante! J'étais bien sûr qu'il ne s'agissait pas de la nièce! Je viens de la voir... Je suis très fin! Feignant de croire qu'il venait d'elle... je lui ai remis... Oh! Montluchon!

SCÈNE XVI

DE CHASAN, MONTLUCHON, GASTON, CLOSFERMÉ, LONGIVET.

MONTLUCHON, *à de Chasan.*

Tout va bien !

DE CHASAN, *à lui-même.*

Ne faisons semblant de rien ! *(Haut.)* Enchanté !

MONTLUCHON.

Rantamplan est splendide ! Ce cher de Villiers... *(Il lui serre la main.)*

CLOSFERMÉ, *à Gaston.*

Ne va pas encore te casser quelque chose, demain.

GASTON.

Ne craignez rien !

MONTLUCHON, *à Gaston.*

Je ne sais si la casaque de William vous ira. *(Il sonne.)*

GASTON.

Pourquoi non ? *(Un domestique paraît.)*

MONTLUCHON, *au domestique.*

Apportez-moi la casaque de William ! *(A lui-même.)* Ah ! j'oubliais de prévenir ma fille ! *(Rappelant le domestique.)* Pierre !

LE DOMESTIQUE.

Monsieur !

MONTLUCHON.

Priez mademoiselle de venir !

LE DOMESTIQUE, *sort et revient aussitôt avec un plateau sur lequel est un papier.*

Monsieur !

MONTLUCHON, *se retournant.*

Quoi encore ? *(Regardant le plateau.)* Ce n'est pas une casaque ça !

LE DOMESTIQUE.

Comme monsieur était occupé, on n'avait pas osé lui remettre !... *(Il lui présente le papier.)*

MONTLUCHON.

Hé! je n'ai pas le temps!...

CLOSFERMÉ, *le prenant.*

Du papier timbré! *(Le domestique sort.)*

MONTLUCHON.

Timbré!... qu'est-ce que cela me fait qu'il soit timbré!

CLOSFERMÉ.

Cependant....

MONTLUCHON.

C'est l'affaire de mon homme d'affaires... n'est-ce pas Longivet?

LONGIVET.

Parbleu!

CLOSFERMÉ, *lisant.*

« Je, Chatillet, huissier, soussigné, à vous, Auguste-Hector de Montluchon, propriétaire à... *(Il continue à voix basse pendant que le domestique revient tenant une casaque de jockey.)*

MONTLUCHON, *prenant la casaque, à Gaston.*

Voilà ma couleur : Rose thé! *(Le domestique sort.)*

CLOSFERMÉ, *reprenant à haute voix.*

« Au dit domicile et parlant à un homme au service du prédit sieur, ainsi déclaré, ai, à la requête de Tancrède Maurice, marquis de Bellefontaine... »

MONTLUCHON, *prêtant l'oreille.*

Le marquis! qu'est-ce qu'il chante le marquis?

CLOSFERMÉ, *lui donnant le papier.*

Lis toi-même!

MONTLUCHON, *cherchant en lisant à demi-voix.*

« Parlant à un homme... à la requête... » *(Trouvant.)* Ah! *(Il lit.)* « En vertu de la grosse... » *(Interrompant sa lecture.)* La grosse! *(Reprenant.)* « de la grosse de divers jugements rendus par défaut, ainsi que copie vous est donnée en tête des présentes et devenus exécutoires... « *(Regardant Longivet, parlé.)* Exécutoires!

LONGIVET.

Exécutoires... exécutoires, c'est clair !

MONTLUCHON.

Mais non !

LONGIVET.

Qui dit exécutoires... dit...

CLOSFERMÉ.

Donnant pouvoir d'exécuter.

MONTLUCHON, *ne comprenant pas encore très bien.*

Ah ! *(Reprenant sa lecture.)* « Comme acquéreur des créances dont objet, et ainsi que suit mémoire... » *(Donnant le papier à Longivet.)* Tiens ! je n'y comprends plus rien !

DE CHASAN, *à part.*

Je ne suis pas fâché de savoir...

LONGIVET.

« Primo : Du sieur Pierre Auzou, architecte, pour construction de haras, écuries anglaises avec stalles et box pour 30 chevaux, ornées et ornementées, glaces, dorures, tentures, vitraux, sculptures, peintures, marbres et ébénisterie, coût au prix réduit de deux cent vingt-cinq mille francs. »

TOUS.

Deux cent vingt-cinq mille francs !

CLOSFERMÉ.

Il ne manquait plus qu'une galerie de tableaux dans tes écuries...

LONGIVET, *lisant.*

« Secundo... »

MONTLUCHON.

C'est bon ! je veux savoir à quoi tout cela conclut. *(Il lui reprend les papiers.)*

DE CHASAN, *à part.*

Oui ; voyons la conclusion !

MONTLUCHON, *lisant.*

« Secundo... tertio... au dit sieur et parlant comme ci-dessus fait commandement.....

TOUS.
Commandement !
MONTLUCHON.
« De payer à moi huissier dans les 24 heures pour tout délai, les susdites sommes, formant un total de trois cent quarante-quatre mille... »

TOUS.
Trois cent quarante-quatre mille !...

MONTLUCHON, *lisant.*
« Cinq cent vingt-deux francs trente-trois centimes ! » *(Parlé.)* Trente-trois centimes ! C'est un sacripant que ce marquis. *(Il jette le papier.)*

CLOSFERMÉ.
Mais on va tout saisir chez toi !

MONTLUCHON.
Tout ?

LONGIVET.
Parbleu !

MONTLUCHON.
Et Rantamplan aussi ?

LONGIVET.
Evidemment !

MONTLUCHON.
Ah ! le sacripant ! le sacripant !

LONGIVET.
Je te l'avais bien dit !

SCÈNE XVII
Les mêmes, ERMINE.

ERMINE.
Mon père ! dans quelle agitation !

MONTLUCHON.
Ermine !

ERMINE.
Tu m'avais fait demander ?

MONTLUCHON.
Demander, oui... c'est-à-dire... mais à présent tout est changé...

GASTON.

Non!

MONTLUCHON.

Si!

GASTON.

Du tout!

MONTLUCHON.

Puisque Rantamplan va être saisi...

GASTON.

Je me porte votre garant, si vous voulez bien accepter ma garantie.

MONTLUCHON, *ému.*

Ah! de Villiers!... mon gendre, mon sauveur...... *(Changeant de ton.)* Mais êtes-vous sûr que la casaque de William vous ira? *(Il reprend la casaque qu'il avait jetée sur un meuble.)*

GASTON.

Voyons!

ERMINE, *bas à Gaston.*

Cette lettre est-elle bien à vous? *(Elle lui montre le billet de Mme de Montluchon.)*

GASTON.

Ermine!... écoutez-moi... je vous jure...

ERMINE.

Répondez!

GASTON.

Eh bien! oui, mais...

MONTLUCHON, *à lui-même.*

Ah! je ne pensais plus! *(A Ermine présentant Gaston.)* Ma fille voici ton mari!

ERMINE.

Mon père!... *(A Gaston.)* Jamais je ne serai votre femme! *(Elle déchire la lettre, en jette les morceaux et va pour sortir.)*

MONTLUCHON, *sautant.*

Jamais!... Hein! *(Courant après Ermine.)* Ermine! Ermine! Un homme qui va monter Rantamplan! *(Pendant ce temps Gaston a été à de Chasan qui se frottait les mains, l'a regardé, puis lui frappe sur l'épaule; de Chasan effrayé fait un saut.)*

(La toile tombe.)

ACTE IV

Aux courses. L'intérieur du restaurant derrière les tribunes.

SCÈNE PREMIÈRE

UN GARÇON DE RESTAURANT.

(Au lever du rideau la scène est vide : on entend au dehors des hourras et des trépignements.)
LE GARÇON, *accourant.*

Voilà !... voilà !... *(Ne voyant personne, il regarde en l'air.)* Ah ! oui, c'est là-haut aux tribunes... je crois toujours !... *(Il regarde en dehors.)* Il paraît que la seconde course est terminée. C'est le derby maintenant.

SCÈNE II

LE GARÇON, puis AURORA et ZOÉ POMPON.

(Cris au dehors.) Vive Aurora ! vive Aurora !
LE GARÇON, *regardant.*

Oh ! c'est la belle Anglaise... la reine des cocotes !
VOIX *en dehors.*

Vive Aurora !
LE GARÇON.

Sont-ils toqués ceux-là !
AURORA, *paraissant avec Zoé et suivie d'un cortége de sportsmans.*

Garçon !
LE GARÇON.

Voilà ! voilà ! *(A part.)* Pas le moindre accent !
AURORA.

Du Champagne et des biscuits !
LE GARÇON.

Tout de suite ! *(A part.)* Il est vrai qu'on dit qu'elle est née à Saumur !

AURORA.

Eh bien ! Est-ce pour demain ?

LE GARÇON.

Voilà ! voilà ! *(A part, sortant.)* De la mère Quat'sous !

AURORA, *aux sportsmans.*

Messieurs, nous désirons être seules.

LES SPORTSMANS, *protestant.*

Oh !

LE GARÇON, *rentrant, à part.*

Quel genre !

AURORA.

N'est-ce pas Zoé ? *(Aux sportsmans, avec un geste noblement impératif.)* Ainsi..... *(Le garçon sert les deux femmes.)*

LES SPORTSMANS, *sortant.*

Vive Aurora ! *(Le garçon sort en même temps que les sportsmans.)*

SCÈNE III

AURORA, ZOÉ.

AURORA.

Je suis furieuse !

ZOÉ.

Pardieu ! il y a de quoi !

AURORA.

Etre forcée de venir dans une gargote...

ZOÉ.

Quand on a donné l'ordre à son groom...

AURORA.

De mettre dans la voiture de quoi luncher... c'est absurde !

ZOÉ.

C'est tannant !

AURORA.

Le fichu maladroit ! en rentrant, je lui donnerai

ZOÉ.

De la cravache?

AURORA.

Non, ses huit jours!

ZOÉ, *riant*.

Ah! ah! ça n'empêche pas!

AURORA.

Et puis cette vieille... cette Tapin!

ZOÉ.

Qui se donne les gants de nous imiter...

AURORA.

De me chiper ma robe!

ZOÉ.

Et de conduire elle-même!

AURORA.

Aussi en passant près d'elle... Clic!... clac! J'ai sanglé à ses chevaux un certain petit coup de fouet..... Oh! la la!

ZOÉ.

Voilà les femmes comme il faut!

AURORA.

Si on ne les avait pas arrêtés à temps, elle t'en ramassait du comme il faut!

CRIS *au dehors*.

Qui veut Rantamplan, Yvanhoë, Mexico?

ZOÉ.

Oh! les paris vont leur train! A qui Mexico?

AURORA.

Au marquis de Bellefontaine.

ZOÉ.

Ah!

AURORA.

Garçon!

LE GARÇON.

Voilà! voilà! *(Aurora paie le garçon.)*

SCÈNE IV

Les mêmes, FOLLMOUTH.

FOLLMOUTH, *se retournant vers l'extérieur.*
Yvanhoë! I take! Je tenais tout pour Yvanhoë! *(Le garçon va à lui.)*

AURORA, *regardant au dehors.*
N'est-ce pas le petit Follmouth, là-bas?

ZOÉ.
Oui.

AURORA.
Allons le rejoindre!

FOLLMOUTH, *à part.*
Follmouth!... ces dames elles connaissaient môa!

ZOÉ.
Mais Boisflory va rester à nous attendre, planté comme un candélabre!

AURORA.
Un candélabre! c'est son métier... Son père était marchand d'huile!

ZOÉ.
De pétrole... C'est vrai! *(A part.)* Fait-elle des embarras, cette Aurora! *(Elles sortent.)*

SCÈNE V

FOLLMOUTH, puis BOISFLORY.

(Sportsmans, sportswomans, cocotes; les uns s'attablant, les autres groupés au fond du théâtre en dehors du restaurant ou allant et venant.)

FOLLMOUTH, *que le garçon a servi.*
Je pouvais reposer un peu!...... James surveillait le pesage du jockey à môa! Ah! j'avais là un *fil* digne du père à lui.

CRIS *en dehors, dans le groupe.*
Qui veut Mexico? Rantamplan?

BOISFLORY, *au milieu du groupe.*

For Mexico! I take my dear! *(On le voit échanger des notes avec un autre jeune homme.)*

FOLLMOUTH.

Mexico! Oh!

BOISFLORY, *à part.*

Je n'ai pas trouvé Aurora! *(Au jeune homme.)* That set! *(A lui-même.)* On me prendrait tout-à-fait pour un Anglais!

FOLLMOUTH.

Mister Boisflory.

BOISFLORY.

Sir! *(A lui-même.)* Tout-à-fait! tout-à-fait!

FOLLMOUTH.

Againts Mexico... Five hundred pounds!

BOISFLORY.

Pounds! *(A lui-même,)* Que diable veut-il dire?

FOLLMOUTH.

Five hundred pounds!

BOISFLORY.

Oui, oui! *(Se reprenant.)* Yes! Yes! *(A part.)* Sapristi, on nous écoute!

FOLLMOUTH.

Five hundred!

BOISFLORY.

Five! Yes! *(Au garçon, appelant.)* Garçon! *(Se reprenant.)* Boy!

LE GARÇON.

M'sieur!

BOISFLORY, *il lui donne de l'argent; bas.*

Qu'a-t-il dit?

LE GARÇON.

Il a parié avec vous cinq cents livres.

BOISFLORY, *sautant.*

Douze mille cinq cents francs! *(A part.)* Sapristi! si je perds... 12,500 francs...

SCÈNE VI.

Les mêmes, MONTLUCHON.

MONTLUCHON, *à lui-même, très agité.*

Nom d'une étrille ! Où peut être ce de Villiers... personne ne l'a vu ! Et il n'y a plus que deux jockeys à peser !

BOISFLORY, *à lui-même préoccupé.*

Pounds ! 12,500 francs. *(Il se heurte contre Montluchon.)* Oh !

MONTLUCHON.

Pardon ! Vous n'avez pas vu M. de Villiers ?

BOISFLORY.

De Villiers... Non ! *(Se reprenant.)* C'est-à-dire...

MONTLUCHON, *se méprenant et haletant.*

Eh bien ! ! !

BOISFLORY.

No... No...

MONTLUCHON.

Non ! Ah !

BOISFLORY, *à lui-même.*

Diable ! je m'oubliais !

MONTLUCHON, *l'arrêtant.*

C'est que... il a quitté le château de grand matin... je croyais le retrouver aux courses : et personne, ni aux tribunes, ni sur la piste, ni ici dans l'enceinte du pesage... et il n'y a plus que deux jockeys à...

BOISFLORY.

Yes ! *(A lui-même.)* Je vais à la recherche d'Aurora !

SCÈNE VII

Les mêmes, moins BOISFLORY.

MONTLUCHON, *à Follmouth.*

Vous n'avez pas vu M. de Villiers ?

FOLLMOUTH.

Je avais pas...

MONTLUCHON.

C'est que... il a quitté le château de grand matin... je croyais le retrouver aux courses et personne, ni...

SCÈNE VIII

Les mêmes, Mme de MONTLUCHON.

Mme DE MONTLUCHON.

Mon ami!

MONTLUCHON, *se retournant*.

Hein?

Mme DE MONTLUCHON.

Je vous cherchais parce que...

MONTLUCHON.

Parce que?

Mme DE MONTLUCHON.

Vous n'avez pas vu M. de Villiers?...

MONTLUCHON.

Vous savez où il est?

Mme DE MONTLUCHON.

Mais non... ne l'ayant pas aperçu sur le champ de course, je venais vous demander...

MONTLUCHON.

Comment nom d'une étrille! C'est à moi que vous vous adressez! à moi, qui le cherche depuis ce matin.

Mme DE MONTLUCHON.

Je croyais... je pensais... *(A part.)* Ah! Mon Dieu!

MONTLUCHON.

A moi!... A moi!...

Mme DE MONTLUCHON, *à elle-même*.

Je ne sais pourquoi; mais je suis dans une inquiétude!...

MONTLUCHON.

Ah! voilà Longivet! il revient du château! ah! enfin!

SCÈNE IX

Les mêmes, LONGIVET.

LONGIVET, *essoufflé.*

Ouf! je n'en puis plus!

Mme DE MONTLUCHON.

Parlez vite!

LONGIVET.

Eh bien!

MONTLUCHON.

Eh bien!

LONGIVET.

Je viens du château...

MONTLUCHON.

Eh bien!

LONGIVET, *essoufflé.*

Ah! donne-moi un fauteuil... une chaise... un tabouret... je suis rompu!

MONTLUCHON.

Tiens! *(Il lui donne une petite table.)*

LONGIVET.

Mais, c'est une table que tu me donnes!

MONTLUCHON.

Ah! c'est vrai! c'est que... j'ai la tête... *(Il lui donne une chaise.)* Voilà! Et puis?

LONGIVET.

Alors...

Mme DE MONTLUCHON.

Alors?

LONGIVET, *au garçon qui passe.*

Un verre d'eau!

LE GARÇON.

Voilà! voilà! *(Il lui verse un verre d'eau.)*

MONTLUCHON, *saisissant le bras de Longivet au moment où celui-ci prend le verre.*

Mais nom d'une étrille!

LONGIVET, *dont le verre d'eau a été en partie répandu sur lui.*

Prends donc garde...

MONTLUCHON.

Ce n'est rien !

LONGIVET, *s'essuyant.*

Rendez donc des services aux gens !

MONTLUCHON.

Et Gaston ?

LONGIVET.

Ah ! oui, Gaston ? En revenant du château avec tes deux chevaux anglais attelés au panier. *(S'interrompant.)* Aussi quelle idée d'avoir deux grands diables d'animaux avec une si petite machine !

MONTLUCHON.

Mais Gaston ?

LONGIVET, *continuant.*

Je veux prendre le chemin de traverse pour aller plus vite ! Tout-à-coup en longeant la voie ferrée, voilà le sifflet de la locomotive qui fait psch ! psch ! *(Il imite le sifflet.)*

MONTLUCHON.

Mais Gaston ?

LONGIVET, *sans l'écouter.*

Les chevaux se cabrent... Ils étaient là tout droits... comme ça... *(Il imite les chevaux.)*

MONTLUCHON.

Mais Gaston ?

LONGIVET, *continuant.*

Et puis hop ! les voilà partis comme le vent ; faisant bondir ton maudit panier d'une ornière à l'autre... Boum ! Boum ! comme un ballon d'enfant !

MONTLUCHON.

Mais Gaston... Gaston ?

LONGIVET.

Je perds mon fouet... je perds mon chapeau... je perds l'équilibre et paf ! me voilà dans le fossé ! Heureusement, je ne me suis pas fait de mal.

MONTLUCHON, *criant.*

Mais Gaston !... Gaston ! Gaston !

LONGIVET.

Et bien ! ne l'ai-je pas dit ? On ne l'avait pas vu au château !

MONTLUCHON, *le poussant.*

Ah ! triple assassin ! il y a une heure qu'il nous tient là !

LONGIVET, *secouant le pan de son habit sali dans sa chute.*

Risquez donc votre tête pour les autres !

MONTLUCHON.

Et l'on va sonner la cloche des départs !

LONGIVET.

Veux-tu que je te dise ?... Tu es un ingrat !

MONTLUCHON.

Ah ! maudit Gaston !

SCÈNE X

Les mêmes, CLOSFERMÉ.

CLOSFERMÉ.

Gaston... il se bat !

M. ET Mme DE MONTLUCHON, LONGIVET.

Il se bat !

Mme DE MONTLUCHON.

Ah ! mon Dieu !

MONTLUCHON.

Le malheureux ! blessé, tué peut-être ! (*Changeant de ton.*) Et au moment de monter Rantamplan !

FOLLMOUTH, *à lui-même.*

Ces gentleman français ils manquaient toutes de calme ! (*On entend la cloche.*)

MONTLUCHON.

La cloche !

LONGIVET.

Plus qu'un quart d'heure avant le départ !

CLOSFERMÉ, à *Montluchon*.

C'est l'huissier qui m'a appris... Avant d'aller se battre il avait encore songé à l'huissier... le brave garçon !... il a tout arrangé.

MONTLUCHON, *qui ne l'écoute pas*.

Ah! une personne peut encore me tirer d'affaire!

LONGIVET.

Qui ?

MONTLUCHON.

De Chasan !

LONGIVET.

De Chasan !... Ah ! oui... il a son fameux jockey !

CLOSFERMÉ.

Mais c'est avec de Chasan que Gaston se bat !

MONTLUCHON.

Ah! il va se faire tuer aussi! Le bourreau! je suis perdu!

SCÈNE XI

Les mêmes, GASTON en costume de jockey.

GASTON.

Pas encore !

TOUS.

Lui !

LONGIVET, *à Montluchon*.

Tu vois bien !

FOLLMOUTH, *à part*.

Aôh ! c'était lui qui montait contre le jockey à môa !

CLOSFERMÉ, *à Gaston*.

Tu n'as rien !

GASTON.

Complet !

MONTLUCHON, *à Gaston*.

Vous en êtes sûr ?

GASTON, *riant*.

Cela me paraît certain !

MONTLUCHON, *avec effusion.*

Ah! ce cher ami! quel bonheur! (*Changeant de ton.*) Allons vite vous faire peser!

CLOSFERMÉ, *à Gaston.*

Et de Chasan?

GASTON.

Désarmé!

MONTLUCHON, *à Gaston.*

Ah! ce brave ami! allons vite...

GASTON.

Me faire peser? c'est fait.

MONTLUCHON, *ému.*

Ah! vous êtes mon sauveur! (*Il se jette dans ses bras, puis changeant de ton.*) Combien de kilos?

GASTON.

Soixante et seize.

MONTLUCHON.

Diable! diable! Enfin!

SCÈNE XII

Les mêmes, BOISFLORY.

BOISFLORY, *à Gaston.*

My dear, good morning!

GASTON.

Bonjour! (*A Mme de Montluchon en remettant un pli cacheté, bas.*) Toute votre correspondance est dans ce pli.

Mme DE MONTLUCHON, *de même.*

Merci!

GASTON.

J'ai dû courir à Paris pour la chercher; de là, mon retard!

BOISFLORY, *à Follmouth dont il s'est approché.*

On n'attend plus au pesage que votre jockey!

FOLLMOUTH, *renversant son verre, très agité.*

Le jockey de môa, il n'était pas pésé?

BOISFLORY, *tirant sa montre.*

Oh! vous avez encore neuf minutes!

FOLLMOUTH, *sortant en courant,*

Aôh! James! naugthy boy! rascal! où il avait été cette *fil!*

SCÈNE XIII

Les mêmes, moins FOLLMOUTH.

MONTLUCHON, *regardant sortir Follmouth, riant.*

Ah! ah! ce pauvre Follmouth!

GASTON, *bas à Mme de Montluchon.*

Vite! faites-vous reconduire au château!

Mme DE MONTLUCHON, *de même.*

Moi?

GASTON.

Et demandez une lettre arrivée tout à l'heure pour votre mari.

Mme DE MONTLUCHON.

Une lettre?

GASTON.

Alors, au feu tout de suite!

Mme DE MONTLUCHON.

Mais.....

GASTON.

Vite! vite! *(Haut.)* Et maintenant à cheval!

MONTLUCHON.

A cheval!

LONGIVET, *en même temps, avec un geste superbe.*

Oui, à cheval! *(Tous sortent, moins Boisflory.)*

SCÈNE XIV

BOISFLORY, puis Mme TAPIN.

BOISFLORY, *à lui-même.*

Aurora était aux tribunes; elle va venir... elle m'a fait signe. Oh! moi, j'ai toutes les femmes!

Mme TAPIN, *habillée comme Aurora, seulement d'une façon plus exagérée, à part.*

Décidément ce jeune homme me plaît beaucoup.... c'est un sportman du meilleur genre. (*Haut.*) Monsieur Boisflory !

BOISFLORY, *se retournant, à part.*

Oh ! la la ! Encore la tante ! (*Haut.*) Madame...

Mme TAPIN.

Vous regardez ma robe...

BOISFLORY.

Non... c'est-à-dire...

Mme TAPIN.

Elle me sied assez, n'est-ce pas ?

BOISFLORY.

Oui, énormément. (*A part.*) Sapristi ! elle a singé Aurora !

Mme TAPIN.

Vous dites ?... (*Il fait signe qu'il n'a rien dit.*) Il fait bien chaud ! (*Boisflory ne répond pas. Appuyant.*) Il fait extrêmement chaud !

BOISFLORY.

Vous voulez un verre d'eau ?

Mme TAPIN.

Mais non.

BOISFLORY.

Autre chose alors ?...

Mme TAPIN.

Mais...

BOISFLORY, *à part.*

Elle s'invite ! (*Haut, appelant.*) Garçon !

LE GARÇON.

Voilà ! voilà ! (*Il va à Mme Tapin.*)

SCÈNE XV

Les mêmes, JAMES, AURORA.

JAMES, *à Aurora.*

Vous êtes une femme extrêmement chic !

BOISFLORY, *à lui-même.*

Oh ! Aurora ! *(Il fait un mouvement.)*

Mme TAPIN.

Qu'avez-vous ?

BOISFLORY.

Rien ! *(A part.)* Je vais être compromis aux yeux d'Aurora !

AURORA, *à James en s'asseyant du côté opposé à celui où se trouve Mme Tapin et Boisflory.*

J'aime beaucoup les Anglais..... moi.

JAMES.

Toutes les femmes françaises aimaient aussi... excepté Jeanne d'Arc.

AURORA.

Je ne le suis pas !

JAMES.

Jeanne d'Arc ?

AURORA.

Ah ! ah ! c'est un mot !

JAMES.

Un mot... Comment ?

AURORA.

Je disais : je ne suis pas Française... Je suis votre compatriote.

BOISFLORY, *à part.*

Si je pouvais filer sans être vu.

Mme TAPIN.

Eh bien ! où allez-vous donc ?

BOISFLORY, *à part.*

Aïe ! *(Haut.)* Je... je crois que la course va commencer !

JAMES, *à Aurora.*

Je voulais vous donner ma petite miniature.

AURORA.

Votre portrait ?... Vous êtes charmant ! *(A part.)* Que veut-il que j'en fasse !

JAMES.

Avec des perles tout autour !... *(Il sort un médaillon d'un étui.)*

AURORA.

Des perles! (A part.) A la bonne heure! (Haut.) Je vous porterai sur mon cœur!

BOISFLORY, qui regarde Aurora.

Il lui parle de bien près!

Mme TAPIN.

Que regardez-vous?

BOISFLORY.

Moi... je...

Mme TAPIN.

Oh! cette femme!

AURORA, qui a entendu, à elle-même.

Cette femme! (A James, haut.) Voyez donc le petit Boisflory qui promène ma caricature!

Mme TAPIN, à elle-même.

Ma caricature!... (A Boisflory.) Cette femme vous connaît?

BOISFLORY.

Madame... moi... c'est-à-dire...

AURORA, à James, haut.

Boisflory est donc ruiné, qu'il montre des curiosités!

Mme TAPIN, à elle-même.

Des curiosités! (A Boisflory.) Vous souffrez qu'une créature m'insulte devant vous!

AURORA.

Une créature!

BOISFLORY, entre les deux femmes.

Madame!... Aurora!...

AURORA.

Tenez, portez-lui ça! (Elle lui donne un coup de cravache.)

BOISFLORY.

Aurora! Aurora!

Mme TAPIN, à Boisflory.

Vous êtes un faquin!

BOISFLORY.

Madame!

Mme TAPIN, *lui donnant un coup de cravache.*
Ah ! si je ne me retenais...

BOISFLORY.
Oh !

Mme TAPIN.
Je vous défends de me suivre. *(Elle sort.)*

BOISFLORY, *à Aurora.*
Aurora !

AURORA.
Mon cher, je ne vous connais pas ! *(A James.)* Votre bras, my dear ! *(Elle sort avec James.)*

SCÈNE XVI

BOISFLORY, puis MONTLUCHON.

BOISFLORY, *à lui-même.*
Battu par une Tapin !

MONTLUCHON, *à lui-même, entrant.*
J'ai encore le temps de prendre quelque chose avant les départs ! *(Appelant.)* Garçon !

LE GARÇON.
Voilà ! voilà !

BOISFLORY.
Oh ! si cette femme était un homme !

MONTLUCHON, *au garçon.*
Un verre de punch à la glace !

BOISFLORY.
On va se moquer de moi, dans le monde d'Aurora !
(Il sort.)

SCÈNE XVII

MONTLUCHON, puis LONGIVET,

MONTLUCHON, *que le garçon a servi, à lui-même.*
Ermine n'a pas voulu venir aux courses ! Mais elle a beau dire... Gaston sera mon gendre... Comme il porte mes couleurs !

LONGIVET, *tenant une lettre, à lui-même.*

C'est égal... ce n'est pas aisé à dire à un mari !

MONTLUCHON.

Conçois-tu que ma fille puisse ne pas aimer Gaston ?

LONGIVET.

Parbleu !

MONTLUCHON.

Hein ? Un homme si solide à cheval !

LONGIVET, *frappant sur la lettre.*

Oui, je le conçois ! *(Il la remet dans la poche de côté de son vêtement.)*

MONTLUCHON.

Comment ! c'est toi qui...

LONGIVET.

Ecoute !... pas un instant à perdre.

MONTLUCHON, *tranquillement.*

Pourquoi faire ?

LONGIVET.

Vite ! vite ! Il faut empêcher Gaston de monter Rantamplan !

MONTLUCHON, *sautant.*

Rantamplan !

LONGIVET.

Oui !

MONTLUCHON.

Deviens-tu fou ?

LONGIVET.

Non ! *(A lui-même.)* C'est égal, ce n'est pas facile à dire à un mari !

MONTLUCHON.

Plaît-il ?

LONGIVET.

Il s'agit de ta réputation.

MONTLUCHON.

De ma réputation ?

LONGIVET.

De ton honneur !

MONTLUCHON.

De mon honneur ?

LONGIVET.

De l'estime du monde !

MONTLUCHON.

De l'estime du monde, parce que mon gendre montera Rantamplan ?

LONGIVET.

Ton gendre !... jamais !

MONTLUCHON.

Jamais !... par exemple !

LONGIVET.

Non !

MONTLUCHON.

Un homme qui porte si bien mes couleurs !

LONGIVET, *entre ses dents.*

Et qui te fait porter...

MONTLUCHON.

Quoi ?

LONGIVET, *de même.*

Autre chose !

MONTLUCHON.

Que dis-tu ?

LONGIVET.

Rien ! Aussi, tu as voulu te remarier !

MONTLUCHON.

Ah ! ça... Qu'est-ce que tu me chantes à présent ?

LONGIVET.

Oui. Tu as voulu te remarier !

MONTLUCHON.

Mais, c'est toi...

LONGIVET.

Il t'a fallu une femme jeune, belle, aimant les plaisirs...

MONTLUCHON.

Mais, c'est...

LONGIVET.

Tu t'es laissé séduire par son goût pour les chevaux...

MONTLUCHON.

C'est...

LONGIVET.

Du moment qu'elle conduisait son équipage elle-même elle possédait toutes les qualités.

MONTLUCHON.

Mais...

LONGIVET.

Elle était propre à conduire ta maison...

MONTLUCHON.

Ça...

LONGIVET.

Et à se bien conduire elle-même.

MONTLUCHON.

Comment!

LONGIVET.

Un beau coup de fouet, voilà une jolie qualité dans un ménage.

MONTLUCHON, *étonné.*

Un coup de fouet !

LONGIVET.

Malheureusement cette lettre ne permet aucun doute...

MONTLUCHON.

Une lettre à présent !

LONGIVET.

Elle donne la clef de tout!

MONTLUCHON.

Quelle lettre ?

LONGIVET, *continuant.*

Du refus de ta fille...

MONTLUCHON.

Mais quelle lettre ?

LONGIVET, *de même.*

Et du duel de Gaston avec de Chasan.

MONTLUCHON, *qui a essayé en vain de se faire entendre.*

Mais nom d'une étrille ! quelle lettre ?

LONGIVET.

Je te le dis... c'est assez clair... il n'y en a qu'une !
(Avec une extrême volubilité.) Celle que de Chasan t'a

écrite avant d'aller se battre, qui était au château, que ma chute m'a fait oublier dans ma poche, qui explique celle que Gaston avait jetée dans la cheminée, qui avait été ramassée par de Chasan, que ta fille avait mise en morceaux et dont est résulté le duel ! Comprends-tu enfin... comprends-tu ?

MONTLUCHON, *hébété.*

De Chasan ! le duel ! ma fille ! *(A lui-même.)* Est-ce que cette chute lui aurait dérangé le cerveau ?

LONGIVET.

Je cours, en ton nom, empêcher... Gaston...

MONTLUCHON, *l'arrêtant.*

Mais je ne veux pas...

LONGIVET.

Il le faut ! *(Ils luttent.)*

MONTLUCHON.

Je te défends...

LONGIVET.

Laisse-moi !

MONTLUCHON.

Non !

LONGIVET, *se dégageant.*

Ton honneur sera sauf !

MONTLUCHON.

Longivet ! Longivet !

SCÈNE XVIII

MONTLUCHON, puis LE GARÇON.

MONTLUCHON, *ramassant la lettre tombée de la poche de Longivet pendant la lutte.*

La lettre ! *(La parcourant et poussant un cri.)* Oh ! Gaston, l'amant de ma femme ! *(Il se laisse tomber sur une chaise.)*

LE GARÇON, *accourant.*

Voilà ! voilà ! *(Il lui tape dans les mains pour le faire revenir.)*

(La toile tombe.)

ACTE V

La scène représente une partie du champ de course située derrière les voitures. Au fond plusieurs rangs de voitures au-dessus desquelles, dans le lointain, on aperçoit les tribunes. La voiture de Montluchon est au milieu du rang le plus rapproché du public.

SCÈNE PREMIÈRE

(Un cocher, un marchand de cigares et de feu, puis Zoé Pompon, Aurora et James, puis Montluchon et Closfermé. Gens allant et venant.)

LE MARCHAND DE FEU, *entrant.*

Du feu! qui veut du feu!

LE COCHER DE MONTLUCHON, *appelant.*

Pst! Pst! Ohé! l'homme au feu! *(Le marchand de cigares va au cocher et lui donne du feu.)*

AURORA, *entrant avec Zoé et James, à James.*

Reconduisez-nous à la voiture!

CRIS DE L'AGENCE DES POULES, *en dehors, au-delà des voitures.*

A deux francs Yvanhoë, Rantamplan, Mexico! A deux francs!

JAMES *à Aurora.*

Vous êtes la plus chic femme de Paris.

CRIS DE L'AGENCE DES POULES.

La poule à deux francs! A deux francs la poule!

L'HOMME AU FEU, *montrant Aurora et Zoé qui sortent.*

Bigre! la poule est moins chère que les cocotes!

LE COCHER.

Ah! ah! ah! vous êtes un vieux malin, vous!

LE MARCHAND.

Dame! Le marchand de feu doit avoir de l'étincelle!

LE COCHER, *riant plus fort.*

Ah! ah! ah!

LE MARCHAND DE FEU, *frappant sur sa poche.*

Il n'y a que la braise qui lui manque!

LE COCHER.

Décidément... Oh! V'là le bourgeois!

LE MARCHAND DE FEU.

Le bourgeois!

LE COCHER.

M. de Montluchon... il n'a pas l'air casquette!

MONTLUCHON, *entrant la lettre de de Chasan à la main, à Closfermé.*

Oh! je le tuerai!

CLOSFERMÉ.

Ecoute...

LE MARCHAND DE FEU.

Ces messieurs désirent-ils du feu!

MONTLUCHON, *furieux.*

Tiens, en voilà du feu! *(Il lui donne un coup de pied.)*

LE MARCHAND.

Oh! *(A lui-même.)* Qué pratiques!

LE COCHER, *à lui-même.*

Fichtre! il doit avoir perdu quelque chose le bourgeois! *(Il disparaît derrière sa voiture.)*

LE MARCHAND, *s'en allant.*

Du feu! Qui veut du feu!

SCÈNE II

MONTLUCHON, CLOSFERMÉ.

MONTLUCHON.

Ma femme! Follmouth! Le marquis! Trompé! déshonoré! ruiné!... Il ne me reste qu'une ressource... oui!... *(Il fait un mouvement comme pour sortir.)*

CLOSFERMÉ, *l'arrêtant, effrayé.*

Malheureux! ta fille!

MONTLUCHON, *achevant.*

C'est de monter moi-même Rantamplan!

CLOSFERMÉ, *le lâchant.*

Ah!

MONTLUCHON.

Et encore... non! je n'arriverais qu'à déshonorer le produit de mes écuries!

CLOSFERMÉ.

C'est égal, il faut...

MONTLUCHON.

Oh! je le tuerai!

CLOSFERMÉ.

Qui?

MONTLUCHON.

Gaston! parbleu! Gaston!

CLOSFERMÉ.

Mais je te jure que ta femme...

MONTLUCHON.

Elle qui n'avait ni fortune, ni dot!

CLOSFERMÉ, *à lui-même*.

Voilà où conduit l'Angleterre!

MONTLUCHON.

Pas d'autre talent que celui de conduire un équipage!

CLOSFERMÉ.

Mais je te jure... Aussi, pourquoi l'as-tu épousée?

MONTLUCHON.

Pourquoi!... pourquoi!...

CLOSFERMÉ.

Oui!

MONTLUCHON.

Eh! c'est ce misérable Longivet!

CLOSFERMÉ.

Cette fois...

MONTLUCHON.

Et je dois trois cent...

CLOSFERMÉ, *achevant*.

Quarante-quatre mille francs!

MONTLUCHON.

A ce sacripant de marquis! Mes chevaux ont des salons et moi je vais être sur la paille!

CLOSFERMÉ, *ému.*

Sur la paille... Ah! maudite Angleterre!

MONTLUCHON.

Trois cent quarante-quatre mille francs d'écuries!

CLOSFERMÉ.

Aussi pourquoi...

MONTLUCHON.

Eh! c'est ce misérable Longivet...

CLOSFERMÉ.

Enfin, si tu reconnais tes erreurs...

MONTLUCHON.

Oh! il n'y a pas à dire... il courra!... il faudra bien qu'il courre!

CLOSFERMÉ, *étonné.*

Longivet?

MONTLUCHON.

Eh! Rantamplan! *(Il fait un mouvement comme pour sortir.)*

CLOSFERMÉ.

Ah! oui.

SCÈNE III

Les mêmes, LONGIVET.

LONGIVET, *à lui-même.*

Où diable est Montluchon? *(L'apercevant.)* Ah!

MONTLUCHON, *se retournant.*

Le voilà!

CLOSFERMÉ.

Hein? *(Montluchon s'élance sur Longivet et le prend au collet.)*

LONGIVET.

Ah! aïe! doucement... tu m'étrangles!

MONTLUCHON.

C'est toi qui est cause de tout!

LONGIVET.

Moi qui viens te sauver!

MONTLUCHON.

Toi?

LONGIVET.

De Chasan te prête Trapp!

MONTLUCHON.

Quel Trapp?

LONGIVET.

Son fameux jockey.

MONTLUCHON.

Comment?

LONGIVET.

Il est déjà à cheval!

MONTLUCHON, *à Closfermé.*

Tu vois!... *(A Longivet.)* Ah! mon ami!

LONGIVET.

Quoi?

MONTLUCHON.

Je te méconnaissais... je te calomniais!...

LONGIVET.

Toi?

MONTLUCHON, *lui prenant les mains sans parler.*

Je ne te dis que ça!

LONGIVET, *ému.*

Auguste!

MONTLUCHON, *de même.*

Alexandre! *(Ils s'embrassent.)*

CLOSFERMÉ, *entre ses dents.*

Girouette!

LONGIVET, *à Montluchon.*

De Chasan ne t'impose qu'une condition!

MONTLUCHON.

Et cette condition... c'est?...

LONGIVET.

De lui compter le prix du pari si nous l'emportons.

MONTLUCHON.

Ah!

LONGIVET.

Tu refuses?

MONTLUCHON.

J'accepte! Ah! tu es mon sauveur... Alexandre!

LONGIVET, *ému.*

Auguste! *(Ils s'embrassent.)*

CLOSFERMÉ, *entre ses dents.*

Idiot!

SCÈNE IV

LES MÊMES, DE CHASAN.

DE CHASAN, *à lui-même.*

Je crois que j'ai été assez...

LONGIVET.

Le voilà!

MONTLUCHON.

Ah! ce cher ami! j'accepte vos conditions!

DE CHASAN.

J'en étais sûr! Mais si vous voulez voir les départs, nous n'avons que le temps. *(Longivet et de Chasan se disposent à monter sur la voiture.)*

MONTLUCHON.

Les départs!... Ah!

LONGIVET.

Voilà les chevaux placés!

MONTLUCHON.

Ah! donnez-moi quelque chose à boire. *(Longivet prend dans la voiture une bouteille et un verre.)*

CLOSFERMÉ, *donnant à boire à Montluchon.*

Joli divertissement! il va se trouver mal! *(Cris en dehors.)*

DE CHASAN, *lorgnant avec sa jumelle de course.*

Ils partent!

LONGIVET, *même jeu de lorgnette.*

Ils sont partis!

MONTLUCHON.

Ah! un siége! une banquette! *(Longivet prend dans la voiture une petite caisse.)*

CLOSFERMÉ, *faisant asseoir Montluchon.*

Ma foi ! si ton cheval n'a pas plus de jambes que toi...

MONTLUCHON, *s'asseyant, puis se relevant brusquement, en rejetant la caisse d'un coup de pied.*

Non ! *(A Longivet et à de Chasan.)* Eh bien ?... Eh bien ?...

DE CHASAN.

Superbe !

LONGIVET.

Splendide !

MONTLUCHON.

Quoi ?

LONGIVET.

Ils ne forment qu'un peloton !

MONTLUCHON.

Mais Rantamplan ?

DE CHASAN.

Trapp !

LONGIVET.

La casaque rose.

MONTLUCHON.

Eh bien !

LONGIVET.

Je ne le vois pas.

MONTLUCHON.

Ah ! *(Il cherche à s'asseoir et ne trouve plus la caisse.)*

CLOSFERMÉ, *la lui donnant.*

Tu n'as pas encore les nerfs assez anglais !

LONGIVET, *poussant un cri.*

Ah !

MONTLUCHON, *se levant brusquement.*

Quoi ?

LONGIVET.

Yvanhoë prend la tête !

MONTLUCHON.

Le cheval de Follmouth ?...

DE CHASAN.

Oui... La casaque jaune.

MONTLUCHON, *se laissant tomber de nouveau sur son siége.*

Ah! à boire!

CLOSFERMÉ, *lui donnant à boire.*

Tiens! *(Cris au dehors.)*

MONTLUCHON, *se relevant et courant à la voiture.*

Qu'est-ce que c'est?

DE CHASAN.

Ils passent devant les tribunes.

MONTLUCHON, *allant se rasseoir.*

Ah!

LONGIVET.

Cette fois!...

MONTLUCHON.

Hein?

LONGIVET.

J'aperçois la casaque rose!

DE CHASAN.

Trapp!

MONTLUCHON.

Rantamplan! Eh bien?

LONGIVET.

Les autres sont distancés.

MONTLUCHON, *s'élançant.*

Tu en es sûr?

DE CHASAN.

Parbleu! avec Trapp!

MONTLUCHON, *à de Chasan.*

Et Rantamplan! s'il vous plaît! Rantamplan! *(Cris en dehors.)*

LONGIVET.

Les voilà qui reviennent!

MONTLUCHON.

Oh!

LONGIVET.

Saprebleu! quel train!

MONTLUCHON.

Et Rantamplan ?

LONGIVET.

Ah ! je le vois toujours !

MONTLUCHON.

Encore premier ?

LONGIVET.

Hé !...

MONTLUCHON.

Quoi ?

LONGIVET.

Non.

MONTLUCHON, *haletant*.

Regarde ! regarde !

LONGIVET.

Si... si...

MONTLUCHON.

Ah !

LONGIVET.

Mais Yvanhoë le rejoint.

MONTLUCHON.

Il le rejoint !

DE CHASAN.

Entendez-vous les coups de cravache !

LONGIVET.

Ils tapent ! ils tapent !

CLOSFERMÉ.

Joli moyen d'améliorer les chevaux !

DE CHASAN.

Les voilà ! les voilà ! *(Cris redoublés en dehors.)*

LONGIVET.

Quelles foulées !

DE CHASAN.

C'est Trapp ! bravo Trapp ! bravo !

LONGIVET.

Mais ce n'est pas lui ! c'est la casaque jaune !

DE CHASAN.

C'est la casaque rose !

LONGIVET.

C'est Yvanhoë !

DE CHASAN.

C'est Rantamplan !

LONGIVET.

Yvanhoë !

DE CHASAN.

Rantamplan !

LONGIVET.

Non !

DE CHASAN.

Si !

LONGIVET.

Erreur !

CRIS *en dehors.*

Rantamplan ! Yvanhoë !

MONTLUCHON.

Enfoncé !!! *(Il tombe sur la caisse dont le fond cède sous le poids et se brise.)*

SCÈNE V.

Les mêmes, FOLLMOUTH.

FOLLMOUTH.

Aôh ! c'était very attractive !

DE CHASAN ET LONGIVET.

Follmouth !

FOLLMOUTH.

Nous étions victorious !

LONGIVET.

J'en étais sûr !

DE CHASAN.

Ainsi, Trapp ?...

FOLLMOUTH.

Il était aussi victorious !

TOUS.

Comment !

FOLLMOUTH.

Il y avait dead head !

TOUS.

Dead head!

FOLLMOUTH.

Yvanhoë et Rantamplan étaient arrivés nez à nez!

TOUS.

Nez à nez!

MONTLUCHON.

Nom d'une étrille, c'est à recommencer!

CLOSFERMÉ.

Quel dommage que Rantamplan n'ait pas le nez plus long!

MONTLUCHON, *à Longivet et à de Chasan.*

Venez! Venez! *(Ils sortent.)*

SCÈNE VI

FOLLMOUTH, DE CHASAN.

FOLLMOUTH.

Il faut que je parle à vô!

DE CHASAN.

À moi!

FOLLMOUTH.

Volez-vô gagner deux cent mille francs!

DE CHASAN.

Deux cent mille francs!

FOLLMOUTH.

Alors... *(Faisant un mouvement pour l'emmener.)* Je expliquerai à vô!

SCÈNE VII

Les mêmes, BOISFLORY.

BOISFLORY, *à lui-même.*

C'est clair! tout le monde sait mon aventure avec cette folle... si je pouvais filer avec ma voiture! *(Dans sa préoccupation, il se heurte contre Follmouth qui ne le voyait pas davantage.)*

FOLLMOUTH, *poussant un cri.*

Aòh ! Mister Boisflory !

BOISFLORY, *à lui-même.*

Follmouth !

FOLLMOUTH.

Enchanté de rencontrer vô !

BOISFLORY.

Moi aussi... certainement... *(A part.)* Que le diable l'emporte !

FOLLMOUTH.

Trop bon en vérité ! Vous avez perdu le petite pari !

BOISFLORY.

Oui, le petit pari ! *(A part.)* Gredin d'Anglais !

FOLLMOUTH.

Vous étiez un parfait gentleman ! Vous aviez parié for Mexico !

BOISFLORY.

Je crois qu'oui ! *(A part.)* Gredin de cheval !

FOLLMOUTH.

Vous deviez à môa five hundred pounds !

BOISFLORY.

C'est douze mille francs, n'est-ce pas ?

DE CHASAN.

Non ! douze mille cinq cents !

BOISFLORY.

C'est juste ! douze mille cinq cents ! *(A part.)* De quoi se mêle-t-il ce de Chasan ! *(Haut, tirant son portefeuille et écrivant quelques mots.)* Voici !

FOLLMOUTH.

Merci à vô !

BOISFLORY.

Trop heureux de m'acquitter. *(A part.)* Que le diable le fasse se rompre le cou !

FOLLMOUTH, *à Boisflory.*

Very gracious ! *(A de Chasan.)* J'attendais vôs !

SCÈNE VIII

BOISFLORY, puis un MARCHAND DE FEU.

BOISFLORY, *les regardant sortir.*

Imbécile ! crétin ! idiot ! Douze mille cinq cents francs ! Pas de chance ! *(Regardant au dehors.)* Oh ! la Tapin !

LE MARCHAND.

Du feu ! qui veut du feu ! Monsieur veut-il ?

BOISFLORY.

Laisse moi tranquille ! *(A lui-même.)* Je reconnais sa robe !... Cette vieille est endiablée après moi ! *(Il se sauve.)*

SCÈNE IX

LE MARCHAND DE FEU, puis AURORA.

LE MARCHAND.

Une vieille ! où ça ! Il n'y voit pas clair le petit crevé !

AURORA, *en dehors, entrant en se retournant vers l'extérieur.*

James ! cherchez bien partout. Oh ! si votre portrait était perdu, je ne m'en consolerais de ma vie ! Ce sont de ces souvenirs !... *(A elle-même.)* Je crois bien, avec des perles comme celles-là, il vaut au moins de huit mille trois cents à neuf mille sept cents francs.

LE MARCHAND.

Madame a perdu quelque chose ?

AURORA.

Oui, un médaillon entouré de perles, valant de huit mille trois cents à neuf mille sept cents francs !

LE MARCHAND.

Fichtre ! c'est conséquent !

AURORA.

Si vous le retrouvez, ce monsieur qui était avec moi vous donnera une bonne récompense. Voici mon adresse !

SCÈNE X

Les mêmes, FOLLMOUTH, tenant le médaillon.

FOLLMOUTH.

Aôh ! c'est particular ! le médaillon de mon paôvre mère avec dedans le tête de mon fil !

AURORA, *apercevant Follmouth.*

Il l'a trouvé !.... Vous l'avez trouvé ?

LE MARCHAND, *sortant.*

Ah bah ! il me vole, le milord ! Filou va !

FOLLMOUTH.

Que disiez-vous à môa ?

AURORA.

Que j'avais perdu ce bijou et que fort heureusement vous l'aviez retrouvé.

FOLLMOUTH.

Vous aviez perdu cet..... ?

AURORA.

Oui, il n'y a qu'un instant !

FOLLMOUTH.

C'était pas possible !

AURORA.

Comment ? pas possible !

FOLLMOUTH.

No !

AURORA.

Comment ? No ! Puisque je vous le dis !

FOLLMOUTH.

Vous disiez pas vrai !

AURORA.

C'est-à-dire, vous oseriez prétendre...

FOLLMOUTH.

Qu'il n'était pas à vô... Yes !

AURORA.

Pas à moi ?

FOLLMOUTH.

No !

AURORA.

Pas à moi ?

FOLLMOUTH.

C'était le médaillon de mon paovre mère !

AURORA.

Le médaillon de ma mère !

FOLLMOUTH.

Yes !

AURORA.

Est-ce que vous me prenez pour un drame de l'Ambigu ?

FOLLMOUTH.

Ambigu ! Je disais pas le nom que vous méritiez !

AURORA.

Plaît-il ? Ainsi, vous ne voulez pas me le rendre ?

FOLLMOUTH.

Vous persistez à demander cet..... ?

AURORA.

Je vais faire appeler un commissaire !

FOLLMOUTH.

Je cherchais un constable !

AURORA, *qui regarde en dehors.*

James ! Venez, mon cher ! Venez vite !

SCÈNE XI

Les mêmes, JAMES

JAMES, *à Aurora.*

Vous m'appelez ? *(Apercevant son père.)* Oh !

FOLLMOUTH, *à lui-même.*

James !

JAMES, *à part.*

Papa !

AURORA, *à James, désignant Follmouth.*

Cet homme ne veut pas me rendre mon médaillon !

FOLLMOUTH, *à James.*

Cette femme prétendait que ce médaillon était à elle !

AURORA.

Dites-lui qu'il est un voleur !

FOLLMOUTH.

C'était ioun... *(Cherchant.)* rober ! Traduisez à elle !

AURORA, *à elle-même.*

Rober ! *(A James.)* Reprenez-lui mon médaillon puisque c'est vous qui me l'avez donné !

FOLLMOUTH, *à James.*

C'était vous qui aviez donné cet...?

JAMES.

C'est-à-dire...

AURORA.

Mais parlez donc !

FOLLMOUTH.

Le médaillon de votre grand'mère !

AURORA.

Une grand'mère à présent !

JAMES.

Papa, je.....

AURORA.

Papa ! C'est votre père ?

JAMES.

C'est-à-dire ..

AURORA.

Vous avez un père... vous êtes un sot, mon cher ! *(Elle sort.)*

SCÈNE XII

FOLLMOUTH, JAMES, puis Mme TAPIN.

JAMES.

Ecoutez...

FOLLMOUTH.

Je povais pas traduire à vô ma dissatisfaction !

Mme TAPIN, *parlant du côté par lequel elle est entrée.*

Vous êtes des faquins ! des manants !

FOLLMOUTH.

Qu'est-ce que c'est ?

Mme TAPIN.

Pouvez-vous croire... Non !... Je veux traverser la piste, je descends des tribunes... j'essaie de percer la foule... *(S'interrompant.)* Et on ne la chasse pas du turf ! *(Continuant.)* Un butor marche sur ma robe... elle se déchire... *(S'interrompant de nouveau.)* Voyons ! je vous le demande, à quoi donc sert la police ! *(Reprenant.)* Je me plains... je crie... je traite ce maladroit d'imbécile... Pouvez-vous croire... Non !...

FOLLMOUTH, JAMES, *en même temps.*

Eh bien ?

Mme TAPIN.

Il ne se retourne même pas !

FOLLMOUTH, JAMES.

Ah !

Mme TAPIN.

Et les badauds au lieu de me saisir ce drôle, ce paltoquet, ce maraud, se mettent à rire... J'entends même une voix, en parlant de moi, dire... oui, en parlant de moi : c'est une ancienne... ah ! fi, l'horreur ! le nom d'un oiseau... d'un oiseau qui ressemble aux cigognes...

FOLLMOUTH.

Cigogne !... Je comprenais pas !

SCÈNE XIII

Les mêmes, de CHASAN.

DE CHASAN, *à lui-même.*

C'est fait ! *(Se souriant à lui-même et se frottant les mains.)* Ah !

FOLLMOUTH.

James ! traduisez à moi cigogne !

LES CENTAURES DE PARIS

Mme TAPIN, *vivement.*

C'est inutile ! protégez-moi plutôt, reconduisez-moi à ma voiture.

FOLLMOUTH.

James !

JAMES.

Papa !

FOLLMOUTH.

Prêtez-vous à Madame !

JAMES.

Moi ?

FOLLMOUTH.

Allez !

JAMES, *à lui-même.*

Par exemple !... une femme qu'on a appelée... ça manque de chic ! *(Il sort avec Mme Tapin qui lui a pris le bras.)*

SCÈNE XIV

DE CHASAN, FOLLMOUTH.

FOLLMOUTH, *apercevant de Chasan.*

Aôh ! vous ! Eh bien ?

DE CHASAN.

C'est fait !

FOLLMOUTH.

Hurrah ! l'Angleterre était ioun grande nation !

DE CHASAN.

Et maintenant au revoir ! Je retourne à Paris rondement !

FOLLMOUTH.

Comme voulez-vous. *(Sortant.)* Oh ! l'Angleterre était ioun grande nation !

SCÈNE XV

DE CHASAN, seul.

DE CHASAN.

Dépêchons-nous ! Oui, pas un instant à perdre ! *(Il fait un mouvement pour sortir, puis s'arrête et revient.)*

Hein ! il faut convenir que je suis prodigieusement fin !
Après la saisie, cette petite Ermine ne pouvait plus
me convenir... elle aurait voulu payer les dettes de
son père... Elles sont si bêtes ces jeunes filles ! Mais
avec ce Gaston... un enragé sauveteur celui-là !... je
perdais tout le bénéfice de mon petit travail... Montluchon n'avait plus besoin de moi et je restais là avec
mon jockey sur les bras et la perspective d'un coup
d'épée dans le ventre ! C'est une abominable institution
que le duel ! Et puis s'exposer à toutes les chances
d'un affreux massacre sans profiter de la vengeance
que j'avais entre les mains, c'eût été absurde ! J'ai envoyé un petit avertissement à Montluchon. Et sur le
terrain, une fois l'affaire terminée, j'ai eu la générosité de prévenir de Villiers. Seulement il n'était plus
temps de rattraper la missive et j'ai gardé tout le bénéfice de ma générosité. Ah ! ah ! *(Il se frotte les mains.)* Sans compter que tout à l'heure...

SCÈNE XVI

Les mêmes, ERMINE, Mme DE MONTLUCHON.

Mme DE MONTLUCHON.

Ah ! Monsieur de Chasan, nous vous cherchions.

DE CHASAN.

Madame !... *(A part.)* Aïe ! j'ai trop tardé !

Mme DE MONTLUCHON.

Comment appelez-vous ce que vous avez fait ?

ERMINE.

C'est affreux, savez-vous ?

DE CHASAN.

Pardon, je ne comprends pas !

Mme DE MONTLUCHON.

Vous avez indignement abusé d'une lettre que le hasard avait mise entre vos mains !

ERMINE.

Vous n'avez pas craint de briser le cœur d'une jeune fille !

Mme DE MONTLUCHON.

Vous n'avez pas hésité à déshonorer lâchement une femme qui n'a été qu'imprudente !

DE CHASAN.

Madame !... Mademoiselle !...

ERMINE.

Que vous avais-je fait ? Que vous avais fait M. de Villiers ?

Mme DE MONTLUCHON.

Quel était votre but ?

ERMINE.

Etait-ce le seul plaisir de nuire ?

DE CHASAN.

Mademoiselle !... Madame !... *(A part.)* J'ai trop tardé !

SCÈNE XVII

Les mêmes, CLOSFERMÉ, GASTON.

CLOSFERMÉ.

Voyons ! Gaston, calme-toi !

GASTON.

Laissez-moi !

DE CHASAN, *à part.*

De Villiers à présent ! Diable !

GASTON, *à de Chasan.*

Misérable !

DE CHASAN.

Monsieur de Villiers ! *(A part.)* Il est enragé !

GASTON.

Pendant que je vous faisais grâce, vous perdiez une femme !

DE CHASAN.

Permettez ! c'est moi qui vous ai dit !...

GASTON.

Parce que vous saviez qu'il n'était plus temps !

DE CHASAN, *à lui-même.*

J'ai beaucoup trop tardé !

GASTON.

Tenez, si je ne me contenais !...

CLOSFERMÉ.

Gaston !

DE CHASAN.

C'est ça ! tâchez de lui faire comprendre !

GASTON.

Mais cette fois, n'attendez de moi ni pitié, ni merci !

DE CHASAN.

Merci ! *(A part.)* Je préviendrai les gendarmes !

SCÈNE XVIII
Les mêmes, MONTLUCHON, LONGIVET.

MONTLUCHON.

Où est-il ? Où est votre Trapp ?

DE CHASAN, *à lui-même.*

Je suis dans une ratière !

MONTLUCHON.

Où est-il ? Où est-il ?

DE CHASAN.

Je... je ne sais pas !

GASTON, *se retournant.*

Son jockey ?... il l'a fait disparaître ?

TOUS.

Disparaître !

GASTON.

Il a vendu la victoire à Follmouth !

TOUS.

A Follmouth !

DE CHASAN.

Moi ?

GASTON.

Ne niez pas... vous avez parlé trop haut tout-à-l'heure !

LONGIVET, *à Montluchon.*

Je te l'avais bien dit!

CLOSFERMÉ, *à de Chasan.*

Malheureux!

LONGIVET, *de même.*

Coquin!

MONTLUCHON, *de même.*

Scélérat! *(Ils entourent de Chasan et le menacent.)*

DE CHASAN.

Messieurs! Messieurs! je crois que vous m'insultez!

SCÈNE XIX

Les mêmes, FOLLMOUTH.

FOLLMOUTH.

Mister Montluchon! Mister Montluchon!

TOUS.

Qu'y a-t-il?

FOLLMOUTH.

Le cheval de môa!

MONTLUCHON.

Eh bien?

FOLLMOUTH.

Yvanhoë!

MONTLUCHON.

Eh bien?

FOLLMOUTH.

Je povais traduire mon affectation dolourus!

TOUS.

Comment!

FOLLMOUTH, *ému.*

Ah!

DE CHASAN, *à lui-même, inquiet.*

Qu'est-ce que cela signifie?

FOLLMOUTH.

Il povait plus... il povait plus tenir sur ses jambes!

MONTLUCHON.

Eh bien! alors?

FOLLMOUTH.

Alors, je préférais payer à vô le petit pari que de crever Yvanhoë!

MONTLUCHON, *comme fou de joie.*

Ah! sauvé! sauvé!

DE CHASAN, *à lui-même.*

Je perds tout! sacrebleu! J'ai été trop fin! *(Il disparaît sans être vu des autres acteurs.)*

SCÈNE XX

Les mêmes, moins DE CHASAN.

GASTON, *à Montluchon.*

Maintenant, refuserez-vous de m'entendre?

ERMINE.

Oui, parlez à papa!

MONTLUCHON, *étonné, à lui-même.*

Comment! c'est Ermine qui..... *(Haut.)* Monsieur de Villiers.....

GASTON.

Il est vrai que des lettres ont été échangées entre Madame et moi avant son mariage.....

MONTLUCHON.

Ah! eh bien?

GASTON.

Mais ces lettres ne contiennent rien qui ne puisse être avoué.

Mme DE MONTLUCHON, *à son mari.*

Les voici! lisez!

MONTLUCHON, *à Longivet.*

Qu'est-ce que tu me chantais, toi?

LONGIVET.

Moi, je ne t'ai rien dit!

MONTLUCHON.

Oh!

LONGIVET.

C'est de Chasan qui.....

MONTLUCHON.

De Chasan! Au fait..... *(Il se retourne comme pour s'élancer sur de Chasan, et s'aperçoit seulement alors qu'il n'est plus là.)* Eh bien? où est-il? *(Tous se retournent étonnés).*

GASTON.

Il a fui!

CLOSFERMÉ.

Tu vois qu'il n'a pas osé soutenir ses calomnies.

MONTLUCHON.

Certainement, mais.....

M${}^{\text{me}}$ DE MONTLUCHON, *à son mari.*

Lisez, mon ami, lisez!

MONTLUCHON.

Non! je te crois. *(Aux autres.)* Je vous crois. Aussi, c'est cet imbécile de Longivet.....

LONGIVET.

Imbécile! Dévouez-vous donc aux gens!

MONTLUCHON.

Oui! Tu ne m'as jamais fait faire que des sottises!

LONGIVET.

Sois tranquille! Je n'obligerai pas plus longtemps un ingrat. Adieu! *(Il sort.)*

CLOSFERMÉ.

Bon voyage!

FOLLMOUTH, *qui a tiré son portefeuille et a écrit quelques mots, offrant à Montluchon le papier écrit et des billets de banque.*

Voici le prix de notre petit pari!

MONTLUCHON.

Merci! *(Se tournant vers Gaston et faisant passer sa fille près de ce dernier.)* Et voici celui de votre dévouement! *(A lui-même).* Pourvu que Rantamplan ne soit pas malade!

(La toile baisse).

LE CLINQUANT

COMÉDIE EN QUATRE ACTES

PERSONNAGES :

PLANCHON.
LECORBOT.
JÉROME, frère de Planchon.
Le comte DE LAMOTHE-RENARD.
LUDOVIC, fils de Planchon.
Un NOTAIRE.
JEAN, domestique.

Mᵐᵉ PLANCHON, seconde femme de Planchon.
LÉOPOLDINE, fille de M. et Mᵐᵉ Planchon.
ÉMILIE, fille de Lecorbot.
CATHERINE, cousine de Lecorbot.
JULIE, femme de chambre.

Domestiques, joueurs, invités.

ACTE PREMIER

SCÈNE PREMIÈRE

JEAN, puis JULIE.

(Au lever du rideau Jean, le plumeau sous le bras, regarde dans un stéréoscope ; on entend sonner à la grille.)

JEAN, *sans se déranger.*

Dirait qu'on sonne ! *(On entend sonner de nouveau.)*

JULIE, *entrant ; toilette de femme de chambre très élégante ; elle est prête à sortir et porte plusieurs paquets.*

On sonne, que faites-vous là, monsieur Jean. ?

JEAN.

Je regarde la photographie de Nilson !

JULIE.

Montrez ! J'aime mieux Thérésa ! *(Elle regarde à son tour dans le stéréoscope.)*

JEAN.

Oh ! je suis pour l'idéal, moi !

JULIE.

Allez donc ouvrir avec votre idéal !

JEAN.

Eh bien ! et vous, mademoiselle Julie ?

JULIE.

Moi, je pars.

JEAN.

Eh bien ! en partant...

JULIE, *avec dignité.*

Je ne fais plus partie de la maison.

JEAN.

On vous chasse ?

JULIE.

Oh !... j'ai donné mon congé à Madame.

JEAN.

Pourquoi?

JULIE.

Mlle Léopoldine avait été avec moi d'une impertinence!...

JEAN.

Voyez-vous ça!

JULIE.

M'appeler fichue maladroite.

JEAN.

Credié!

JULIE.

Parce qu'en lui mettant son chignon une épingle a traversé un petit peu.

JEAN.

On élève si mal les jeunes personnes dans les pensionnats, maintenant!

JULIE.

C'est vrai ça! *(A part.)* C'est égal, je me suis vengée!

JEAN.

Vous dites?

JULIE.

Je dis, si vous m'en croyez, vous ferez comme la cuisinière hier, comme moi aujourd'hui, vous lâcherez la baraque de Planchon.

JEAN.

Mais... *(On entend sonner.)*

JULIE.

Ça sent la débâcle par ici. *(Jean, qui a fait un mouvement pour aller ouvrir, se rapproche de Julie.)*

JEAN.

Oh!

JULIE.

Madame et Mademoiselle mettent tout l'argent de la maison sur leur dos.

JEAN.

On le voit bien à la bosse qu'elles ont par là. *(Il désigne du geste la protubérance que les femmes portent actuellement sur les reins.)*

JULIE.

Bêta !

JEAN.

Moins que Monsieur, toujours...

JULIE.

Ah ! ah ! M. Planchon.

JEAN.

Sa femme le mène... elle le mène...

JULIE.

Comme un domestique.

JEAN.

Par exemple si Madame s'était jamais permis envers moi...

JULIE.

Enfin il fait tout et il n'est rien.

JEAN.

M. Ludovic non plus n'est rien dans la maison.

JULIE.

Parce qu'il est seulement le fils à Monsieur.

JEAN.

Tandis que Mlle Léopoldine est la fille à Monsieur et à Madame.

JULIE.

Voilà ce que c'est quand un père se remarie.

JEAN.

Bah ! M. Ludovic apprend la cavalerie à Saumur, il ne doit pas s'y ennuyer. *(On entend encore sonner à la grille.)*

PLANCHON, *de sa chambre, appelant.*

Jean ! Jean !

JULIE.

Oh ! voilà Monsieur qui appelle !

SCÈNE II

LES MÊMES, PLANCHON.

(Il est en train de passer sa robe de chambre.)

PLANCHON.

Jean ! Jean ! Ah ça ! êtes-vous sourd ?

JEAN, *qui tout en ayant l'air d'épousseter sur la cheminée, se regarde dans la glace.*

Monsieur voit bien que je suis occupé !

PLANCHON.

Mais allez donc ! *(Il fait de violents efforts pour entrer dans sa robe de chambre.)*

JEAN, *allant pour sortir, à Julie, bas.*

Et ça se venge sur les pauvres domestiques !

JULIE, *bas, à Jean qui sort.*

Voilà une occasion de lâcher !

PLANCHON, *à Julie.*

Mais vous aussi, mademoiselle... que faites-vous là ?

JULIE, *reprenant ses paquets.*

J'étais en train de dire à M. Jean que je m'en allais.

PLANCHON.

Oh ! *(Entre ses dents.)* Bientôt il faudra leur donner des laquais aux domestiques !

JEAN, *rentrant, bas, à Jules*

Décidément, je vais lâcher.

JULIE, *de même.*

Cassez quelque chose ! *(A Planchon, sortant.)* Je souhaite le bonjour à Monsieur ! *(Elle lui fait une révérence de grande cérémonie.)*

PLANCHON.

Bonjour mademoiselle ! *(A Jean.)* Eh bien ! qui sonnait ?

JEAN.

Monsieur... c'est des notes !

PLANCHON.

Des notes !

JEAN.

Oui, il y en a déjà comme ça... j'avais oublié de les remettre à Monsieur ! *(Remettant successivement les notes à Planchon.)* V'là le boucher !

PLANCHON.

Hein ! *(Il prend les notes avec colère.)* Bon !

JEAN, *même jeu.*

Le boulanger !

PLANCHON, *de même.*

Bon !

JEAN, *même jeu.*

L'épicier ?

PLANCHON, *de même.*

Bon !

JEAN, *avec volubilité, donnant une quantité innombrable de notes.*

Le charbonnier, le laitier, le pâtissier, le fruitier, le...

PLANCHON, *avec rage.*

Bon ! bon ! bon !

JEAN, *à part.*

Voilà le moment de lâcher !

PLANCHON, *à lui-même.*

Et c'est la troisième fois que je paie ces gens-là... à ma femme.

JEAN, *époussetant à grands coups de plumeau et faisant tomber un vase qui se brise.*

Crac ! faisons-nous donner du balai !

PLANCHON, *qui examinait les notes, se retournant vivement.*

Oh !

JEAN, *très calme et sans faire un mouvement pour ramasser les débris.*

Oh ! il n'est qu'en trois morceaux !

PLANCHON, *furieux.*

Animal ! double brute ! crétin !

JEAN, *très digne.*

Je crois que Monsieur me fait l'honneur de m'injurier.

PLANCHON.

Va-t'en ! je te chasse !

JEAN, *à lui-même.*

Ça y est !

PLANCHON.

As-tu entendu ?

JEAN.

Mon compte a été réglé avant-hier, le reste, c'est pour la casse.

PLANCHON.

C'est pour... Tiens ! va-t'en !

JEAN, *toujours calme.*

Je vais préparer ma malle. *(En sortant, il se heurte contre Jérôme Planchon qui arrive en tenue de voyage, très modeste et provinciale, mais sans ridicule. Couverture, petit sac, carton à chapeau, canne, parapluie.)*

JÉRÔME.

Oh !

JEAN.

Oh ! *(A lui-même.)* Quel est ce monsieur !

JÉRÔME.

Planchon !

PLANCHON.

Mon frère Jérôme !

JEAN.

Bah !... je vais faire ma malle !

SCÈNE III

PLANCHON, JÉROME.

PLANCHON, *allant à Jérôme.*

Ah ! je suis bien content de te voir.

JÉRÔME.

Et moi donc ! *(Il tend la main à son frère ; celui-ci préoccupé va prendre le tablier que Jean a déposé sur un fauteuil en sortant.)*

PLANCHON, *brandissant le tablier du côté où Jean est sorti.*

Animal ! animal ! triple animal !

JÉRÔME, *étonné.*

Hein ?

PLANCHON.

Les gredins de domestiques !

JÉRÔME, *comprenant.*

Ah! très bien! Il a travaillé pour le porcelainier!

PLANCHON.

C'est égal, je suis bien content!

JÉRÔME.

Ce brave Planchon! *(Il lui tend encore la main, Planchon va éponger l'eau répandue.)*

PLANCHON, *épongeant avec fureur.*

Je me suis retenu! Ah! si je ne m'étais pas retenu!

JÉRÔME.

Eh bien?

PLANCHON.

C'eût été terrible!

JÉRÔME.

Bah! toi qui étais si doux, autrefois!

PLANCHON.

Doux... doux... mais terrible!

JÉRÔME.

Ah! du moment que tu es terrible... Où pourrais-je déposer mes petits bibelots.

PLANCHON, *sans l'écouter.*

Un Sèvres tout neuf, un tapis vieux... non, c'est-à-dire.. enfin ça va bien!

JÉRÔME.

Très-bien, merci! Où pourrais-je...

PLANCHON.

Où tu voudras.

JÉRÔME.

Cela t'étonne de me voir à Paris, c'est que... *(Il va pour poser ses effets sur un guéridon.)*

PLANCHON, *vivement.*

Pas là... pas là... *(Jérôme s'arrête, étonné.)* C'est le guéridon de ma femme.

JÉRÔME.

Oh! *(Il va poser ses effets sur le piano.)*

PLANCHON.

Pas là... pas là... pas là!..... *(Jérôme reprend ses effets.)* C'est le piano de ma fille!

JÉRÔME.

Oh! oh! *(A lui-même.)* Je suis dans un temple. *(Il pose tout par terre.)*

PLANCHON, *qui a repris les notes qu'il avait posées, à lui-même.)*

C'est pourtant trop fort!

JÉRÔME.

Tu es peut-être étonné de me voir à Paris!

PLANCHON, *sans l'écouter.*

Trois fois, trois fois je les ai payées ; et les fournisseurs me les réclament.

JÉRÔME.

Quoi?

PLANCHON.

Les notes que voilà!

JÉRÔME.

Alors ce sont des escrocs.

PLANCHON.

Mais non.

JÉRÔME.

Comment ?

PLANCHON.

C'est ma femme!

JÉRÔME.

Oh!

PLANCHON.

C'est ma femme qui garde l'argent!

JÉRÔME.

Ah! ça, mais...

PLANCHON.

Dame! La première fois elle avait payé le tailleur de sa fille.

JÉRÔME.

Ah!

PLANCHON.

La seconde fois, les bottines de sa fille.

JÉRÔME.

Bien!

PLANCHON.

Et la troisième fois..

JÉRÔME.

Le culottier de...

PLANCHON.

Non, c'était la modiste.

JÉRÔME, *entre ses dents.*

Ça viendra !

PLANCHON.

Quoi ?

JÉRÔME.

Rien. Et que lui as-tu répondu à ta femme !

PLANCHON.

Moi ?

JÉRÔME.

Oui, toi qui es terrible !

PLANCHON.

Puisque c'était pour sa fille...

JÉRÔME, *fredonnant le refrain d'une chanson de Thérésa.*

C'est pour l'enfant !

PLANCHON.

Ma femme me répond toujours...

JÉRÔME.

Et toi tu ne réponds rien.

PLANCHON.

Hein !

JÉRÔME.

Va ! va !

PLANCHON.

Si vous voulez marier votre fille richement, il ne faut pas que nous ayons l'air de gredins.

JÉRÔME.

Ah voilà !

PLANCHON.

Voilà quoi ?

JÉRÔME.

Vous ne voulez pas avoir l'air de gredins qui s'enrichissent.

PLANCHON.

Non.

JÉRÔME.

Vous préférez jouer aux seigneurs qui se ruinent !

PLANCHON.

Ah ça ? mais...

JÉRÔME.

Elle n'a pas changé ta femme !

PLANCHON.

Non... non... c'est-à-dire si... mais pas de caractère !

JÉRÔME.

Tant pis !

PLANCHON.

Que veux-tu ? Elle avait des manières... une distinction... je voulais une femme du monde.

JÉRÔME, *avec emphase*.

Ah ! oui, c'était une de Bar.

PLANCHON, *sérieusement*.

De Montgris.

JÉRÔME.

C'est ça ! *(Pompeusement.)* Une de Bar de Montgris !

PLANCHON.

Et quel port elle avait ! Hein !

JÉRÔME.

Eh bien ! voilà, tu le paies maintenant le port !

PLANCHON.

Oui. Ah ! si c'était à refaire.

JÉRÔME.

Mon pauvre Planchon ! Mais cela t'étonne de me voir à Paris, c'est... *(Pendant la fin de la scène, Planchon est allé et venu, a ramassé les débris du vase, les a jetés dehors et a achevé de remettre tout en place. On entend sonner dans la chambre de Mme Planchon.)*

PLANCHON.

C'est ma femme ! Cette fois tu vas voir !

SCÈNE IV

Les mêmes, Mme PLANCHON.

Mme PLANCHON.

Il n'y a donc personne ici, c'est inouï !

PLANCHON, *frappant d'une main sur les notes qu'il tient de l'autre ; cherchant à prendre un ton digne et ferme.*

Veuillez m'expliquer comment il se peut que ces notes.....

Mme PLANCHON, *sans l'écouter.*

Pas de femme de chambre ! vous ne m'avez pas procuré de femme de chambre !

PLANCHON.

Je ne savais pas que tu eusses renvoyé...

Mme PLANCHON.

Ce n'est pas lady Kissington qui se passerait de femme de chambre !

JÉRÔME, *bas à Planchon.*

Lady Kis...

PLANCHON.

Sington. Une amie intime de ma femme..... depuis trois mois ! *(A sa femme.)* Mais puisque...

Mme PLANCHON, *à son mari.*

A quoi songez-vous ? *(On entend sonner dans la chambre de Léopoldine.)*

PLANCHON.

On vient de renvoyer ces notes et...

Mme PLANCHON, *sans l'écouter.*

Vous entendez... Voilà Léopoldine empêchée de s'habiller. *(Criant du côté de la chambre de sa fille.)* Je suis à toi, mon enfant ! *(Elle va pour entrer.)*

PLANCHON.

Voici des notes que...

Mme PLANCHON, *revenant.*

Et ce salon, pourquoi n'est-il pas fait ?

PLANCHON.

C'est que Jean...

Mme PLANCHON.

Je suis sûre que les peintres n'ont pas fini dans la salle à manger !

PLANCHON.

Les vernis...

Mme PLANCHON.

Au moins avez-vous envoyé chez l'accordeur..... l'accordeur de lady Kissington ?

PLANCHON.

Jean...

Mme PLANCHON.

Ma fille attend un chapeau de chez Mme Esther. Que Jean y aille sur-le-champ !

PLANCHON.

Mais...

Mme PLANCHON.

Quoi ? Ah ! Qu'il passe chez Gagelin, on lui remettra un carton d'étoffes... c'est lady Kissington qui les a choisies !

JÉRÔME, *à part.*

Elle va bien !

Mme PLANCHON, *allant pour entrer dans la chambre de sa fille.*

Je suis à toi, mon enfant ! *(Revenant et prenant une boîte de cartes sur une console.)* Ah ! Qu'il reporte ces cartes chez l'imprimeur... je n'en veux pas !

PLANCHON.

Encore une fois, Jean...

Mme PLANCHON, *lisant sur les cartes.*

« Mme Planchon, née de Bar, de Montgris. »

JÉRÔME, *à part.*

J'attendais Bar et Montgris !

Mme PLANCHON.

Planchon en gros caractères !... Cet homme n'a pas le sens commun ! Planchon ! Planchon ! est-ce qu'on s'appelle Planchon ?

PLANCHON.

Par exemple, je...

Mme PLANCHON.

Planchon... en petites lettres! en toutes petites lettres! *(Parlant du côté de la chambre de sa fille.)* Je suis à toi, mon enfant!

PLANCHON.

Si tu voulais...

Mme PLANCHON, *revenant.*

Ah! Avez-vous revu ce monsieur qui est venu pour l'achat de la maison de campagne que nous habitons ici à St-James? Monsieur... Monsieur... un ancien fabricant de Champagne... un millionnaire... Enfin il a laissé sa carte.

PLANCHON.

Non, mais ces notes...

Mme PLANCHON.

Et puis! C'est ce soir réouverture des Italiens, M. de Lamothe-Renard doit venir nous prendre; ayez soin de nous procurer une loge, et commandez à dater d'aujourd'hui la voiture que nous louons au mois! *(Elle va pour entrer dans la chambre, puis elle revient.)* Une voiture comme celle de lady Kissington.

SCÈNE V

Les mêmes, LÉOPOLDINE.

LÉOPOLDINE.

Maman! je ne peux pas faire tenir mes épingles!

Mme PLANCHON, *avec reproche à son mari.*

Vous voyez, elle ne peut pas faire tenir ses épingles!... C'est votre faute!

LÉOPOLDINE, *apercevant Jérôme et saluant.*

Ah! Pardon, monsieur!

Mme PLANCHON, *se retournant et apercevant pour la première fois son beau-frère.*

Hein! quelqu'un!

JÉRÔME.

Vous ne me reconnaissez pas?

Mme PLANCHON, *bas à son mari.*

Quel est cet individu?

JÉRÔME.

Ma chère belle-sœur!

Mme PLANCHON.

Plaît-il? Ah! Je vous demande pardon, mais vous avez tellement vieilli!

JÉRÔME.

Oh!

LÉOPOLDINE.

Mon oncle! *(Bas à son père.)* Il est mal mis!

Mme PLANCHON, *de même à Planchon.*

Renvoyez-le au plus vite!

JÉRÔME.

Vous êtes étonnés sans doute de me voir à Paris, c'est un procès qui.....

Mme PLANCHON.

Non... non. Y êtes-vous pour longtemps?

JÉRÔME, *à lui-même.*

Cri du cœur! *(Haut.)* Le moins possible, j'espère!

Mme PLANCHON, *cachant mal sa satisfaction.*

Ah!

LÉOPOLDINE, *sans se déranger.*

Mon oncle! *(A sa mère qui lui arrange sa coiffure, bas.)* Il a encore des souliers lacés, ce monsieur!

Mme PLANCHON.

Mais appelez donc Jean!

PLANCHON.

Puisqu'il a quitté la maison!

Mme PLANCHON.

Et vous ne dites rien!

PLANCHON.

Il y a une heure.....

Mme PLANCHON.

Et pas de femme de chambre.

PLANCHON.

Mais puisque vous ne m'aviez rien dit !

Mme PLANCHON.

Alors que faites-vous ? A quoi vous occupez-vous ? A quoi songez-vous ?

PLANCHON.

Oh !

Mme PLANCHON.

Si M. de Lamothe-Renard allait venir.....

JÉRÔME, *bas à Planchon.*

Lamothe-Renard ?

PLANCHON, *bas à Jérôme.*

Le frère de lady Kissington.

JÉRÔME.

Ah !

PLANCHON, *à sa femme.*

A onze heures du matin !

Mme PLANCHON.

Il est si aimable !

PLANCHON.

Enfin vous voulez l'épouser !

Mme PLANCHON.

Nous... c'est-à-dire c'est le mari que je veux donner à ma fille... il lui convient.

LÉOPOLDINE.

Maman !...

Mme PLANCHON.

Par sa noblesse d'abord...... Ah ! il sent la race !

PLANCHON.

Il sent..... il sent !

Mme PLANCHON.

Certainement, la race.

LÉOPOLDINE.

Il date du quatorzième siècle !

Mme PLANCHON.

Oh ! il est né tout à fait !

JÉRÔME, *à part.*

Parbleu ! Si en quatre siècles il n'était pas encore terminé !.....

Mme PLANCHON.

Aussi quelle distinction !

LÉOPOLDINE.

Oh ! oui. Des gilets de Dusautoy.

Mme PLANCHON.

Des chapeaux de Pineau.

LÉOPOLDINE.

Des pantalons de Renard.

Mme PLANCHON.

Des chemises de Longueville.

LÉOPOLDINE.

Des bottines de Herber.

JÉRÔME, *à part.*

Oh ! Il me semble que je lis mon journal à la quatrième page !

Mme PLANCHON.

Mais allez donc, monsieur. Allez donc !

LÉOPOLDINE.

Ah ! oui, papa, va vite !

JÉRÔME, *bas à Planchon.*

Tu es terrible, c'est vrai !

PLANCHON, *à sa femme.*

Pas avant de savoir pourquoi ces notes...

Mme PLANCHON.

Ces notes..... Vous allez me parler de notes !... et le déjeuner n'est pas prêt.

PLANCHON.

Trois fois déjà je vous ai remis l'argent et...

Mme PLANCHON.

Comment ! tout ce bruit pour une misère !

PLANCHON.

Une misère... 13345 francs 25 centimes !

Mme PLANCHON.

Voudriez-vous que nous allassions toutes nues ma fille et moi.

PLANCHON.

Nues... nues...

Mme PLANCHON.

Nous en avons l'air... à côté de lady Kissington !

PLANCHON.

Permets...

Mme PLANCHON.

Au moins personne ne lui reproche rien à lady Kissington.

PLANCHON.

Parbleu !

Mme PLANCHON.

Elle a le bonheur d'être veuve !

JÉRÔME.

Voilà !

Mme PLANCHON.

Vous n'avez pas de cœur !

PLANCHON.

Ecoute !

Mme PLANCHON, *embrassant sa fille, et s'attendrissant.*

Ah ! ma pauvre enfant !

PLANCHON.

Lodoïska !

Mme PLANCHON.

Viens, ma fille ! *(Elle sort vivement suivie de sa fille.)*

SCÈNE VI

PLANCHON, JÉROME.

PLANCHON.

J'en étais sûr... ça finit toujours ainsi quand je leur fais des observations !

JÉRÔME, *se brossant.*

Trop terrible ! trop terrible !

PLANCHON.

Ah ! pourquoi ai-je voulu une femme du monde !

JÉRÔME.

Eh bien ! les voilà vos ménages de Paris... les voilà !

PLANCHON.

Comment !

JÉRÔME.

Comme ça. La femme est un vrai dragon. Démarche assurée, œil hardi, voix impérieuse. Rien n'y manque... pas même la crinière. Elle commande, gourmande et dépense. Dépense surtout. Pour brosseur elle a son mari, un petit vieux, domestique sans gages qui se tient timidement derrière sa poche qu'il a pour fonction de toujours remplir.

PLANCHON, *frottant les meubles.*

Moi ! un domestique !

JÉRÔME, *continuant.*

Car d'abord il s'agit de paraître. Paraître c'est être. Tel est l'axiôme parisien. Vous étalez une apparence de superflu... et vous vous privez du nécessaire. Vous ne vivez que pour les autres !

PLANCHON.

Mais...

JÉRÔME.

Non ?... Oui. La promenade quotidienne que vous faites au Bois... pour les autres !... La loge aux Italiens où vous vous amusez..... à bâiller..... pour les autres !... Le perdreau truffé que vous mangez sans appétit au restaurant... pour les autres !... La maison élégante et malcommode que vous achetez... pour les autres !... Et la femme que vous épousez avec un beau nom et un mauvais caractère... toujours pour les autres !

PLANCHON, *enlevant la poussière des meubles.*

Pour les autres... pour les autres... *(A part.)* Que dirait-on si l'on voyait ce salon avec cette poussière ?

JÉRÔME, *continuant..*

Aussi vos hôtels n'ont que des façades ! Vos maga-

-sins... des devantures ! et vos chemises... des plastrons ! Les bijoux sont en Ruolz ; l'argenterie... en Alfénide : les bronzes... en zinc ; les palissandres... en sapin ; *(montrant les tableaux de famille.)* les ancêtres... d'occasion, et les maris... de paille !

PLANCHON.

Ah ! ça...

JÉRÔME.

Inutile de t'enflammer ! *(Reprenant.)* Et puis un beau jour votre ménage parisien s'évanouit dans les bras des huissiers. Vous aviez cru nager dans le luxe et vous vous noyez dans le clinquant !

SCÈNE VII

Les mêmes, LUDOVIC, puis Mme PLANCHON.

LUDOVIC, *tenue d'élève de Saumur.*

Bonjour, mon père !

PLANCHON.

Ludovic !

LUDOVIC.

J'ai trouvé la grille ouverte. *(Apercevant Jérôme et saluant.)* Monsieur !

JÉRÔME.

Tu ne me reconnais donc pas !

LUDOVIC.

Ah ! mon cher oncle ! *(Il lui prend les deux mains.)*

JÉRÔME.

A la bonne heure !

PLANCHON.

Tu as donc obtenu un congé ?

LUDOVIC.

Parbleu !

PLANCHON.

Je ne t'attendais pas !

LUDOVIC.

Comment ?

PLANCHON.

Franchement, non. Je suis bien aise de te voir, mais je ne t'attendais pas!

LUDOVIC.

Et vous me dites de partir sur-le-champ!

PLANCHON.

Moi.

LUDOVIC.

Illico! J'ai par là le télégramme! *(Il tire son porte-feuille et cherche.)*

Mme PLANCHON, *qui était entrée pendant les dernières répliques, à part.*

J'avais oublié ma dépêche!

LUDOVIC, *lisant le télégramme.*

« Toi partir sur-le-champ, nous impatients.

« *Planchon.* »

PLANCHON.

Ah! ça!

LUDOVIC.

Moi partir sur-le-champ, mais vous pas impatient.

PLANCHON.

M'expliqueras-tu?...

LUDOVIC.

Si vous me l'expliquez, d'abord!

PLANCHON.

Ah! ça!

LUDOVIC, *apercevant Mme Planchon, à part.*

Ah! ma belle-mère! *(Il va à sa belle-mère et la salue, elle lui rend froidement son salut.)*

Mme PLANCHON, *à son mari.*

Mais oui, mon ami!

PLANCHON.

Oui, quoi?

Mme PLANCHON.

Vous avez oublié la dépêche!

LUDOVIC.

La... vous voyez bien!

PLANCHON.

Oh ! c'est trop fort !

Mme PLANCHON, *bas à son mari.*

Chut ! Venez ! j'ai à vous parler !

LUDOVIC.

Ah ! vous vous en souvenez maintenant !

PLANCHON.

Oui, il paraît...

LUDOVIC.

Alors-dites-moi pourquoi ?...

PLANCHON.

Je te le dirai... tout à l'heure. *(A part.)* Quand je le saurai !

LUDOVIC.

Eh bien !

PLANCHON.

Je reviens... il faut que je parle à ma femme.

SCÈNE VIII

JÉRÔME, LUDOVIC.

LUDOVIC.

Tiens ! il a l'air drôle, mon père !

JÉRÔME, *à part.*

Ce pauvre Planchon avait télégraphié sans le savoir.

LUDOVIC.

C'est égal, je mangerais bien quelque chose.

JÉRÔME.

Alors, je t'engage à faire le déjeûner !

LUDOVIC.

Comment !

JÉRÔME.

Tous les domestiques sont partis.

LUDOVIC.

Crr... *(Tirant son porte-cigare.)* Alors j'allume !

JÉRÔME.

Les fourneaux ?

LUDOVIC.

Non, un cigare !

JÉRÔME.

Dans le salon !

LUDOVIC.

Oh ! en ouvrant les fenêtres.

JÉRÔME.

Ah ! ca, tu te crois donc à Saumur et à l'écurie !

LUDOVIC, *allumant*.

Oh ! non... défendu de fumer à l'écurie !

JÉRÔME.

Ah ! bon. Voilà toujours un asile assuré pour les dames !

LUDOVIC.

Eh bien ! dans la cavalerie... On m'appelle Mlle Ludovic.

JÉRÔME.

Mademoiselle !

LUDOVIC.

C'est le grand de Guigne qui m'avait baptisé ainsi, parce qu'il prétendait que je fumais mal, que je ne jurais pas assez et que je ne buvais pas du tout.

JÉRÔME.

Bah !

LUDOVIC.

C'est comme ça !

JÉRÔME.

Il me semblait pourtant avoir entendu parler de certaine peccadille de jeu...

LUDOVIC, *embarrassé*.

Dame ! je... j'étais... Et puis, j'ai juré de ne plus toucher à une carte, parce que, une fois lancé, je serais capable de perdre jusqu'à mes... moustaches !

JÉRÔME.

Peste ! voilà une perte dont on se serait aperçu... au microscope !

LUDOVIC.

Quoi ?

JÉRÔME.

Rien ! *(Il va à son sac de nuit et y prend du chocolat.)*

LUDOVIC.

Il n'y a plus qu'à l'escrime où... là sans me vanter... je suis élève de Pons !... et puis à cheval aussi, j'ai une certaine assiette.

JÉRÔME, *sans comprendre.*

Comment une assiette ! *(A part.)* Voilà toujours du chocolat !

LUDOVIC, *s'expliquant.*

De l'aplomb..... de la solidité.

JÉRÔME.

Ah..... *(A part.)* Mais je voudrais de l'eau à présent !

LUDOVIC, *continuant.*

Aussi j'ai eu le premier prix au dernier carrousel.

JÉRÔME, *trouvant ce qu'il cherchait, à lui-même.*
Bon ! une carafe !

LUDOVIC, *avec naïveté, se méprenant.*

Une carafe ! Non. Une paire d'éperons d'argent.

JÉRÔME.

Oh !

LUDOVIC, *qui fait depuis un instant des efforts inouïs pour allumer son cigare.*

C'est là que j'ai fait une rencontre.....

JÉRÔME.

Laquelle ?

LUDOVIC.

La plus ravissante petite fille... avec une dame entre deux âges... une tante... une.....

JÉRÔME.

Une parente enfin !

LUDOVIC.

Probablement. Une figure éveillée et douce tout à la fois...

JÉRÔME.

La tante ?

LUDOVIC.

Oh!... La jeune fille. Mouvements souples et vifs, tournure modeste, œil malicieux et cependant naïf, la.....

JÉRÔME.

La... la... Une heureuse combinaison d'ange et de démon..... je vois ça.

LUDOVIC.

Mais.....

JÉRÔME.

L'idéal ! Eh bien !

LUDOVIC.

Elles allaient entrer. On les prie de montrer leurs cartes. Elles cherchent, se concertent à voix basse, balbutient, rougissent. Je vois leur embarras. Je m'avance. — Mesdames, si vous voulez bien permettre... *(Il fait le geste d'offrir son bras.)* — Monsieur *(d'un ton gracieux et avec une expression de figure aimable)* ce serait abuser de votre... *(A lui-même.)* Tonnerre de cigare ! *(Il fait de nouveaux efforts pour allumer.)*

JÉRÔME, *étonné*.

Comment !

LUDOVIC, *montrant le cigare*.

C'est le... mon... *(Reprenant le ton du dialogue.)* — Mesdames, je vous supplie... Et nous entrons et je les place. Et le grand de Guigne qui avait fait des embarras au contrôle, avait un nez... aussi long que lui... Parce que... *(Mordant son cigare et avec éclat.)* Il n'était pas coupé.

JÉRÔME.

Qui ?

LUDOVIC.

Le cigare, parbleu !

JÉRÔME.

Bon !

LUDOVIC.

Quant à de Guigne et à son nez, il s'explique...

JÉRÔME.

Tu m'expliqueras ce nez une autre fois. Comment cela a-t-il fini ?

LUDOVIC.

La joûte terminée, sans descendre de cheval, je vais pour rejoindre ces dames à la sortie. Je les aperçois, je m'approche, je m'apprête à descendre ; mais si précipitamment, que de l'éperon je touche Miss, ma jument, et juste au moment où la vieille dame passait derrière. J'entends un cri perçant, je me retourne, et...

JÉRÔME, *naïvement*.

Elle avait reçu un coup de pied ?

LUDOVIC.

Non... malheureusement.

JÉRÔME, *étonné*.

Malheureusement !

LUDOVIC.

Ce n'est pas cela qu'elle avait reçu.

JÉRÔME.

Alors quoi ?

LUDOVIC.

Sa robe avait été..... foudroyée du haut en bas !

JÉRÔME.

Ah !

LUDOVIC.

En me voyant, elle pousse un second cri, part furieuse... en entraînant la... sa nièce... sa.....

JÉRÔME.

Sa parente enfin.

LUDOVIC.

Et moi, je reste anéanti.

JÉRÔME.

Et puis c'est tout ?

LUDOVIC.

C'est tout !

JÉRÔME.

Et tu ne connais.....

LUDOVIC.

Ni leur nom, ni leur adresse, ni rien. C'est égal, je n'aurai pas d'autre femme qu'elle !

SCÈNE IX

Les mêmes, PLANCHON.

PLANCHON, *entrant et tenant d'une main une botte de femme et de l'autre un lacet, à lui-même.*
Elle aurait pourtant pu m'avertir ma femme !

JÉRÔME.
Que tiens-tu là ?

PLANCHON.
Léopoldine avait rompu le lacet de sa botte, alors...

JÉRÔME.
Tu le remets.

PLANCHON.
Voilà ! *(A son fils.)* Mon ami, j'ai à te parler sérieusement. *(A lui-même, ne pouvant venir à bout d'enfiler le lacet.)* Maudit lacet !

LUDOVIC.
J'écoute. *(Jérôme prend un journal.)*

PLANCHON.
Voici le moment de te dévoiler le motif pour lequel ta mère... *(Se reprenant vivement.)* Je t'ai rappelé au sein de ta famille.

LUDOVIC.
De quoi s'agit-il ?

PLANCHON.
De ce qui est toujours pour un père et une mère la préoccupation la plus solennelle, la... *(A part, tirant le lacet.)* Il n'entre pas !

LUDOVIC.
Hein ?

PLANCHON.
De ton établissement, en un mot !

LUDOVIC.
Comment !

PLANCHON.
Oui. Ta mère a... *(Se reprenant.)* Nous avons trouvé pour toi un parti inespéré.

LUDOVIC.

Mais....

PLANCHON.

Une femme encore jeune, charmante, distinguée, riche, et à laquelle tu as plu.

LUDOVIC.

Moi !

PLANCHON.

Toi. Ta mère lui a... nous lui avons... non je disais bien, ta mère lui a arraché son secret. *(Tirant le lacet avec triomphe.)* Le voilà !

LUDOVIC.

Quoi ?

PLANCHON.

C'est...

LUDOVIC, *à lui-même.*

Si c'était mon inconnue !

PLANCHON.

Ta mère la voit... nous la voyons beaucoup.

LUDOVIC.

Ah !

PLANCHON.

C'est lady Kissington !

LUDOVIC.

Lady.....

PLANCHON.

Kissington, une rude écuyère, hein !

LUDOVIC.

Oui. Mais je ne l'aime pas, moi.

PLANCHON.

Tu ne l'aimes pas... tu ne l'aimes... es-tu sûr... vous avez galopé plus de vingt fois ensemble !

JÉRÔME.

Ah ! si tu as galopé.

LUDOVIC, *à son père.*

Et puis j'en aime une autre !

JÉRÔME.

Ton inconnue ! Voyons, ce n'est pas sérieux l'inconnue !

PLANCHON.

Il aime! *(Enfilant son lacet.)* Quel travail!

LUDOVIC, *à Jérôme.*

C'est une intrigue de ma belle-mère!

PLANCHON.

Ecoute.....

LUDOVIC.

Non... Non.....

PLANCHON.

Pas d'entêtement! *(Cherchant ses mots.)* Car comme je te le disais tout-à-l'heure, il s'agit d'un événement qui... mais encore tu satisfais au désir de ta... de tes parents qui t'ont élevé... qui t'ont nourri... qui t'ont porté dans leur sein! *(Changeant de ton, à part.)* Le voilà noué à présent.

LUDOVIC.

Mon père!

PLANCHON, *à part.*

Maudit lacet!

LUDOVIC.

Et si c'était mon malheur que vous faisiez!

PLANCHON.

Ton malheur!

SCÈNE X

Les mêmes, Mme PLANCHON.

Mme PLANCHON.

Eh bien! Léopoldine attend.

PLANCHON.

Voilà... voilà! c'était noué!

Mme PLANCHON, *bas à son mari.*

Lui avez-vous annoncé son mariage?

PLANCHON, *de même.*

Il dit que ce serait son malheur!

Mme PLANCHON.

Tenez! vous n'êtes pas un père!

PLANCHON.

Lodoïska !

Mme PLANCHON.

Vous ne savez pas vous faire obéir.

PLANCHON.

Par exemple !

JÉRÔME, *qui lit les journaux, entre ses dents.*

Au moins s'il commandait à déjeûner !

PLANCHON, *sévèrement.*

Ludovic !

LUDOVIC.

Eh bien !

PLANCHON.

Les désirs d'un père doivent être des ordres pour un fils ! *(A sa femme.)* Voici la bottine !

Mme PLANCHON, *prenant la bottine.*

Merci !

PLANCHON, *timidement.*

Ecoute aussi, s'il aime quelqu'un !

Mme PLANCHON.

Ah ! quel homme !

JÉRÔME, *entre ses dents.*

Il n'est pas !

LUDOVIC.

Mais lorsque les désirs d'un père ne lui appartiennent pas !

Mme PLANCHON.

Entendez-vous ? il vous insulte !

PLANCHON.

Moi !

Mme PLANCHON.

Vous êtes stupide !

PLANCHON.

Oh ! Tu m'insultes, Ludovic !

JÉRÔME, *à part.*

Bon !

LUDOVIC.

Vous ne devriez pas sacrifier votre fils à des intrigues !

Mme PLANCHON.

Ah ! vous ne savez pas faire respecter votre femme !

PLANCHON.

Ludovic !

Mme PLANCHON.

Une de Bar ! Ah ! je suis bien malheureuse ! Ah ! *(Changeant de ton.)* Vous pouvez lui retirer sa pension !

PLANCHON.

Lodoïska !

LUDOVIC.

Il ne vous reste plus qu'à me chasser de chez vous !

PLANCHON.

Lodoïska ! Ludovic !

SCÈNE XI

Les mêmes, LÉOPOLDINE.

LÉOPOLDINE.

Maman... c'est une lettre !

Mme PLANCHON, *courant à Léopoldine et la prenant dans ses bras.*

Ah ! mon enfant, nous sommes bien malheureuses ! Où est cette lettre ?

LÉOPOLDINE, *elle lui donne la lettre.*

Voilà !

Mme PLANCHON, *lisant.*

« Ma chère madame ! » *(Parlé.)* Oh !

LÉOPOLDINE, *qui lisait par dessus l'épaule de sa mère.*

Chère ! C. H. A. I. chai R. E re !

Mme PLANCHON, *lisant.*

« Vous comptiez sur les beaux yeux de votre demoiselle qu'elle se fait tous les matins... »

LÉOPOLDINE.

Ah ! c'est affreux !

Mme PLANCHON.

« Pour retenir ce vieux fané de Lamothe-Renard ; je vous préviens qu'il la lâche pour une autre qui n'est pas dans la pane. Fané et pané ça rimait trop comme ça.

» Je vous salue en amie qui vous est chair. »

Mme PLANCHON.

Ah! maman!

Mme PLANCHON.

Ah! ma fille!

JÉRÔME, *ramassant la lettre.*

Chère! C. H. A. I. R!

LUDOVIC, *à lui-même.*

Eh bien! Je ne suis pas fâché de ça, moi!

LÉOPOLDINE, *à part.*

Après que... Ah! c'est indigne!

Mme PLANCHON.

Mon enfant! *(A son mari.)* Vous êtes un monstre! C'est votre faute!

PLANCHON, *étonné.*

A moi!

LUDOVIC, *à part, montrant sa belle-mère.*

Si ça pouvait la brouiller aussi avec milady! *(On entend sonner.)*

Mme PLANCHON, *à part.*

Si c'était le millionnaire!... Il regardait Léopoldine!

PLANCHON.

C'est M. de Lamothe-Renard.

TOUS.

Oh!

LÉOPOLDINE, *à part.*

Il faut absolument que je lui parle!

Mme PLANCHON, *la faisant rentrer.*

Laisse-nous, mon enfant!

LÉOPOLDINE, *à part, sortant.*

Et je ne puis dire à maman!... Oh! je lui parlerai! *(Ludovic est allé ouvrir la porte.)*

Mme PLANCHON, *à son mari.*

Vous, restez!

JÉRÔME, *sortant.*

Et toujours pas de déjeuner!

SCÈNE XII

Mme PLANCHON, PLANCHON, puis LAMOTHE-RENARD et LUDOVIC.

Mme PLANCHON.

Maintenant, j'espère, monsieur, que vous saurez vous montrer !

PLANCHON.

Moi !

Mme PLANCHON.

Oui, vous !

PLANCHON, *se drapant dans sa robe de chambre.*

Certainement, je saurai me montrer ! Si j'allais passer une redingote !

Mme PLANCHON.

Non, restez.

LE COMTE, *introduit par Ludovic, et saluant avec empressement.*

Chère madame ! *(Planchon s'apprête à faire un grand salut, sa femme le retient.)*

Mme PLANCHON, *saluant froidement.*

Monsieur !

LE COMTE, *à part, étonné.*

Qu'est-ce qu'ils ont donc tous !

PLANCHON, *à lui-même.*

C'est égal, c'est ennuyeux !

LUDOVIC, *à part.*

Décidément, j'ai une faim... je vais rejoindre mon oncle !

SCÈNE XIII

LE COMTE, M. et Mme PLANCHON.

PLANCHON, *marchant d'un air terrible vers le comte qui était tourné du côté par lequel était sorti Ludovic.*

Monsieur ! *(Le comte se retourne.)* Veuillez prendre une chaise !

Mme PLANCHON, *bas.*

Marchez donc !

PLANCHON, *de même.*

Oui, oui. *(A part.)* C'est égal, c'est ennuyeux !

LE COMTE, *gracieusement.*

Je venais, chère madame, me mettre à vos ordres pour... *(Il tire de sa poche un petit nécessaire de toilette.)*

PLANCHON, *avec emphase.*

Monsieur ! C'est un père de famille offensé par les assiduités d'un homme qui s'est introduit dans sa maison, qui vient vous demander des explications qui expliquent...

Mme PLANCHON, *bas.*

Marchez ! Marchez !

PLANCHON, *de même.*

Oui, oui... *(A part.)* C'est égal, c'est ennuyeux !

LE COMTE, *s'examinant dans un miroir de poche.*

Je ne comprends pas...

PLANCHON.

Vous avez bien voulu me faire l'honneur, non, nous faire l'honneur de me... de nous demander la main de ma... de notre fille...

LE COMTE.

Certainement.

PLANCHON.

Certainement j'avais été... *(Après un regard de sa femme.)* nous avions été extrêmement flattés de cette...

Mme PLANCHON, *bas.*

Marchez ! marchez ! marchez !

PLANCHON, *à sa femme.*

Oui. *(Au comte.)* Enfin...

Mme PLANCHON, *bas, à son mari.*

Vous n'en finiriez jamais...

PLANCHON.

Mais...

LE COMTE, *à Planchon.*

Enfin ?...

Mme PLANCHON, *à son mari qui ouvre la bouche pour répondre.*

Taisez-vous ! *(Au comte en lui donnant la lettre anonyme.)* Lisez ça !

LE COMTE.

Ça ! *(A part, après un coup d'œil à la lettre.)* Aïe !

Mme PLANCHON.

Me direz-vous ce qu'il y a de vrai dans cette lettre ? *(Le comte va pour répondre, Mme Planchon lui coupe la parole.)* Me direz-vous quelle est cette autre pour laquelle vous lâchez ma fille. *(A son mari qui ne dit rien.)* Taisez-vous ! *(Le comte va répondre, elle lui coupe de nouveau la parole.)* Me direz-vous qui peut se permettre de m'envoyer une pareille épître assaisonnée de fautes d'orthographe et d'injures à mon adresse et à celle de ma fille. *(A son mari qui ne dit toujours rien.)* Taisez-vous ! *(Elle coupe encore une fois la parole au comte, qui veut parler.)* Ah ! ma fille se fait les yeux ! Ah ! nous sommes panés ! Ah ! vous ne rimez pas avec nous ! Ah !... c'est trop fort ! *(A son mari qui continue à ne rien dire.)* Taisez-vous ! Taisez-vous ! *(Au comte.)* Parlez ! parlez ! parlez donc.

LE COMTE, *tranquillement.*

Vous me demandez ce qu'il y a de vrai là-dedans ?

Mme PLANCHON.

Oui, oui, oui !

LE COMTE.

Tout ! tout ! tout !

Mme PLANCHON.

Insolent !

LE COMTE, *souriant.*

En ce qui concerne l'état de nos fortunes réciproques.

Mme PLANCHON.

Hein ! *(A son mari.)* Et vous écoutez cela sans rien dire !

PLANCHON, *ahuri.*

Mais...

LE COMTE.

Je suis ruiné !

Mme PLANCHON.

Ruiné !

LE COMTE.

Comme vous !

Mme PLANCHON.

Mais... *(Coup de sonnette à la grille.)* Monsieur Planchon allez donc voir.

LE COMTE.

Oh ! je sais tout.

Mme PLANCHON, *à part.*

Aïe ! *(A son mari bas.)* Voilà où conduisent vos ridicules lésineries ! C'est votre faute !

PLANCHON, *avec des gestes désespérés.*

Oh !

Mme PLANCHON, *regardant par la fenêtre, à part.*

Ah ! mon Dieu ! le millionnaire ! *(A son mari.)* Mais allez donc !

LE COMTE.

Vous devez à tous vos fournisseurs ; vous.....

Mme PLANCHON.

Pardon, mais en ce moment... *(A son mari qui allait sortir.)* Reconduisez monsieur !

PLANCHON, *ne sachant que faire.*

Hein !

LE COMTE, *à lui-même.*

Que signifie ?...

Mme PLANCHON, *au comte.*

Par là je vous prie ! Nous reprendrons cet entretien ! Je garderai votre secret ! Gardez le nôtre.

LE COMTE, *à part.*

Il y a quelque chose !

Mme PLANCHON, *saluant.*

Monsieur ! *(A part.)* Je vais faire un peu de toilette. *(Elle sort.)*

LE COMTE, *à part.*

Je voudrais bien savoir !... *(A Planchon qui le reconduit.)* Ne prenez pas la peine. *(Il feint de sortir.)*

PLANCHON.

Alors... *(Salut des deux parts. Planchon sort.)*

SCÈNE XIV

Le comte, seul.

LE COMTE.

Je m'en suis bien tiré !... Mais j'aimerais assez savoir... il y a quelque chose ! Voyons ! je n'aperçois personne ! On aura déjà ouvert ! Elle s'est calmée bien vite cette aimable Mme Planchon. Ah ça ! qui donc a pu lui écrire ? *(Ramassant la lettre.)* Parbleu ! c'est la femme de chambre ! Je l'ai aperçue avec le cocher de Lecorbot ! Heureusement qu'elle ne l'a pas nommé... Lecorbot ! Cela aurait pu... Diable ! si les Planchon venaient à apprendre..... Le mariage n'est pas encore fait ! Je me suis un peu avancé avec cette petite Léopoldine ! C'est une ingénue qui joue assez bien les coquettes !... Elle a mes lettres !... Il est vrai que j'ai les siennes ! Nous sommes manche à manche ! Mauvaise affaire que je faisais là ! Diable ! diable ! Une fortune qui s'en va... des dettes qui arrivent ! Il n'y a pas à comparer avec Mlle Lecorbot ! Je suis fou de cette enfant... Un père de trois millions ! Seulement il tarde un peu à m'offrir sa fille ! Moi, je ne puis pas lui demander... Ça aurait l'air... un Lamothe... Mais j'en fais ce que je veux. Il se croit propre à tout... parce que le vin de Champagne lui a réussi. Alors je le flatte, je lui prodigue les louanges et les décorations étrangères... Je le conduis dans le monde et je conduis le monde chez lui ! Ah ! il est bien nommé, Lecorbot ! toujours il ouvre le bec ! Ah ! la vanité ! quel trésor... chez les autres ! Voilà le point d'appui rêvé par Archimède ! Pourtant, il n'y a pas à dire, il faut hâter le dénouement !

SCÈNE XV

Le comte, Mme PLANCHON.

Mme PLANCHON.

Encore ici !

LE COMTE.

Pardon ! j'allais me retirer ! madame !...

Mme PLANCHON.

Monsieur !...

LE COMTE, *à part, prêt à sortir.*

J'aurais pourtant bien aimé savoir... *(Geste comme pour voir encore.)* Bast ! après tout cela m'est égal. Il est bien clair que ce n'est pas Lecorbot !

PLANCHON, *en dehors.*

D'abord le salon !

LE COMTE, *sortant.*

C'est un acheteur !

SCÈNE XVI

Mme PLANCHON, puis PLANCHON, LECORBOT, puis LÉOPOLDINE.

Mme PLANCHON.

Les voici !

LECORBOT.

Le salon, bon ! Ah ! madame ! *(Grand salut des deux parts.)*

Mme PLANCHON, *présentant Léopoldine qui entre.*

Ma fille Léopoldine !

LÉOPOLDINE, *bas à sa mère.*

Il a l'air ridicule !

Mme PLANCHON.

Taisez-vous ! trois millions ! souriez !

LECORBOT, *à lui-même.*

Oh ! tout à fait grand chic ! *(Haut.)* Mademoiselle ! *(Salut.)*

Mme PLANCHON, *présentant Lecorbot.*

Monsieur Lecorbot !

LECORBOT.

Lecorbot et fils !

LÉOPOLDINE, *bas à sa mère.*

Et le fils où est-il ?

Mme PLANCHON.

C'est le nom de la maison !

LÉOPOLDINE.

Ah !

Mme PLANCHON.

Un ancien fabricant de champagne, à Châlons-sur-Marne.

LÉOPOLDINE.

Ça se voit !

LECORBOT, *à Mme Planchon et regardant Léopoldine.*

Charmante ! charmante ! *(Mme Planchon sourit et s'incline.)* Elle a sur elle pour deux mille cinq cents francs au moins !

Mme PLANCHON, *un peu désappointée.*

Quel coup d'œil !

LECORBOT.

Oh ! je n'aime pas à me vanter, mais Mme Lecorbot me disait souvent que j'avais quelque chose du regard du grand Napoléon... quand j'ôtais mes lunettes !

Mme PLANCHON, *bas à son mari.*

Mais parlez donc !

LECORBOT.

Je cherchais une campagne !

PLANCHON ET Mme PLANCHON.

Oui.

LECORBOT.

Je trouverais avec plaisir aussi une compagne... pour remplacer ma pauvre défunte ! Ah ! *(Il se mouche avec émotion.)*

PLANCHON ET Mme PLANCHON, *tristes.*

Ah !

LECORROT, *changeant de ton, gai.*

Une campagne et une compagne ! hé ! hé !

Mme PLANCHON.

Hé ! hé !

PLANCHON, *imitant sa femme.*

Hé ! hé !

Mme PLANCHON, *bas à sa fille.*

Souriez ! trois millions !

LÉOPOLDINE.

Oui, maman !

Mme PLANCHON, *bas à son mari.*

Dites donc quelque chose. *(Très-haut, désignant Lecorbot.)* De l'esprit comme Voltaire !

LECORBOT, *modeste, protestant.*

Oh ! oh ! non !... Mais on me l'a dit souvent.

Mme PLANCHON.

Cela se comprend.

LECORBOT, *à lui-même.*

Elle est très-aimable. *(Haut.)* Je suis un caractère, voilà tout !

PLANCHON, *qui se préparait à parler, s'approchant de Lecorbot.*

Hem ! Hem !

Mme PLANCHON, *lui coupant la parole.*

Vous regardez nos portraits !

LECORBOT, *qui regardait la vue par la fenêtre.*

Non... je... c'est-à-dire..... oui... oui !

Mme PLANCHON.

M. Planchon vous les expliquera.

PLANCHON.

Moi !

Mme PLANCHON.

Certainement ! *(Montrant les portraits.)* Notre arrière grand-père, le vice-amiral.

LECORBOT.

Oh !

Mme PLANCHON.

Tué à la bataille... à la célèbre bataille de... dans... de... en Chine... dans les Indes enfin ! *(A son mari.)* N'est-ce pas, mon ami ?

PLANCHON, *étourdi.*

Hein ! certainement. En Chine et dans les Indes !

LECORBOT.

Oh !

Mme PLANCHON.

Notre grand-oncle, le général de Montgris, premier aide-de-camp de l'illustre maréchal Poniatowski, tué à la grande bataille de Leipsick.

LECORBOT, *émerveillé.*

Oh! oh!

Mme PLANCHON, *bas à son mari.*

Mais parlez vous aussi! *(Haut.)* Sa femme, baronne de Montgris, dame d'honneur de l'impératrice.

PLANCHON, *voyant un nouveau signe de sa femme.*

Tuée à...

Mme PLANCHON, *bas à son mari.*

Qu'est-ce que vous dites? Morte marquise de la Plancherie, de Grandlieu, de Beauval.

LECORBOT.

Oh! oh! oh!

Mme PLANCHON.

Je vous demande pardon! Je n'aime pas à parler des miens; mais comme ces portraits paraissaient piquer vivement votre curiosité...

LECORBOT.

Certainement! charmante famille, charmante!

Mme PLANCHON.

Monsieur!...

LECORBOT.

Mais où les vivants n'ont rien à envier aux morts.

Mme PLANCHON.

Monsieur! *(Bas à sa fille.)* Trois millions! souriez!

LÉOPOLDINE, *faisant une grande révérence.*

Monsieur!

Mme PLANCHON, *bas à son mari.*

Il mord!

PLANCHON, *sans comprendre, effrayé.*

Qui?

Mme PLANCHON, *haussant les épaules, à Lecorbot.*

Si vous voulez bien, nous achèverons de visiter la maison.

LECORBOT.

À vos ordres, belle dame! *(Il va pour prendre son chapeau.)*

Mme PLANCHON, *appelant sa fille.*

Léopoldine!

LÉOPOLDINE.

Maman!

Mme PLANCHON, *bas.*

Mets-toi au piano et joue ton grand morceau de Wagner!

LECORBOT, *à lui-même.*

Un général! un amiral! une dame d'honneur! *(Tout à coup se souvenant.)* Et mes photographies! *(Il cherche dans ses poches.)* Ah! les voilà! *(Il les examine et les remet en en laissant tomber une.)*

Mme PLANCHON.

Quand vous voudrez!

LECORBOT.

À vos ordres, belle dame! à vos ordres!

SCÈNE XVII

LÉOPOLDINE, puis JÉROME et LUDOVIC.

LÉOPOLDINE.

Wagner! Je suis bien en train de jouer du Wagner!... L'infâme! *(Elle frappe sur le piano.)* Et il disait qu'il m'aimait! *(Nouveaux accords insensés.)* C'est en ut! Et moi aussi je croyais l'aimer!... Non, c'est un ut dièze! Oh! si j'avais su qu'il fût ruiné!... Il faut qu'il me rende mes lettres! *(Frappant sur le piano.)* Mais je suis bien contente! je me vengerai en épousant trois millions!

JÉROME *entrant suivi de Ludovic et portant un plat de viande froide, une bouteille de vin; Ludovic avec des assiettes.*

On dirait une tribu de chats se promenant sur le piano!

LUDOVIC, *riant.*

Ah! ah!

JÉRÔME, *apercevant Léopoldine.*

Non, c'est ma nièce !

LÉOPOLDINE, *à elle-même.*

Décidément, je n'y tiens plus ! *(Elle se lève.)*

JÉRÔME.

Cette fois, j'espère, nous pourrons manger !

LUDOVIC.

Espérons-le ! *(A Léopoldine.)* Tu t'en vas !

LÉOPOLDINE.

Oui.

LUDOVIC.

Nous te faisons peur ?

LÉOPOLDINE.

Non. *(Elle sort.)*

SCÈNE XVIII

JÉROME, LUDOVIC, puis Mᵐᵉ PLANCHON, PLANCHON et LECORBOT.

JÉRÔME.

Laisse... laisse ! je ne tiens pas à manger en musique !

LUDOVIC.

Ah ! bon !

JÉRÔME, *apportant le guéridon et y plaçant ce qu'il tient.*

Aide-moi ! *(Ramassant la photographie.)* Qu'est-ce que c'est que ça ?

LUDOVIC.

Hein !

JÉRÔME.

Aide-moi donc !

LUDOVIC.

Oui. *(Regardant la photographie que tient Jérôme.)* Oh !

JÉRÔME.

Quoi !

LUDOVIC.

Ah! mon oncle! c'est elle!

JÉRÔME.

Qui?

LUDOVIC.

Celle que j'aime! la demoiselle de Saumur! Quel bonheur! *(Il veut prendre la photographie, elle lui échappe, et en voulant la ressaisir, il laisse tomber les assiettes qui se brisent. Au même moment, Mme Planchon entre avec Lecorbot, Planchon et Léopoldine.)*

TOUS, *poussant un cri.*

Oh!

(Tableau. La toile baisse.)

ACTE II

A Paris chez Lecorbot. Un petit salon.

SCÈNE PREMIÈRE

CATHERINE, ÉMILIE.

(Catherine ourle des mouchoirs, Emilie brode.)

ÉMILIE, *à Catherine.*

Ah! si tu l'avais vu, cousine Catherine... *(La pendule sonne une demie.)*.

CATHERINE, *écoutant.*

Deux heures et demie! *(A Emilie.)* Oh! je le vois d'ici, ton jeune homme!

ÉMILIE.

Mais non.

SCÈNE II

LES MÊMES, LECORBOT.

LECORBOT, *entrant, un journal à la main et surchargé d'autres journaux.*

Rien! rien!

CATHERINE.

Qu'avez-vous?

LECORBOT, *à lui-même, sans l'entendre.*

Rien! pas un seul mot! Pourtant le comte m'avait dit que tout Paris parlerait de ma soirée d'avant-hier! Alors à quoi servent les journaux... à quoi?

CATHERINE, *à Emilie.*

Eh bien!... son nom?

ÉMILIE.

Je n'ai pas eu le temps de...

CATHERINE.

Ah!

LECORBOT, *à lui-même.*

Et les Planchon se sont excusés! Les dames ont

prétendu qu'elles ne pouvaient avoir de robes en vingt-quatre heures !

ÉMILIE, *à Catherine.*

Dame ! il est arrivé un accident à tante Ursule ! *(Riant.)* Ah ! ah ! ah !

LECORBOT, *se méprenant, criant et se levant.*

En vingt-quatre heures... Oui !

CATHERINE, *à Lecorbot.*

Quoi ?

LECORBOT.

Rien ! *(A lui-même.)* Il est vrai qu'on les fait si longues, aujourd'hui, les robes.

CATHERINE, *à Émilie.*

Inconnu, enfin !

LECORBOT.

Personne n'est venu de la part de M. ou de Mme Planchon ?

CATHERINE.

Planchon !... Non.

LECORBOT.

Pourtant j'aurais cru... *(A lui-même.)* Une alliance comme la mienne... c'est très drôle ! *(Il sonne.)*

SCÈNE III

Les mêmes, un domestique.

LE DOMESTIQUE.

Monsieur !

LECORBOT.

Personne n'est venu de la part de M. ou de Mme Planchon ?

LE DOMESTIQUE.

Non, monsieur.

LECORBOT.

C'est bien drôle ! Ni de celle de M. de Lamothe-Renard ?

LE DOMESTIQUE.

Non, monsieur. *(Il sort.)*

SCÈNE IV

Les mêmes, moins le domestique.

LECORBOT, *à part.*

Pourtant voilà trois jours que j'ai fait ma demande ! *(Frappant du pied.)* C'est bien drôle ! C'est bien drôle ! C'est bien drôle !

CATHERINE.

Quoi ?

LECORBOT.

Rien ! *(A lui-même.)* Ni le comte, ni les Planchon ! Et moi qui espérais qu'après le bal, le comte... il n'a pas l'air de comprendre... ce n'est pourtant pas à moi à lui offrir... C'est qu'aussi elle est froide avec lui, ma fille ! *(Feuilletant les journaux.)* Rien ! Rien ! Rien ! Et tout Paris qui devait parler...

CATHERINE, *à Emilie.*

Ah ! ça, tu l'aimes donc, ce bel inconnu !

ÉMILIE, *rougissant.*

Mais...

LECORBOT, *se levant vivement en renversant son fauteuil.*

Voilà ! voilà ! voilà ! Ah ! voilà !

CATHERINE ET ÉMILIE, *effrayées.*

Ah !

CATHERINE.

Qu'avez-vous ?

LECORBOT, *lisant.*

On s'étouffait hier chez... *(S'interrompant, avec enthousiasme.)* On s'étouffait !

ÉMILIE, *sans comprendre.*

Veux-tu que j'ouvre la fenêtre ?

LECORBOT, *qui n'a pas entendu, reprenant sa lecture.*

On s'étouffait, hier, chez un de nos barons du haut commerce. *(Parlé.)* C'est très bien écrit ! *(Lisant.)* « Boulevard Haussmann, 14 bis. » *(Parlé.)* Très bien ! Très bien ! *(Lisant.)* « Il y avait grande soirée. Les honneurs en étaient faits avec une grâce sans égale. » *(Ré-*

pétant.) Sans égale ! Ah ! (*Continuant.*) « par le maître de la maison, M. Lecorb... » (*Parlé.*) Lecorb... Ils auraient pu me nommer... Ces journalistes sont beaucoup trop discrets ! (*Reprenant.*) « M. le comte de Lamothe-Renard conduisait le cotillon. » (*Parlé.*) Le cotillon ! C'est dans le journal ! Le cotillon ! (*A part.*) Oh ! il faut qu'il soit mon gendre ! Je le veux !... il le sera !

CATHERINE.

Vous dites ?

LECORBOT.

Je dis que... là... c'est imprimé ! Oh ! c'est un homme remarquable ! *(A part.)* Le cotillon !

CATHERINE.

Hem !

LECORBOT.

Quoi ! non ! Un homme qui... un homme que... Non !...

CATHERINE.

Je ne dis rien.

LECORBOT.

Mais tu tousses... tu tousses avec ironie.

CATHERINE.

Moi !

LECORBOT.

Je n'aime pas qu'on tousse comme ça ! Un homme qui remonte aux croisades !

CATHERINE.

Il aurait bien fait de ne pas en descendre.

LECORBOT.

Dont les ancêtres ont à Bouvine conduit nos troupes à la victoire.

CATHERINE.

Pour que leur descendant conduisît le cotillon chez vous.

LECORBOT.

Et qui m'a fait avoir la décoration du Meti... Medji... enfin un ordre égyptien !

CATHERINE.

Turc !

LECORBOT.

Egyptien !

CATHERINE.

Turc !

LECORBOT.

Hé ! turc ou égyptien !... Enfin une tournure...

CATHERINE.

Un corset !

LECORBOT.

Une figure...

CATHERINE.

De renard !

LECORBOT.

Un esprit...

CATHERINE.

Parce qu'il fait de vous un génie !

LECORBOT.

Un génie... un génie !...

CATHERINE.

Je sais bien que vous ne l'êtes pas !

LECORBOT.

C'est-à-dire que sans être ce qu'on appelle... Certainement je ne peindrais pas les vierges de Raphaël !...

CATHERINE.

Oh ! non.

LECORBOT.

Mais enfin, tu sais bien que je suis un caractère... voilà !

CATHERINE.

C'est entendu ! Et puis votre ramage et puis votre plumage... Monsieur Lecorbot !

LECORBOT.

Catherine !

CATHERINE.

Vous êtes le phénix ! et...

LECORBOT.

Catherine !

CATHERINE.

Vous ouvrez le bec...

LECORBOT.

Catherine !

CATHERINE.

Et vous lâcherez la proie !

LECORBOT.

Catherine ! (*A Emilie.*) Laisse-nous !

ÉMILIE.

Mais mon père !

CATHERINE.

Vous voyez bien !

SCÈNE V

Les mêmes, le domestique, puis le comte.

LE DOMESTIQUE, *annonçant.*

M. le comte de Lamothe-Renard !

LECORBOT.

Ah ! (*A sa fille qui veut s'en aller.*) Non, reste !

CATHERINE.

Quand on parle du...

LECORBOT.

Catherine !

CATHERINE.

Du renard...

LECORBOT.

Je vous ordonne...

LE COMTE, *saluant.*

Mesdames ! (*Les femmes saluent froidement.*) Mon cher Lecorbot !

LECORBOT, *allant à lui avec empressement.*

Ah ! mon cher comte ! (*A sa fille qui veut s'esquiver.*) Mais, je veux que tu reste maintenant ! (*A part.*) Elle est froide avec lui !

ÉMILIE.

Pardon, mon père... quelques ordres !

LECORBOT, *à part.*

Elle veut me désespérer, cette enfant !

LE COMTE.

Je vous fais fuir?

ÉMILIE.

Nullement, quelques ordres à donner. (*Elle salue et sort.*)

LECORBOT, *la contrefaisant à part.*

Quelques ordres à donner! Elle est froide avec le comte. Un homme qui conduit si bien le cotillon!

SCÈNE VI

LES MÊMES, moins ÉMILIE.

LE COMTE.

Ne m'en voulez pas de ne pas être venu hier.

LECORBOT.

Vous avez été très occupé?

LE COMTE.

Je me suis occupé de vous, oui.

LECORBOT.

Ah! bah!

LE COMTE.

Et j'ai voulu être le premier à vous féliciter...

LECORBOT.

De...

LE COMTE, *lui remettant un pli.*

Lisez!

LECORBOT, *prenant le pli et l'ouvrant.*

Hein! Un papier officiel! Un grand sceau!

CATHERINE, *à part.*

Que lui apporte-t-il encore?

LECORBOT, *lisant.*

« En el rei das Hispania vos envio. » (*Parlé.*) Envio! (*Lisant.*) « Muito sandar. » (*Parlé.*) Sandar! (*Lisant.*) « At... tendento as circumstancias. » (*Parlé.*) C'est de l'italien!

LE COMTE.

De l'espagnol!

LECORBOT.

De l'espagnol! Oh! *(A Catherine.)* Tu vois, de l'espagnol... avec un grand sceau!

CATHERINE, *à part, haussant les épaules et regardant Lecorbot.*

Oui, il est assez visible, le grand s..!

LECORBOT, *relisant, avec joie.*

« As circumstancias... » *(Parlé.)* Hem!.. hem! Je ne comprends pas!

LE COMTE.

C'est un brevet.

LECORBOT.

A moi!

CATHERINE, *à part.*

Encore!

LE COMTE.

Qui vous fait chevalier de la Tour et l'Epée.

LECORBOT.

La Tour!

LE COMTE.

Et l'Epée!

LECORBOT, *enchanté.*

La Tour et l'Epée!... As circumstancias! Ah!

LE COMTE, *lui présentant une petite boîte.*

Et voici la croix de l'ordre!

LECORBOT.

La croix!

LE COMTE.

Oui.

CATHERINE, *à part.*

Il devrait en avoir une sur le dos! Comme les..... *(Elle fait un geste qui indique de grandes oreilles.)*

LECORBOT.

Ah! joli ce ruban! Très joli ruban! *(A part.)* Quel gendre j'aurai là! *(Haut.)* Bleu et blanc, n'est-ce pas?

LE COMTE.

Oui. Et puis, là, cette tour!

LECORBOT.

C'est vrai ! il y a une tour ! Ah !

CATHERINE, *à part*.

Vieil enfant !

LECORBOT.

Une très jolie tour ! Voilà la tour et puis voilà l'épée. (*Au comte.*) Ce n'est pas que j'attache aucune importance à ces témoignages puérils, qui semblent clouer votre mérite sur votre poitrine. (*Il va à la glace et essaie la croix à sa boutonnière.*)

LE COMTE.

Certainement.

LECORBOT.

Tous les hommes vraiment supérieurs sont au-dessus de ces hochets ! (*A Catherine.*) Donne-moi une épingle !

CATHERINE.

Voilà !

LECORBOT.

Seulement, pour ceux qui ne vous connaissent pas... Quel dommage de ne pouvoir toujours porter ces insignes !

CATHERINE, *à part*.

Il les portera dans son lit !

LE COMTE.

Si vous aviez une fonction officielle.

LECORBOT.

Moi.

LE COMTE.

Oui. La, seulement colonel d'état-major de la garde mobile.

LECORBOT.

Colonel !

LE COMTE.

Pourquoi pas !

LECORBOT.

Catherine !

CATHERINE.

Quoi ?

LECORBOT.

Va me chercher Emilie ! (*Au comte.*) C'est que je ne sais pas monter à cheval.

LE COMTE.

Bagatelle !

LECORBOT.

Au fait, quand on a pu gagner trois millions...

LE COMTE.

On est capable de tout !

LECORBOT.

Dame !...

LE COMTE.

Voilà. Mais il y a aussi les ambassades...

LECORBOT.

Les... (*A Catherine.*) Mais dépêche-toi donc !

CATHERINE, *sortant, à part.*

Et il n'y a plus de place à Charenton !

SCÈNE VII

Les mêmes, moins CATHERINE.

LE COMTE.

N'avez-vous pas des aptitudes remarquables !

LECORBOT.

Oh !... je suis fin... je suis très fin,.. voilà tout.

LE COMTE.

Vous voyez !

LECORBOT.

Une certaine majesté dans la forme ; beaucoup de sérieux au fond... (*Changeant de ton.*) Diantre ! c'est que les nuances des deux rubans ne se marient pas précisément !

LE COMTE.

Quand ils seront coupés par le ruban rouge !.

LECORBOT.

Le ruban rouge !

LE COMTE.

Ça ne peut tarder.

LECORBOT.

Le ruban rouge ! Tenez ! je ne puis vous cacher que vous me plaisez infiniment. (*A part.*) Le ruban rouge !

LE COMTE, *à lui-même.*

A la bonne heure !

LECORBOT.

Ma fille va venir, et... Enfin, voulez-vous être mon gendre ?

LE COMTE, *feignant l'étonnement.*

Moi !

LECORBOT.

Vous refusez ?

LE COMTE.

Ah ! mon cher Lecorbot, pouvez-vous croire... seulement je m'attendais si peu...

LECORBOT, *joyeux.*

Alors...

SCÈNE VIII

Les mêmes, le domestique, puis CATHERINE et ÉMILIE.

LE DOMESTIQUE, *annonçant.*

Monsieur, Madame et Mademoiselle Planchon, demandent si Monsieur peut les recevoir.

LECORBOT, LE COMTE, *en même temps.*

Oh ! Hein !

LE COMTE, *à part.*

Les Planchon ici ! Diable !

ÉMILIE, *entrant avec Catherine.*

Mon père !...

LE DOMESTIQUE, *à Lecorbot.*

Faut-il faire entrer ?

ÉMILIE, *allant à Lecorbot.*

Mon père vous...

LECORBOT, *se retournant.*

Oh! *(A lui-même, très agité.)* Ah! saperbleu! pas devant ma fille!

LE COMTE, *agité aussi, voulant se retirer.*

Mon cher Lecorbot... je vois que...

LECORBOT, *voulant courir à lui pour le retenir.*

Non!... Non!...

ÉMILIE, *arrêtant son père.*

Vous me demandez!

LECORBOT, *perdant la tête.*

Non... c'est-à-dire oui... laisse-nous!

LE COMTE, *voulant encore s'en aller.*

Permettez-moi donc...

CATHERINE, *à Lecorbot.*

Ah! ça, dites-moi...

LE DOMESTIQUE, *à Lecorbot.*

Monsieur! faut-il?...

LECORBOT, *ne sachant plus du tout où il en est.*

Ah!... oui!... Ah! *(Le domestique introduit les Planchon.)*

LE COMTE.

Ah! diable! trop tard! les voilà!

SCÈNE IX

Les mêmes, M., Mme et Mlle PLANCHON.

PLANCHON, *saluant, sans voir le comte.*

Monsieur... Mesdames...

LECORBOT, *courant et renversant le guéridon sur lequel étaient les journaux.*

Mesdames... Monsieur... je suis heureux...

PLANCHON.

Nous sommes heureux...

LECORBOT.

De recevoir...

PLANCHON.

De vous annoncer...

LECORBOT, *après un geste furieux, à sa fille et à Catherine qui ne sont pas encore sorties, à demi-voix.*

Nom de... (*Haut et gracieusement à Léopoldine, qui prenait une chaise.*) Non, sur le canapé.

ÉMILIE, *à Catherine sortant.*

Que peut-il avoir mon père ?

SCÈNE X

LES MÊMES, moins CATHERINE et ÉMILIE.

Mme PLANCHON, *impatientée, à son mari.*

Mais parlez donc !

PLANCHON.

Oui, ma bonne ! (*A Lecorbot.*) Monsieur, nous venons...

Mme PLANCHON, *l'interrompant.*

Nous venons vous donner une réponse à la demande que vous avez bien voulu nous adresser.

LECORBOT.

Oh ! (*Courant chercher un tabouret et l'offrant à Mme Planchon.*) Ce tabouret !

Mme PLANCHON.

Permettez-moi, dès aujourd'hui, de vous nommer mon gendre !

LECORBOT.

Votre... Ah !...

LE COMTE, *à part, étonné et contrarié.*

Lui ! Diable ! diable ! diable !

LECORBOT, *allant des uns aux autres en leur prenant les mains.*

Ah ! madame !... Ah ! monsieur !... je n'ai que cette expression pour vous... exprimer... Ah ! mademoiselle... j'ai le cœur... j'ai le cœur... vous n'avez pas de tabouret ! (*Il court chercher un second tabouret.*)

Mme PLANCHON, *bas à sa fille.*

Trois millions ! souriez !

LÉOPOLDINE.

Maman !...

Mme PLANCHON, *bas.*

Il n'est pas encore votre mari !

LÉOPOLDINE, *à part, avec un soupir.*

Ah ! Enfin j'aurai des diamants ! (*Haut, souriant et remerciant.*) Monsieur !

LECORBOT, *au comte.*

Ah ! mon cher comte !

PLANCHON, Mme PLANCHON ET LÉOPOLDINE, *apercevant le comte pour la première fois.*

Hein ! Le comte ici !

Mme PLANCHON, *à part.*

Aïe !

LECORBOT, *aux Planchon.*

A mon tour, permettez-moi de vous présenter mon...

LE COMTE, *cherchant à se dégager et à le faire taire.*

Je vous en prie...

LECORBOT, *insistant.*

Du tout !...

LE COMTE, *à part.*

Devant Léopoldine !

LECORBOT, *aux Planchon.*

J'ai l'honneur de vous présenter...

LE COMTE, *luttant.*

Non.

LECORBOT.

Si !

LE COMTE.

Permettez...

LECORBOT, *l'entraînant.*

Le futur mari de ma fille, M. le comte de Lamothe-Renard !

PLANCHON, Mme PLANCHON, LÉOPOLDINE.

Ah !

LE COMTE, *à part.*

Ouf !

LECORBOT, *voyant l'émotion de Léopoldine.*

Quoi?

LE COMTE, *vivement.*

Ce n'est rien... le... la... l'émotion... l'effet que vous produisez sur elle...

LECORBOT, *à Léopoldine.*

Ah! mademoiselle! (*A part.*) C'est vrai, je dois produire de l'effet.

Mme PLANCHON, *à Lecorbot.*

Recevez mes sincères félicitations.

LE COMTE.

Mon cher Lecorbot... mes meilleurs compliments.

LECORBOT, *épanoui.*

Ah!

Mme PLANCHON, *à part.*

Quelle fatalité!

LE COMTE, *de même.*

Que le diable les emporte!

LECORBOT, *à lui-même.*

Ils ont l'air enchanté de faire connaissance!

Mme PLANCHON, *bas au comte.*

Vous nous tenez, mais nous vous tenons aussi... je continue à espérer que vous nous garderez le secret.

LE COMTE, *bas.*

Je vous le promets.

LÉOPOLDINE, *s'approchant du comte, à demi-voix.*

Vous me rendrez mes lettres!

LE COMTE.

En échange des vôtres.

LECORBOT, *au comte.*

Hein! quel air de candeur pour une demoiselle si distinguée!

LE COMTE.

Ah! oui. (*A part.*) Je m'en tire encore!

LE DOMESTIQUE, *entrant.*

Une lettre pour M. le comte!

LE COMTE, *prenant la lettre, à part.*

L'écriture de ma... sœur ! que peut-elle me vouloir ?

LECORBOT, *à tous.*

Et maintenant j'espère que vous me ferez l'honneur de dîner aujourd'hui chez moi !

Mme PLANCHON.

Mais...

LECORBOT.

C'est entendu. Et ensuite nous irons ensemble à l'Opéra.

Mme PLANCHON, *bas à son mari.*

Remerciez donc !

PLANCHON, *à Lecorbot.*

Je suis vraiment...

Mme PLANCHON, *l'interrompant.*

C'est bien ! *(A Lecorbot.)* Seulement permettez-nous de faire un peu de toilette !

LECORBOT.

A votre aise ! Pendant ce temps nous passerons chez mon notaire votre mari et moi.

Mme PLANCHON, *bas à son mari.*

Et vous veillez à ce qu'il avantage Léopoldine !

LE COMTE, *lisant sa lettre, à part.*

« Vous pouvez me desservir auprès de la famille Planchon. » *(Parlé.)* Hein ! *(Reprenant.)* « Mais si vous empêchez mon mariage, le vôtre ne s'accomplira pas davantage. » *(Parlé.)* Merci ! Voyons, est-ce une charade ?

Mme PLANCHON, *à sa fille.*

Allons !

LE COMTE, *s'approchant de Mme Planchon et l'arrêtant.*

Un mot !

Mme PLANCHON.

Parlez !

LECORBOT.

Quoi ?

Mme PLANCHON.

Je disais que Léopoldine... Ah ! *(Avec un semblant de larmes.)* C'est un trésor que je vous confie ! *(Bas à son mari.)* N'oubliez pas nos gants !

PLANCHON, *de même.*

Oui, ma bonne !

LECORBOT.

Ce trésor... hé... hé... je le serrerai avec soin ! Hé... hé.....

Mme PLANCHON, *à part.*

C'est une oie ! *(Haut.)* Très spirituel !

LECORBOT, *se rengorgeant avec modestie.*

Oh !

Mme PLANCHON, *bas à son mari.*

Riez donc !

PLANCHON, *préoccupé.*

Quoi ! oui. Ah ! ah ! ah ! *(Bas à sa femme.)* Qu'a-t-il dit ?

Mme PLANCHON, *bas.*

C'est une oie...

PLANCHON, *sautant.*

Plaît-il ?

Mme PLANCHON, *continuant.*

Mais trois millions... riez donc !

PLANCHON.

Ah ! oui. *(Riant.)* Ah ! ah ! ah !

LECORBOT, *enchanté.*

Ah !

Mme PLANCHON, *bas au comte.*

Eh bien !

LE COMTE, *de même.*

Je reçois une lettre de ma sœur !

Mme PLANCHON.

Aurait-elle appris l'arrivée de Ludovic ?

LE COMTE.

Ludovic !

Mme PLANCHON.

Certainement ! je devais lui présenter Ludovic !

LE COMTE, *comprenant.*

Ah!... c'est cela! *(A part.)* Elle a la manie de se faire épouser!

Mme PLANCHON.

J'en étais sûre!

LE COMTE, *à part.*

Que la peste l'étouffe!

Mme PLANCHON.

Mais depuis trois jours... la demande de M. Lecorbot... notre retour à Paris... et ce Ludovic qui n'est pas un instant à la maison... enfin c'est la faute de mon mari! *(Appelant.)* M. Planchon.

PLANCHON.

Ma bonne amie!

Mme PLANCHON, *à demi voix.*

Je vous disais bien que lady Kissington serait fâchée! C'est votre faute!

PLANCHON.

Quoi!

Mme PLANCHON.

C'est bien! Nous n'avons que le temps de nous habiller! Léopoldine! Mon cher... gendre! *(Au comte, à demi-voix.)* Vous arrangerez cela!

LE COMTE, *à part.*

Me voilà gentil. *(Politesse exagérée pour sortir.)*

SCÈNE XI.

Les mêmes, ÉMILIE.

ÉMILIE, *entrant vivement, puis s'arrêtant.*

Oh! pardon... je croyais... *(A son père.)* Cousine Catherine n'est pas là?

LECORBOT.

Non! *(Tous sortent.)*

ÉMILIE, *à elle-même.*

Oh! mon Dieu! ce n'est pas possible. Cousine Catherine! Cousine Catherine!

LECORBOT, *rentrant, à part.*
Et moi qui oubliais... *(Haut.)* Emilie !

ÉMILIE, *sans l'écouter, à elle-même.*
Ce jeune homme à Paris !...

LECORBOT.
Voyons, Emilie ! J'ai à te faire part de deux événements considérables.

ÉMILIE.
Mon père ! *(A elle-même, inquiète et allant aux portes et à la fenêtre.)* Oh ! certainement, c'est bien lui.

LECORBOT.
J'ai à te faire part de deux événements considérables. *(Voyant que sa fille ne l'écoute pas.)* Mais écoute-moi donc

ÉMILIE.
Oui, mon père.

LECORBOT.
D'abord, je viens d'accorder ta main à M. le comte de Lamothe-Renard. Ensuite...

ÉMILIE.
Mais, mon père...

LECORBOT.
C'est le gendre qu'il me faut... tu seras comtesse. Ensuite...

ÉMILIE.
Mais, mon père...

LECORBOT.
Et le mari qui te convient... il doit me procurer le ruban rouge !

ÉMILIE.
Mais écoute-moi, je te prie, à ton tour.

Mme PLANCHON, *reparaissant.*
M. Lecorbot... je vous attends !

LECORBOT.
A vos ordres... Je suis à vos ordres. *(A sa fille.)* Tu seras comtesse... j'aurai le ruban... que veux-tu de plus ! *(Il sort vivement avec Mme Planchon.)*

ÉMILIE, *courant après Lecorbot.*

Mais...

LECORBOT, *rentrant.*

Ah ! n'oublie pas de dire à Catherine que nous allons tous revenir dîner ici. (*Il sort.*)

ÉMILIE, *désespérée.*

Ah !

LECORBOT, *reparaissant encore.*

A six heures et demie. (*Il sort définitivement.*)

SCÈNE XII
ÉMILIE, puis CATHERINE.

ÉMILIE, *seule.*

Ah ! c'est trop fort ! je ne veux pas être comtesse, moi ! et juste au moment où... (*Courant à Catherine qui entre.*) Cousine Catherine ! imagine-toi que... (*On entend sonner.*)

CATHERINE.

Eh bien !

ÉMILIE, *à part.*

Oh ! mon Dieu ! je suis sûr que c'est lui ! Je me sauve ! (*Elle sort vivement.*)

SCÈNE XIII
CATHERINE, puis LUDOVIC, puis JÉROME.

CATHERINE.

Hein ! qu'est-ce qui lui prend ! Emilie... Em....

LE DOMESTIQUE, *entrant.*

Il y a là un monsieur qui demande à parler à mademoiselle !

CATHERINE.

A moi ! faites entrer !

LUDOVIC, *à lui-même, entrant.*

Mon idéal de Saumur... l'original de la photographie. Je l'ai parfaitement reconnu !

CATHERINE.

Monsieur !...

LUDOVIC.

Mad... *(A part.)* Oh! qu'est-ce que c'est que ça?

CATHERINE.

Puis-je savoir...

LUDOVIC, *à part.*

Ah! j'y suis! c'est la tante... la... la parente enfin... mais je ne la reconnaissais pas!...

CATHERINE.

Vous dites...

LUDOVIC.

Permettez-moi d'abord de m'excuser de la façon un peu... sommaire, dont je... dont vous... dont nous avons pris congé...

CATHERINE.

Plaît-il?

LUDOVIC.

Une robe certainement est une circonstance suffisante pour.....

CATHERINE, *à elle-même.*

Une robe!

LUDOVIC.

Oh! mais aussi, tout chaud j'ai infligé à Miss une correction supérieure!

CATHERINE, *n'y comprenant rien.*

Une correction!... Miss!...

LUDOVIC.

Ma jument.

CATHERINE.

Ah! c'était une...

LUDOVIC.

Oui. Vli! vlan! Pif! paf!

CATHERINE.

Pif! paf!

LUDOVIC.

Oh! quelle danse! Et en rentrant la chambrière!

CATHERINE, *sans comprendre.*

La chambrière! *(A part.)* C'est un fou! *(Elle sonne.)*

LUDOVIC, *à part.*

Elle va faire venir sa nièce!

LE DOMESTIQUE, *paraissant une carte à la main et lisant sur la carte.*

« Jérôme Planchon ! » *(A Jérôme qui paraît en dehors.)* Si Monsieur veut entrer !

CATHERINE, *au domestique.*

Restez-là ! *(Bas.)* C'est un fou !

LE DOMESTIQUE, *faisant un bond.*

Oh !

JÉRÔME, *à Catherine.*

Veuillez excusez ce jeune homme...

CATHERINE.

Monsieur ! *(A elle-même.)* C'est le gouverneur du fou ! *(Elle fait signe au domestique de sortir.)*

LUDOVIC, *bas à Jérôme.*

C'est la tante !

JÉRÔME, *à Catherine.*

Il a perdu la tête...

CATHERINE, *à part.*

Je disais bien ! *(Bas à Jérôme.)* Oh ! ça se voit !

JÉRÔME.

Et malgré tous mes efforts il m'a échappé !

CATHERINE, *à demi-voix.*

Il n'est pas dangereux ?

JÉRÔME.

Plaît-il ?

CATHERINE.

Je dis : il ne peut pas faire de mal !

JÉRÔME, *se méprenant.*

Oh ! ses intentions sont pures !

CATHERINE.

Pures !

JÉRÔME.

Parfaitement pures !

LUDOVIC.

Mais s'il en était autrement, oserais-je me présenter devant vous. C'est par...

JÉRÔME.

Si vous l'aviez vu lorsqu'il a trouvé cette carte photographique... Il portait des plats et des assiettes... et alors...

LUDOVIC.

Il n'est pas nécessaire !...

JÉRÔME.

Et alors patatras !... plin ! plan ! les assiettes et les plats... en miettes !...

LUDOVIC.

Mais mon oncle !

CATHERINE, *à demi-voix, à Jérôme.*

Ah ! il brise !

JÉRÔME.

Oh ! l'effet de l'amour !

CATHERINE.

Hein !

JÉRÔME.

Et avec tout ça plus de carte... disparue la carte !... il s'arrachait les cheveux !

CATHERINE, *à elle-même.*

Je ne sais plus quel est le fou de l'autre. *(Elle sonne.)*

LUDOVIC, *à part.*

Ah ! cette fois !... Oh ! ange !

CATHERINE, *au domestique qui paraît.*

Reconduisez ces messieurs ! *(Aux deux hommes.)* Vous permettez ?

LUDOVIC.

Comment ! mais, mademoiselle ! *(Bas à Jérôme.)* La... vous voyez avec vos histoires...

JÉRÔME, *de même à Ludovic.*

Je n'ai pas fait d'histoires ! *(Haut.)* Mademoiselle !

LUDOVIC, *même jeu.*

Je vous dis que c'est votre faute !

JÉRÔME.

Mais non !

LUDOVIC.

Si... si...

CATHERINE, *effrayée, à part, voulant sortir.*

Oh! mon Dieu! ils se disputent... ils vont tout briser!

JÉRÔME ET LUDOVIC, *se précipitant vers elle.*

Mademoiselle! mademoiselle!

CATHERINE, *s'enfuyant, au domestique.*

Les meubles! sauvez les meubles.

JÉRÔME ET LUDOVIC, *ensemble.*

Comment les meubles!

SCÈNE XIV

JÉROME, LUDOVIC, LE DOMESTIQUE, PLANCHON.

PLANCHON, *chargé de bouquets et de boîtes, à part.*

Ai-je bien tout? *(Haut.)* Ludovic!... Mon frère!

LUDOVIC.

Mon père!

LE DOMESTIQUE, *à part.*

Planchon fils! Et mademoiselle qui... Elle est bonne celle-là. *(Il sort.)*

PLANCHON.

Vous connaissez donc M. Lecorbot.

LUDOVIC ET JÉRÔME, *ensemble.*

Comment!

LUDOVIC.

Nous sommes chez M. Lecorbot.

PLANCHON.

Ah! ça... Vous êtes ici sans savoir où vous êtes?

LUDOVIC.

Ah! mon père! ah! mon oncle! que je suis content! Celle que j'aime, celle que j'ai rencontrée à Saumur... c'est la fille de M. Lecorbot.

PLANCHON, *à Jérôme.*

Qu'est-ce qu'il chante?

JÉRÔME.

L'exacte vérité !

PLANCHON.

Comment il aime ?...

JÉRÔME.

Mlle Lecorbot.

PLANCHON, *à part.*

Nom d'un bonhomme ! Voilà qui va contrarier Mme Planchon !

LUDOVIC.

Et maintenant, présentez-moi à M. Lecorbot ; demandez-lui pour moi la main de sa fille ; dépeignez-lui mon amour !... Ah ! il me tarde de savoir !...

PLANCHON.

C'est que... *(A part.)* Que va dire Mme Planchon ?

LUDOVIC.

Voyons ! cette lady Kissington que vous vouliez me faire épouser n'est pas faite pour moi !

JÉRÔME.

Elle n'est pas faite pour lui !

LUDOVIC.

D'abord... l'âge.

JÉRÔME.

Elle a huit ou dix ans de plus que ce garçon.

LUDOVIC.

Et puis elle est veuve.

JÉRÔME.

Et elle me paraît très évaporée, cette veuve.

LUDOVIC.

Vous voyez bien que mon oncle est de mon avis !

JÉRÔME.

Certainement, pour les choses raisonnables.

PLANCHON.

C'est que... *(A lui-même.)* Que va dire Mme Planchon.

LUDOVIC.

Allons ! je vous en prie, allons.

JÉRÔME.

Oui, va, va !

PLANCHON.

C'est que...

LUDOVIC.

Quoi ?

PLANCHON.

Elle n'est peut-être pas libre, Mlle Lecorbot ?

LUDOVIC.

Parlez d'abord au père.

JÉRÔME.

C'est le seul moyen de savoir...

PLANCHON.

C'est que... *(A lui-même.)* Que va dire Mme Planchon ! *(Haut.)* Ah ! Et puis il n'est pas encore rentré, M. Lecorbot.

JÉRÔME ET LUDOVIC.

Ah !

PLANCHON.

En sortant de chez le notaire, je l'ai quitté pour... Mme Planchon m'avait chargé...

LUDOVIC ET JÉRÔME.

Attendons alors...

PLANCHON.

C'est ça ! Attendons ! *(A part.)* Oh ! Mme Planchon avec Léopoldine !

SCÈNE XV

Les mêmes, Mme PLANCHON, LÉOPOLDINE.

Mme PLANCHON, *à sa fille.*

Ludovic et ce monsieur ici ! Qu'y viennent-ils faire ? *(Haut.)* Monsieur Planchon !

PLANCHON.

Madame Planchon !

Mme PLANCHON.

D'abord, vous savez que je n'aime pas être appelée ainsi.

PLANCHON.

Ah! oui. *(A part.)* J'oublie toujours...

Mme PLANCHON.

Et puis, avez-vous fait mes commissions?

PLANCHON.

Oui, je...

Mme PLANCHON, *l'interrompant.*

Nos gants! que vous a-t-on répondu au bureau de placement. *(Baissant la voix.)* Ensuite, qu'avez-vous besoin d'amener Ludovic et votre aimable frère?

PLANCHON.

Mais... Voilà vos gants.

Mme PLANCHON.

A propos, le notaire... qu'avez-vous fait chez le notaire?... qu'aura Léopoldine?

PLANCHON.

M. Lecorbot lui constitue...

Mme PLANCHON, *qui depuis un moment se débat avec ses gants, à elle-même.*

Là! j'en étais sûre... ce n'est pas mon numéro!

PLANCHON.

Cinq cent mille!

Mme PLANCHON, *se méprenant.*

Etes-vous fou? Numéro cinq cent mille!

PLANCHON.

Mais, je parlais de...

Mme PLANCHON.

Ah! ce sont ceux de Léopoldine. *(Appelant.)* Léopoldine!

LÉOPOLDINE.

Maman. *(Elles échangent leurs gants.)*

PLANCHON.

Quant aux gants, j'ai pris...

Mme PLANCHON, *à sa fille.*

Ah! mon enfant! tu auras un beau douaire. *(A son mari.)* Combien disiez-vous?

PLANCHON.
Six et quart.
Mme PLANCHON.
Tenez, vous êtes absurde!
PLANCHON.
Moi!
Mme PLANCHON.
Assez de phrases! assez de phrases! je vous parle douaire... vous me répondez gants.
PLANCHON.
Mais...
Mme PLANCHON, *montrant Ludovic et Jérôme.*
Renvoyez-les!
PLANCHON, *à part.*
J'étais sûr que ça contrarierait mad... ma femme!
Mme PLANCHON.
Que dites-vous?
PLANCHON.
Rien.
Mme PLANCHON.
Vous avez l'air de me cacher quelque chose!
PLANCHON.
Je t'assure...
LUDOVIC, *bas à son oncle.*
Il va tout lui dire!
Mme PLANCHON.
Je veux le savoir!
PLANCHON.
Mais...
LUDOVIC, *bas à son père.*
Je vous en prie pas un mot!
JÉRÔME, *bas à Planchon.*
Silence!
Mme PLANCHON, *de l'autre côté le tirant et le pinçant.*
Parlez!
PLANCHON, *se frottant le bras.*
Aïe!
JÉRÔME, *à son frère.*
Si tu parles... *(Il lui serre le bras.)*

PLANCHON, *se frottant.*

Aïe ! *(Allant à son fils qu'il serre aussi par le bras.)* Tu avais bien besoin de venir ici, toi !

LUDOVIC, *même jeu.*

Aïe !

PLANCHON, *à part.*

Si je pouvais m'en aller !

Mme PLANCHON, *à elle-même.*

Oh ! je saurai bien !...

SCÈNE XVI

Les mêmes, LECORBOT, puis CATHERINE et ÉMILIE.

LECORBOT, *entrant.*

Oh ! mille pardons ! je croyais... je suis en retard !

PLANCHON, *à part.*

Sauvé !

LECORBOT.

Et ma nièce qui n'était pas là pour vous recevoir ! *(Il regarde du côté de Ludovic.)*

JÉRÔME, *à son frère, bas.*

Présente-nous !

PLANCHON.

Ah ! oui. *(A lui-même.)* Que dira ma femme ?

JÉRÔME.

Mais va donc !

PLANCHON.

Oui, oui. *(A Lecorbot, troublé et présentant Jérôme pour Ludovic et Ludovic pour Jérôme.)* Mon frère Jérôme ! mon fils Ludovic !

LECORBOT.

Enchanté ! Enchanté !

PLANCHON, *pataugeant.*

Non ! mon fils Jérôme et mon frère...

LECORBOT.

Enchanté... enchanté !

PLANCHON.

Non, je veux dire...

LECORBOT.

Cela ne fait rien ! enchanté ! Je n'avais eu que l'honneur d'entrevoir ces messieurs.

Mme PLANCHON, *bas à son mari.*

Tenez, je vous dirais... je ne sais pas ce que je vous dirais !

PLANCHON.

Ma bonne amie !

LECORBOT, *désignant sa fille qui entre avec Catherine.*

Ma fille !

ÉMILIE, *apercevant Ludovic et saluant.*

Ah !

LUDOVIC, *courant à elle.*

Ah ! mademoiselle !

Mme PLANCHON, *qui les a observés.*

Oh ! est-ce que ?...

LECORBOT, *désignant Jérôme et Ludovic.*

Messieurs Planchon frère et fils !

ÉMILIE, *saluant et regardant Ludovic avec joie.*

Messieurs ! *(A Catherine bas.)* Oh ! quel bonheur !

CATHERINE, *de même.*

C'est donc lui ?

ÉMILIE.

Mais certainement ! qu'est-ce que tu me disais qu'il était fou ?

Mme PLANCHON, *bas à son mari.*

Ils se connaissent et vous le saviez !

PLANCHON.

Je t'assure... *(Pincé par sa femme.)* Aïe !

LECORBOT, *à Jérôme et à Ludovic.*

J'espère que vous me ferez l'honneur de rester à dîner !

LUDOVIC.

Mais...

Mme PLANCHON.

Mille remerciements ! il est attendu par sa fiancée, lady Kissington.

ÉMILIE.

Sa fiancée! *(Pâlissant.)* Ah!

CATHERINE, ÉMILIE, *la soutenant, à Lecorbot.*

Un verre d'eau! vite, un verre d'eau!

LECORBOT, *à lui-même, allant à un guéridon.*

Un verre d'eau... qu'est-ce que cela signifie?

CATHERINE.

Emilie! Émilie!

LECORBOT, *bas à Catherine, apportant le verre d'eau.*

Qu'est-ce que cela signifie?

CATHERINE, *bas.*

Elle l'aime! Elle l'a rencontré à Saumur!

LECORBOT.

Ah! saprelotte! *(Il boit le verre d'eau.)*

CATHERINE.

Eh bien! eh bien! monsieur Lecorbot... ce verre.

LECORBOT.

Voilà!

Mme PLANCHON, *à demi-voix.*

Monsieur Lecorbot, il faut que je vous parle!

LECORBOT.

A vos ordres!

ÉMILIE, *remise.*

Mon père! mon père!

LECORBOT, *tenant la carafe d'une main et de l'autre le verre.*

Voilà!

LUDOVIC.

Monsieur Lecorbot!

LECORBOT.

Encore!

LUDOVIC, *bas.*

Un mot, en secret, je vous prie!

LECORBOT, *buvant le verre qu'il a rempli.*

Ah!

LE COMTE, *entrant et courant à Lecorbot.*

Ah! mon cher Lecorbot.

LECORBOT.

Aïe !

LE DOMESTIQUE, *entrant*.

Monsieur, le dîner est servi.

LECORBOT.

Quoi ?

LE DOMESTIQUE.

Le dîner !

LECORBOT, *à part*.

Le dîner ! le verre d'eau ! le comte ! ma fille ! madame Planchon !.. Ils me rendront fou !

(La toile tombe.)

ACTE III

Chez Planchon, à Paris. Une pièce que l'on prépare pour une fête. Riches tentures et plantes des pays chauds.

SCÈNE PREMIÈRE

Tapissiers, jardiniers, puis PLANCHON.

(Au lever du rideau, les jardiniers et les tapissiers donnent la dernière main à leur ouvrage.)

PLANCHON, *arrivant en courant, une cravate blanche et un habit noir sur le bras, l'air affairé et effaré.*

Encore! bien! par ici le jardinier et le tapissier. Il n'y aura donc pas un coin où je pourrai achever ma toilette! *(Courant à une porte latérale.)* Ah! de ce côté!

Mme PLANCHON, *de l'intérieur.*

N'entrez pas! n'entrez pas!.. on me coiffe!

PLANCHON.

Bon! c'est ma femme! Voyons de celui-ci. *(Il court du côté opposé.)*

LÉOPOLDINE, *de l'intérieur.*

N'entrez pas! n'entrez pas!.. on m'habille!

PLANCHON.

Parfait! c'est ma fille. Alors, ni par là, ni par ici, ni ailleurs, ni nulle part. Vous allez voir que je serai forcé d'aller mettre ma cravate blanche à la cuisine. *(Voyant les ouvriers qui pendant ce qui précède ont terminé leur besogne.)* Ah! ils ont fini, c'est heureux. Et l'on trouve les plaisirs amusants! Et il faut que j'aie l'air gai! C'est Mme Planchon. *(Se reprenant.)* C'est ma femme qui le veut. *(Allant à une glace et commençant à faire le nœud de sa cravate.)* Tâchons d'avoir l'air gai. *(Il se pique à un cactus et porte vivement la main à son nez.)* Aïe! Et ça coûte huit cents francs! c'est oriental! Une serre dans un boudoir. Non, un boudoir dans... enfin, c'est à peu près la même chose!

C'est Mme Planchon. *(Se reprenant.)* C'est ma femme qui a voulu, parce que... *(Avec colère.)* Non, je ne sais pas pourquoi ! Quel luxe scandaleux !... Nous aurons Thérésa, des artistes de l'Opéra. Pour une seule soirée ! Sans compter une charade à grands costumes. Ça n'a pas de nom ! nom d'un bonhomme ! Et tout cela à cause de la signature d'un contrat ! Il est vrai qu'il y en aura deux. Celui de ma... de notre fille avec Lecorbot et celui du comte avec Mlle Emilie. Ah ! ce pauvre Ludovic ! Enfin, Jérôme avait été rappelé subitement à Toulouse par un télégramme... J'étais seul contre ma femme ! Il a bien fallu... On a renvoyé Ludovic à Saumur. Enfin... *(Chiffonnant avec colère le nœud qu'il ne peut parvenir à terminer.)* Tâchons d'avoir l'air gai ! Oh ! ce nœud !

1er DOMESTIQUE.

Monsieur !

PLANCHON.

Quoi !

1er DOMESTIQUE.

C'est une lettre !

PLANCHON, *prenant la lettre.*

Vous allez voir que je ne pourrai pas faire mon nœud ! *(Lisant.)* « Monsieur ! vous donnez des soirées et vous ne payez pas vos fournisseurs. » *(Parlé.)* Eh ! j'ai bien eu le temps depuis la demande de Lecorbot. *(Il chiffonne la lettre, la jette et revient à sa cravate.)* Cette fois, j'espère...

2me DOMESTIQUE.

Monsieur, une lettre !

PLANCHON.

Encore ! *(Prenant la lettre et lisant.)* « Monsieur, vous ne payez pas vos fournisseurs et vous donnez... » *(Parlé.)* Ah ! ça... je croyais que...

1er DOMESTIQUE, *rentrant avec plusieurs lettres.*

Pour Monsieur !

PLANCHON, *furieux.*

Oh ! *(Il prend la lettre, la parcourt et se frotte les yeux.)* Est-ce que j'ai la berlue ! *(Lisant successivement sur deux ou trois lettres.)* « Vous donnez des soirées... vous donnez des soirées... vous donnez des soirées... » *(Parlé.)* On dirait une complainte, non un complot. Ah! mon Dieu! Mais c'est le boucher... l'épicier... le boulanger... les voilà tous! Oh! ils me menacent, si... avant dix heures... Ah! nom d'un bonhomme! Où trouver treize mille trois cent quarante-cinq francs vingt-cinq centimes avant dix heures? Il en est neuf! Il n'y a que le notaire qui puisse me tirer de là. Pas une seconde à perdre! *(Avec rage.)* J'ai voulu une femme du monde... voilà!

SCÈNE II

PLANCHON, Mme PLANCHON, puis LÉOPOLDINE.

Mme PLANCHON, *sortant de chez sa fille qu'on ne voit pas et lui parlant.*

Ah! quel malheur!

PLANCHON, *prêt à sortir, revenant.*

Hein! tu sais!...

Mme PLANCHON.

Mais oui. Quel événement!

PLANCHON.

Epouvantable!

Mme PLANCHON.

Dites une catastrophe!

PLANCHON.

Oh! oui, car... pas un instant à perdre...

Mme PLANCHON.

Alors qu'attendez-vous pour courir... *(Appelant.)* Léopoldine! Vite!

PLANCHON.

J'y courais lorsque vous...

LÉOPOLDINE, *arrivant en tenant une cuirasse et un casque de carton doré endommagés et un bonnet de Cauchoise.*

Voilà! maman!

PLANCHON, *stupéfait, à lui-même.*

Qu'est-ce que c'est que ça?

Mme PLANCHON, *montrant un énorme trou dans le dos de la cuirasse.*

Hein ! Quel accident !

LÉOPOLDINE.

Ah ! je crois bien ! Un moment plus tard notre charade était tout bonnement impossible !

Mme PLANCHON.

Et c'est d'une fantaisie.

LÉOPOLDINE.

Et puis cascadeur.

Mme PLANCHON.

Ce sera encore mieux que chez lady Kissington !

PLANCHON, *faisant de vains efforts pour s'échapper et voyant l'heure à la pendule, à lui-même.*

Neuf heures dix. *(Haut.)* Mais tu ne sais pas... vous ne savez pas...

LÉOPOLDINE, *l'arrêtant et l'interrompant.*

Surtout, mon père, prenez un modèle de cuirasse et de casque de la même grandeur exactement ! Mais, prenez donc ! *(Elle lui met le casque et la cuirasse sur les bras.)*

PLANCHON, *ahuri.*

Une cuirasse... un casque...

LÉOPOLDINE.

Et six bonnets pareils à celui-ci... Il nous en manquera. *(Elle lui met encore le bonnet sur les bras.)*

PLANCHON, *ahuri.*

Un bonnet !... six bonnets !

LÉOPOLDINE.

Mais certainement. Pour mon premier nous serons toutes en costume de Normandes.

PLANCHON, *voulant encore s'échapper et se débattant.*

Permets...

Mme PLANCHON, *se méprenant.*

Puisque nous sommes en pays de Caux !

PLANCHON, *même jeu.*

Mais ce n'est pas ça ! *(A lui-même.)* Neuf heures quinze !

LÉOPOLDINE.

Pour mon second, miss Churchill, Mme Anspach et moi, nous représentons les trois Grâces vues de dos.

PLANCHON, *sautant*.

Comment! les trois Grâces! Comment! vues de dos! Ma fille représenterait les trois Grâces!

LÉOPOLDINE.

Une seule, mon père!

Mme PLANCHON, *appuyant*.

Puisque on vous dit une seule.

PLANCHON.

Mais ce n'est pas ça... Mais c'est d'une inconvenance... Comment, ma fille, avant son mariage, montrerait...

Mme PLANCHON.

Quels sentiments vulgaires! cela se fait partout!

LÉOPOLDINE.

Certainement.

Mme PLANCHON.

L'autre jour chez lady Kissington...

PLANCHON.

Je suis son père, et je n'entends pas, moi... Qu'est-ce que cela signifie?

LÉOPOLDINE, *se méprenant et riant*.

Vous ne devinez pas?

PLANCHON.

Deviner... deviner... mais ce n'est pas ça! je voulais dire que signifient de pareilles...

LÉOPOLDINE, *riant*.

Ah! ah! ah!

Mme PLANCHON, *riant aussi de son mari qui les regarde avec ahurissement*.

Ah! ah! ah! mon ami!

LÉOPOLDINE.

Et puis pour mon tout : Le roi Ménélas!

PLANCHON.

Ménélas!

LÉOPOLDINE.

Ah! ah! ah! allez donc vite, je vous prie... allez donc!

PLANCHON.

Mais écoute... écoutez... *(A lui-même.)* Neuf heures vingt-cinq! Non, j'aurai plus tôt fait... *(Il court à la porte.)*

SCÈNE III

Les mêmes, le notaire.

LE NOTAIRE, *arrêtant Planchon.*

Pardon, un mot!

PLANCHON, *joyeux.*

Ah! monsieur le notaire... je suis heureux de...

LE NOTAIRE, *sans l'écouter.*

Mesdames!...

PLANCHON.

Précisément j'allais...

LE NOTAIRE.

Il s'agit de la dot de Mademoiselle.

PLANCHON.

Oui. Mais premièrement je...

Mme PLANCHON.

Comment! quand il s'agit de la dot de ma fille!

PLANCHON.

Ecoute... *(A part.)* Neuf heures et demie!

LE NOTAIRE.

Madame m'a dit de mettre deux cent cinquante mille francs...

PLANCHON, *sautant.*

Comment! deux cent cinquante mille francs!

Mme PLANCHON, *bas.*

Taisez-vous!

PLANCHON.

Mais...

Mme PLANCHON.

Mon mari voulait mettre trois cent mille!

PLANCHON.

Moi !

Mme PLANCHON, *bas.*

Taisez-vous donc !

LE NOTAIRE.

C'est très facile !

PLANCHON, *bas à sa femme.*

C'est le reste de notre fortune !

Mme PLANCHON.

Eh bien ! qu'est-ce que cela fait.

PLANCHON.

Comment ! ce que... *(A part.)* Neuf trente-cinq.

Mme PLANCHON.

Une fois le mariage consommé, il faudra bien que Lecorbot s'arrange !

PLANCHON, *exaspéré.*

Oh ! c'est trop fort ! il...

Mme PLANCHON.

Le voilà ! assez ! Vite aux accessoires... c'est le principal ! *(Elle court à la rencontre de Lecorbot.)*

PLANCHON, *suffoqué.*

Oh ! *(A part.)* Neuf heures quarante !

SCÈNE IV

Les mêmes, LECORBOT.

LECORBOT, *un énorme bouquet à la main.*
Mesdames... Messieurs !

PLANCHON, *courant au notaire.*

Ah ! Monsieur le notaire ! Monsieur le notaire !

LE NOTAIRE.

Monsieur !

PLANCHON, *à demi-voix.*

Vous serait-il possible de me procurer treize mille trois cent trente-cinq francs vingt-cinq centimes avant dix heures ?

LE NOTAIRE.

C'est très-facile !

PLANCHON.

Merci ! alors j'y compte !

LE NOTAIRE.

Certainement !

Mme PLANCHON, *à son mari.*

Comment ! encore là !

PLANCHON.

J'y cours ma bonne amie, j'y cours ! *(A lui-même.)* Sauvé ! Je cours et je reviens ! *(Au notaire.)* Avant dix heures ! *(Il sort en courant.)*

SCÈNE V

Les mêmes, moins PLANCHON.

LECORBOT.

Ma charmante fiancée, permettez-moi de vous présenter tous mes hommages ! *(Il lui offre le bouquet.)*

LÉOPOLDINE.

Monsieur !

Mme PLANCHON, *bas à sa fille.*

Souriez ! il n'est pas encore votre mari !

LECORBOT, *à Mme Planchon, désignant Léopoldine.*

Une vraie perle sortant du sein... Sapre... j'ai perdu ma décoration !

TOUS.

Comment !

LECORBOT.

La Tour et l'Epée... une tour en émail avec une épée... celle qui faisait le mieux.

TOUS.

Cherchons !

LECORBOT.

Non, la voilà ! *(A Léopoldine gracieusement.)* Je disais une vraie perle sortant du sein... Elle avait glissé dans mon gilet !

TOUS.

Ah !

LECORBOT.

Sortant du sein de la blonde Amphitrite !

LÉOPOLDINE.

Monsieur !

Mme PLANCHON.

Amphitrite ! *(Bas à sa fille.)* Souriez ! *(Haut.)* Amphitrite ! Ah ! bravo ! ah ! charmant ! De l'esprit comme... *(Sans trouver sa comparaison.)* comme...

LECORBOT, *l'interrompant.*

Oh ! non.

Mme PLANCHON.

Si.

LECORBOT.

Non... c'est de naissance !... voilà tout !...

TOUS.

Ah !

LE NOTAIRE, *à Lecorbot.*

Si vous vouliez jeter un coup d'œil sur les contrats...

LECORBOT, *avec noblesse.*

Un homme du monde ne s'occupe jamais de ces détails ! *(Il prend les contrats.)*

Mme PLANCHON.

Nous vous laissons !

LECORBOT.

Pardon, chère madame ! *(A part.)* Je ne sais pas pourquoi je ne suis pas tranquille au sujet du petit militaire et de son oncle !

Mme PLANCHON.

Quoi !

LECORBOT.

Un mot ! *(Un domestique entre et remet une lettre à Mme Planchon.)*

Mme PLANCHON.

Dix, vingt, trente, votre conversation est toujours trop courte, cher Monsieur Lecorbot !

LECORBOT, *se gonflant.*

Oh ! oh !

LÉOPOLDINE, *faisant une révérence à Lecorbot.*

Alors... *(Elle prend le bras du notaire et s'éloigne avec lui, après une grimace du côté de Lecorbot.)*

LECORBOT, *la regardant s'éloigner.*

Décidément, j'aurai une femme distinguée !

SCÈNE VI

LECORBOT, Mme PLANCHON.

Mme PLANCHON.

Eh bien ! *(Ouvrant la lettre, à part.)* Oh ! de lady Kissington !

LECORBOT.

Je vous disais... c'est-à-dire je me disais, enfin j'allais vous dire, je ne suis pas tranquille au sujet de M. Ludovic et de son oncle.

Mme PLANCHON, *toute à sa lettre.*

Oui. *(A elle-même.)* Oh ! un accident ! quelle fatalité ! une entorse... elle ne pourra pas venir !

LECORBOT.

Il s'agit de M. Ludovic et de son oncle ?

Mme PLANCHON, *qui n'a pas écouté.*

Oui. *(A elle-même.)* Cette chère lady Kissington !

LECORBOT.

Il a appris que le comte était son rival !

Mme PLANCHON, *suivant son idée.*

J'en suis navrée ! vous m'en voyez navrée !

LECORBOT.

Mais comment cela est-il arrivé ?...

Mme PLANCHON, *allant toujours.*

Tenez ! c'est à ne pas y croire... on ne le croirait pas.

LECORBOT.

Sapristi ! alors...

Mme PLANCHON.

C'était devant son armoire à glace !

LECORBOT, *un peu étonné.*

Son armoire !...

Mme PLANCHON.

A glace. *(Avec une volubilité croissante.)* Je vous le

demande, peut-on être sûr de rien ? Si devant une armoire à glace on n'est pas tranquille ! Mais voilà ! crac, on est devant son armoire à glace, et...

LECORBOT.

Enfin !...

Mme PLANCHON.

C'est affreux, on lui mettait son corset...

LECORBOT, *à part.*

Son corset... Ludovic !

Mme PLANCHON.

Et tout à coup... un faux mouvement... crac ! Une entorse... une épouvantable entorse !

LECORBOT.

Une entorse !

Mme PLANCHON.

Et nous ne l'aurons pas... nous ne l'aurons pas... nous ne l'aurons pas !...

LECORBOT, *à part.*

Ah ! ça... je n'y suis plus du tout !

Mme PLANCHON.

Comprenez-vous ça ?... en mettant son corset. Et moi qui l'avais annoncée à mes invités ! Et son rôle dans la charade !

LECORBOT.

Voyons ! permettez... permettez !

Mme PLANCHON, *continuant.*

Si l'on ne peut plus mettre de... Ah !

LECORBOT.

Permettez ! De qui parlez-vous ?

Mme PLANCHON.

Mais de cette bonne, excellente, chère lady Kissington.

LECORBOT.

Ah ! Et moi, de M. Ludovic et de son oncle.

Mme PLANCHON.

Ah ! Mais vous le savez bien, réinstallé à Saumur le Ludovic, et le Jérôme expédié à Toulouse. Le comte lui-même ignore encore cette sotte rivalité... Si vous n'avez pas d'autres sujet d'inquiétude... Vous permettez que j'envoie prendre de ses nouvelles ?

LECORBOT.

Du comte ?

Mme PLANCHON.

De lady Kissington. Vous permettez, n'est-ce pas ? Ah ! j'en suis désespérée, désespérée, désespérée !

SCÈNE VII

LECORBOT, puis LE NOTAIRE, puis LE COMTE, ÉMILIE, CATHERINE.

LECORBOT, *seul.*

Elle va... elle va... elle va... C'est tout à fait une femme du monde ! Comme elle s'intéresse à cette chère lady Kissington ! Cet accident me fait de la peine ! Mais je ne la connais pas, moi ! Ah ! saprelotte ! j'ai oublié les contrats ! Voyons le mien ! *(Lisant.)* « Par devant... ont comparu Emilie... » *(Parlé.)* C'est celui d ma fille ! Ah ! la jalousie aidant, elle a fini par comprendre qu'elle ne pouvait épouser ce Ludovic. Tandis que le comte !... Ah ! si j'étais femme, je l'adorerais, le comte ! Un homme qui me comble de décorations ! J'aurais pourtant aimé avoir le ruban rouge pour mon contrat ! Pour signer un contrat cela fait très bien, le ruban rouge avec l'étoile, surtout avec l'étoile !

LE NOTAIRE, *entrant.*

Avez-vous eu la bonté...

LECORBOT.

De jeter un coup d'œil sur... Pas encore... pas encore... Imaginez-vous que lady Kissington...

LE NOTAIRE.

Oh ! rien ne presse.

LECORBOT, *apercevant le comte puis Emilie, qui entre d'un autre côté avec Catherine.*

Si, si... Voilà déjà ma fille et son fiancé !

LE COMTE, *entrant et saluant.*

Mon cher Lecorbot, monsieur le notaire, mesdames !

LE NOTAIRE.

Mesdames ! Monsieur le comte !...

LECORBOT.

Mon cher gendre ! *(A part.)* Le comte, mon gendre... cela fait très bien !

LE COMTE.

Vous avez mis vos décorations !

LECORBOT.

Oui.

LE COMTE.

Très joli coup d'œil !

LECORBOT, *content.*

Oh !

LE NOTAIRE.

Cela vous sied à ravir !

LECORBOT, *enchanté.*

Oh ! Oh ! *(A sa fille.)* Tu n'as pas mis ta parure de diamants !

ÉMILIE.

Je pensais que...

LECORBOT.

Une parure de vingt-deux mille francs ! La... certainement un homme supérieur est au-dessus de ces puériles vanités... mais c'est pour le monde ! *(Au comte.)* Voici le contrat !

ÉMILIE, *bas, à Catherine.*

Tu entends !

CATHERINE, *de même.*

Tu n'es pas encore mariée !

LECORBOT, *au comte, qui du regard va de sa fiancée au contrat et du contrat à sa fiancée.*

Prenez donc !

LE COMTE, *hésitant toujours.*

C'est que...

LECORBOT.

Oui, je sais, un homme du monde est au-dessus..... mais dans la vie, les petites choses occupent une grande place. *(A part.)* Je vais pouvoir lire le mien ! *(Sortant et lisant.)* « Par devant... »

LE NOTAIRE, *offrant son bras.*

Alors, mesdames...

ÉMILIE.

Merci ! *(Bas à Catherine.)* Ah ! j'ai envie de pleurer !

SCÈNE VIII

Le comte, puis LUDOVIC.

LE COMTE, *parcourant le contrat.*

Par devant... *(S'interrompant.)* Ça va... ça va... A minuit, la signature du petit acte. Encore deux heures ! C'est vraiment une charmante personne qu'Emilie..... Cinq cent mille francs de dot ! *(Il se remet à parcourir le contrat.)*

LUDOVIC, *paraissant, à lui-même.*

Je n'y tenais plus, j'ai lâché Saumur.

LE COMTE.

Hein ! Pas encore habillé, vous ?

LUDOVIC.

Non. Il paraît qu'il y a fête ici, donc ?

LE COMTE, *à part.*

Comment, il ne sait pas... *(Haut.)* Eh bien ! Et le contrat !

LUDOVIC.

De M. Lecorbot avec ma sœur ?

LE COMTE.

Et le mien.

LUDOVIC.

Avec ?

LE COMTE, *à part.*

D'où sort-il ? *(Haut.)* Avec Mlle Lecorbot !

LUDOVIC, *atterré.*

Emilie ! Oh !

LE COMTE.

Quoi ?

LUDOVIC, *d'une voix étranglée.*

Vous... vous !

LE COMTE, *à lui-même.*

Qu'est-ce qui lui prend ? *(Haut.)* Au revoir, cher !

SCÈNE IX

LUDOVIC, puis JÉROME

LUDOVIC, *qui est resté immobile et sans pouvoir parler.*
Oh! c'est impossible ! Mais je le tuerai !

JÉRÔME, *parlant à la cantonade.*
On m'a dit dans la serre ! *(Arrêtant Ludovic.)* Eh bien! où vas-tu ?

LUDOVIC.
Mon oncle ! Je vais le tuer !

JÉRÔME.
Ce cher Lamothe-Renard ?

LUDOVIC.
Oui.

JÉRÔME, *le retenant.*
Doucement.

LUDOVIC, *se débattant.*
Laissez-moi !

JÉRÔME.
Il est toujours temps de tuer quelqu'un.

LUDOVIC.
C'est que vous ignorez...

JÉRÔME.
Non, j'ai reçu...

LUDOVIC.
Qu'on va passer le contrat...

JÉRÔME.
Une lettre de Mlle Lecorbot !

LUDOVIC, *s'arrêtant.*
Quoi ?... Ah ! chère Emilie !

JÉRÔME.
Catherine !

LUDOVIC.
Emilie !

JÉRÔME.

Mais, non ; puisque c'est la tante !

LUDOVIC, *désappointé.*

Ah !.. La cousine, alors !.. Eh bien !

JÉRÔME.

Nous avons été victimes d'un petit complot !

LUDOVIC.

Un complot ! Ah ! je vais le tuer !

JÉRÔME, *le retenant.*

Mais non... Mais non... rien ne presse !

LUDOVIC, *se débattant de nouveau.*

Si !

JÉRÔME.

Non ! Ecoute ! Moi, on m'avait envoyé à Toulouse par le télégraphe.

LUDOVIC.

Quoi ?

JÉRÔME, *se reprenant.*

Je veux dire on me fait envoyer de Toulouse un télégramme pressant... pour mon procès.

LUDOVIC.

Eh bien !

JÉRÔME.

J'y cours... Rien ! Une petite course de deux cents lieues ! Toi...

LUDOVIC.

On me rappelle de Saumur.

JÉRÔME.

Et quant à ta fiancée, Mlle Catherine...

LUDOVIC.

Emilie !

JÉRÔME.

Tu disais Catherine !

LUDOVIC.

La cousine.

JÉRÔME.

Ah ! oui. On lui a fait croire que tu étais un écervelé,

un cerveau brûlé qui ne faisait que promener son cœur de veuves en filles et de filles en veuves ; prenant feu comme un flacon de pétrole et s'éteignant comme un chiffon de papier.

LUDOVIC, *furieux.*

Oh ! je vais...

JÉRÔME.

Le tuer. Parlons d'abord à ton père... Justement le voici.

SCÈNE X

Les mêmes, PLANCHON.

PLANCHON, *portant toujours le bonnet normand que lui a confié sa fille ; parlant aux deux domestiques que l'on aperçoit par la porte ouverte et qui portent les autres bonnets, le casque et la cuirasse.*

Prenez garde à ne rien endommager. *(A lui-même, désignant le bonnet.)* Celui-ci est à ma fille !

JÉRÔME.

Ah ! ça... à quoi joue-t-il ?

PLANCHON, *l'air très pressé.*

Et maintenant, vite au notaire !.

JÉRÔME, *l'arrêtant.*

Un instant !

PLANCHON.

Jérôme !

LUDOVIC, *s'avançant.*

Mon père !

PLANCHON, *sautant.*

Ludovic aussi ! *(A part.)* Nom d'un... que va dire ma femme ?

JÉRÔME.

Nous avons à causer !

PLANCHON.

Tout à l'heure... je suis pressé.,. il faut que je parle au notaire... vous n'avez pas vu le notaire ? *(A part.)* Il doit avoir la somme maintenant !

JÉRÔME.

Tu parleras au notaire après !

PLANCHON.

Mais non !

JÉRÔME.

Oui !

LUDOVIC.

Mon père...

PLANCHON.

Mais vous ne savez pas... quelque chose d'extrêmement grave...

JÉRÔME.

Rien n'est plus grave que de faire le malheur de ses enfants !

PLANCHON.

Le malheur... *(La pendule sonne, à lui-même.)* Oh ! dix heures ! Où peut être ce notaire ?

LUDOVIC.

Oh ! oui, le malheur !

PLANCHON.

Mais, déplorable enfant, que viens-tu faire ici ?

JÉRÔME.

Voyons, tu sais bien que Ludovic aime Mlle Lecorbot.

LUDOVIC.

Et que Mlle Lecorbot m'aime.

PLANCHON.

C'est-à-dire...

JÉRÔME.

Allons, ne fais pas semblant, tu le sais !

LUDOVIC.

Oh ! vous le savez !

PLANCHON, *tortillant dans son angoisse le bonnet comme un mouchoir de poche.*

Mais ce n'est pas ça...

JÉRÔME.

Voyons ! montre-toi... Sois homme une fois en ta vie !

PLANCHON.

Certainement, je serai homme ! *(A part.)* Que dira ma femme ?

LUDOVIC.

Si vous m'aimez...

JÉRÔME.

Es-tu homme, oui ou non ?

PLANCHON, à Ludovic.

Voilà bien ce qui m'embarrasse ! *(Dans sa préoccupation il déchire le bonnet petit à petit.)*

LUDOVIC.

Alors ne me sacrifiez pas...

JÉRÔME.

Aux turlutaines d'une belle-mère.

LUDOVIC.

A sa lady Kissington.

JÉRÔME.

Et au clinquant.

PLANCHON, *ahuri*.

Ouf ! j'ai la tête... ça tourne... ça tourne... Dieu ! que j'ai chaud ! *(Il s'essuie le front avec le bonnet.)* Mais alors que voulez-vous que je fasse ?

JÉRÔME.

Vite t'adresser à M. Lecorbot.

PLANCHON.

Oui.

LUDOVIC.

Lui exposer la situation.

PLANCHON.

Oui.

LUDOVIC.

Et lui demander chaudement la main de sa fille.

JÉRÔME.

Pour ton fils.

PLANCHON.

Oui... Mais, nom d'un bonhomme ! puisqu'il l'a promise à M. de Lamothe-Renard !

JÉRÔME ET LUDOVIC.

Ah !

JÉRÔME.

Il l'a dépromettra.

LUDOVIC.

Et puis je vais le tuer Lamothe !

PLANCHON, *sautant et déchirant tout-à-fait le bonnet.*

Un duel à présent !

JÉRÔME.

Tu vois, il va le tuer !

PLANCHON.

Mais malheureux enfant !... *(A lui-même, se souvenant tout à coup.)* Et le notaire... j'oubliais le notaire !

JÉRÔME.

Décidément ta femme t'a mis les poucettes !

PLANCHON, *bourrant avec colère les débris du bonnet dans sa poche.*

Les poucettes ! Jérôme ! *(Furieux.)* Les poucettes !

LUDOVIC.

Mon père !

PLANCHON.

Laisse-moi tranquille... toi !

LUDOVIC.

Je n'ai plus de mère !...

PLANCHON, *s'attendrissant.*

Plus de mère... c'est vrai !

LUDOVIC.

Et si je ne trouve pas d'appui en vous.....

PLANCHON, *ému.*

Pauvre enfant ! *(Il cherche son mouchoir et tire le bonnet de sa poche.)*

LUDOVIC.

Je serai donc tout-à-fait orphelin !

PLANCHON, *pleurant.*

Orphelin ! orphelin ! *(Il se mouche dans le bonnet et s'aperçoit de son erreur.)* Oh ! je l'avais mis dans ma poche !

JÉRÔME, *qui n'a rien vu, non plus que Ludovic.*

Voyons ! sois fort !

PLANCHON.

Je serai fort... je serai fort... ils me font pleurer !

SCÈNE XI

Les mêmes, Mme PLANCHON.

Mme PLANCHON, *entrant et apercevant Ludovic et Jérôme, suffoquée.*

Oh !... quelle audace ! *(Elle fait un mouvement comme pour se jeter au milieu des personnages, puis s'arrête et se retire à l'écart.)*

LUDOVIC, *entraînant son père.*

Allons ! alors.

JÉRÔME, *le retenant.*

Non !

LUDOVIC, *le tirant.*

Vite !

JÉRÔME, *le ramenant.*

Non !

LUDOVIC, *le tirant de nouveau.*

Venez !

PLANCHON, *tiraillé de tous les côtés.*

Mais, nom d'un bonhomme !...

JÉRÔME.

Je vais t'envoyer Lecorbot... ça vaudra mieux !

PLANCHON, *qui n'en peut plus.*

Oui... Ouf ! quelle soirée ! Mon Dieu... quelle soirée !

LUDOVIC.

Ah ! bon... *(A part.)* Alors, deux mots à Emilie. *(Il déchire une feuille de son calepin et sort.)*

SCÈNE XII

PLANCHON, Mme PLANCHON.

PLANCHON.

Moi, je cours au notaire, d'abord !

Mme PLANCHON, *l'arrêtant et avec éclat.*

Que faisiez-vous là ?

PLANCHON, *à part, effrayé.*

Oh ! ma femme ! *(Haut, balbutiant.)* Je... je... ne sais pas !

Mme PLANCHON.

Vous savez bien cependant que ce... que votre fils est revenu.

PLANCHON.

Oui, je... je crois qu'oui.

Mme PLANCHON.

Et vous l'avez accueilli, et vous lui avez ouvert les bras, et vous lui avez parlé !...

PLANCHON.

C'est-à-dire...

Mme PLANCHON.

Vous lui avez parlé !

PLANCHON.

Nous avons échangé quelques paroles.

Mme PLANCHON.

C'est tout naturel... le retour de l'enfant prodigue, vous tuez le veau gras.

PLANCHON, *ne sachant plus ce qu'il dit.*

Mais non... je n'ai pas tué de veau... je t'assure !

Mme PLANCHON.

Ah ! si j'étais un homme, au lieu d'être une faible femme.

PLANCHON.

Permets...

Mme PLANCHON.

C'est avec ma canne que je l'aurais reçu... vous ne savez pas être père !

PLANCHON, *à part.*

Il faut pourtant que je me montre !

Mme PLANCHON.

S'il parle à M. Lecorbot, il va tout gâter !

PLANCHON.

Pourquoi ? *(A part.)* Jérôme m'a dit de me montrer !

Mme PLANCHON.

Il lui dira que... il lui fera croire ce qui... et le mariage de Léopoldine n'aura plus lieu.

PLANCHON.

Parce que... *(A part.)* Je me montre!

Mme PLANCHON.

Parce que... parce que... hé! vous savez bien que le comte n'ignore rien de notre... *(Furieuse et les larmes aux yeux.)* Ah! vous aimez mieux votre fils que votre fille! vous la sacrifiez... vous me sacrifiez aussi... nous sommes vos victimes... frappez! nous sommes résignées... je suis résignée... Ah! si je ne me retenais!

PLANCHON.

Lodoïska!

Mme PLANCHON.

Voici Lecorbot! Pas un mot!... Pas un mot!

SCÈNE XIII

Les mêmes, LECORBOT.

LECORBOT, *un bouquet à la main.*

Ma fille m'a prié de tenir son bouquet... C'est embarrassant! *(A Planchon.)* Vous désirez me parler.

PLANCHON.

Moi, mais...

Mme PLANCHON.

Vous vouliez lui parler?

PLANCHON.

C'est-à-dire...

LECORBOT.

Monsieur votre frère a même ajouté: Il vous attend avec la plus grande impatience et...

Mme PLANCHON, *à son mari, à demi-voix.*

Avec impatience, vous entendez! avec impatience!

PLANCHON, *à sa femme, de même.*

C'est-à-dire... je l'attendais... mais pas avec impatience!

LECORBOT, *continuant.*

Et alors je me suis élancé au milieu du flot des danseurs... une navigation pénible! Et me voilà avec ce bouquet, sauvé du naufrage ou à peu près! Décidément, il est embarrassant ce bouquet! Vous disiez donc?

Mme PLANCHON, *bas à son mari.*

Pas un mot... pas un mot... pas un mot!

PLANCHON, *à lui-même.*

Elle ne me laisse pas le temps de me montrer!

Mme PLANCHON, *à part.*

Ah! ces pauvres femmes sont-elles assez martyres!

LECORBOT.

Oh!

Mme PLANCHON ET PLANCHON.

Quoi?

LECORBOT, *qui pendant les répliques précédentes avait arrangé le bouquet, un peu aplati, et qui en a tiré un billet.*

Un papier dans le bouquet de ma fille!

Mme PLANCHON.

Un papier!

LECORBOT, *lisant.*

« Je vous aime et je n'aime que vous. Mon père demande en ce moment votre main. Ne signez rien ce soir. » *(Parlé.)* Pas de signature!

Mme PLANCHON, *à elle-même.*

Encore ce Ludovic!

LECORBOT.

Quel est le polisson qui se permet...

Mme PLANCHON, *à son mari.*

C'était donc un complot!

LECORBOT.

Un complot! Comment, un complot?... Et pas de signature! Ah! s'il y avait une signature...

PLANCHON *à part.*

Quelle soirée! Ah! quelle soirée!

LECORBOT, *continuant.*

Je chercherais l'être assez osé et je le trouverais... certainement!

Mme PLANCHON, *à son mari, bas.*

Vous êtes un infâme !

PLANCHON, *de même.*

Ma bonne amie !

Mme PLANCHON, *sans l'écouter, furieuse.*

Assez d'insultes... assez d'insultes !

LECORBOT, *qui cherche toujours.*

Mais « Mon père demande en ce moment votre main. » Je n'y comprends pas un mot ! Quelle main ? à qui ? à moi ! On ne m'a rien demandé du tout.

PLANCHON, *qui pendant ce temps a été querellé à voix basse par sa femme.*

Mon Dieu ! quelle soirée !

SCÈNE XIV

Les mêmes, LUDOVIC, JÉROME.

LUDOVIC, *à Jérôme.*

Impossible de rien dire à Emilie, mais j'ai glissé le billet !

JÉROME.

Ah ! *(A Planchon.)* Eh bien ! As-tu parlé à M. Lecorbot ?

LUDOVIC.

Qu'a-t-il répondu ?

LECORBOT, *à part.*

Le fils ! *(A Planchon.)* Comment, votre fils ici ?

PLANCHON, *à Lecorbot.*

C'est-à-dire... *(A part.)* Et Jérôme qui m'avait dit de me montrer !

LUDOVIC, *apercevant Mme Planchon.*

Diable ! ma belle-mère !

LECORBOT, *regardant le papier.*

Voyons ! voyons ! voyons ! Ah ! voilà ! Ah ! je devine..... j'ai deviné tout de suite !..... C'est lui ! *(A Ludovic.)* C'est vous !

LUDOVIC.

Vous quoi ! *(A part.)* Oh ! mon billet !

LECORBOT.

Qui avez écrit...

LUDOVIC.

A Mlle Emilie. C'est moi ! *(A part.)* Diable ! alors elle n'est pas prévenue ! Diable !

LECORBOT.

Comment... vous vous êtes permis...

LUDOVIC.

Mon père va vous expliquer... Expliquez-vous, mon père !

Mme PLANCHON, *à son mari.*

Je vous défends...

JÉRÔME.

Voyons, parle.

Mme PLANCHON.

Taisez-vous !

LECORBOT, *à Planchon.*

Eh bien !

PLANCHON, *ahuri.*

Quelle soirée ! quelle soirée ! quelle soirée !

SCÈNE XV

Les mêmes, CATHERINE, ÉMILIE, puis le comte.

CATHERINE, *à Emilie.*

Je te dis qu'il est ici ! Viens donc !

LUDOVIC.

Emilie !

LECORBOT.

Ma fille !

LUDOVIC.

Mademoiselle ! C'est le ciel qui vous envoie !

ÉMILIE.

Monsieur !...

LUDOVIC.

Nos parents sont tous là réunis ; c'est devant eux que je m'expliquerai !

Mme PLANCHON, *à part.*

Par exemple ! *(A son mari.)* Mais défendez-lui...

LUDOVIC.

Je vous aime... Je n'ai jamais aimé que vous et.....

Mme PLANCHON, *à Planchon.*

Mais faites-le donc taire ! *(Elle le pousse.)*

JÉRÔME, *le retenant.*

Laisse-le parler !

CATHERINE ET ÉMILIE.

Mais, oui.

LECORBOT ET Mme PLANCHON.

Non... non !

JÉRÔME.

Si !

PLANCHON, *désespéré et ahuri.*

Ah !

LUDOVIC, *à Emilie, continuant.*

Et si on vous a dit le contraire c'est une calom...

LECORBOT, *à Ludovic.*

Monsieur !

ÉMILIE.

Mon père !...

LECORBOT, *à Planchon.*

Vous entendez !

LUDOVIC, *plus fort.*

Oui, je le répète, c'est une calomnie !

TOUS, *moins Jérôme, avec différentes intonations de reproche à Planchon.*

Oh !

JÉRÔME.

Très bien !

PLANCHON, *suppliant son fils.*

Ludovic !

LE COMTE, *entré depuis quelques instants, à part.*

Lui mon rival ! *(Haut à Ludovic.)* Monsieur !

TOUS, *l'apercevant.*

Le comte !

LUDOVIC.

Oh! *(Au comte.)* Renoncez à Mademoiselle ou je vous tue !

TOUS, *moins Jérôme,*

Un duel !

LE COMTE, *à Ludovic.*

Moi !

LUDOVIC.

Vous !

TOUS, *moins Ludovic et le comte, avec divers mouvements, à Planchon.*

Ah !

PLANCHON, *presque fou à son fils.*

Ludovic ! !

LE COMTE, *à part.*

Diable ! Diable !

CATHERINE ET ÉMILIE, *à Planchon.*

Ah ! Monsieur !

LECORBOT, *de même.*

C'est odieux !

Mme PLANCHON, *de même.*

C'est monstrueux !

JÉRÔME, *de même.*

C'est bien fait !

Mme PLANCHON.

C'est votre faute !

LECORBOT, *auquel le comte a dit quelques mots à voix basse.*

Je comprends... Je comprends... C'est-à-dire...

LE COMTE, *bas.*

Mais allez... Allez donc !

LECORBOT.

J'y vais. *(A part.)* C'est-à-dire je n'y comprends rien du tout, c'est même très étonnant ! *(Pendant ces dernières répliques Planchon entouré par les autres acteurs a paru vivement interpellé par eux.)*

LE COMTE, *à Ludovic.*

Monsieur, je suis à vos ordres !

LECORBOT, *toussant.*

Hem!... Messieurs! un mot!

LUDOVIC.

Parlez! *(Tous se rapprochent et l'entourent.)*

LECORBOT.

Messieurs!... En présence d'un conflit certainement aussi regrettable que celui que... qui aujourd'hui..... enfin le premier devoir d'un père vigilant qui veut le bonheur de sa fille...

ÉMILIE.

Ah! mon père!

LECORBOT.

C'est de le retarder!

TOUS.

Comment! *(Le comte s'avance vers Lecorbot avec un air de surprise et d'indignation.)*

LECORBOT.

Je garde ma fille jusque... jusqu'à!... voilà!

LE COMTE.

Monsieur... *(Bas.)* Parfait!

LECORBOT, *se méprenant et croyant qu'il s'agit de son éloquence, avec modestie.*

Oh! non..... non..... Mais si j'étais à la Chambre..... J'étais né pour être orateur... Voilà tout!

Mme PLANCHON.

Monsieur Lecorbot...

LE COMTE, *bas, la retenant.*

Chut!

LUDOVIC, *à part, désignant Emilie.*

Il ne la tient pas encore!

LE COMTE, *à part, regardant Ludovic.*

Je le tiens!

JÉRÔME, *regardant le comte.*

Qu'est-ce que cela signifie!

SCÈNE XVI

LES MÊMES, LE NOTAIRE, puis LÉOPOLDINE.

LE NOTAIRE.

Mesdames!... messieurs!... on n'attend que vous pour commencer la charade.

Mme PLANCHON.

La... j'en étais sûre !

PLANCHON, *s'élançant vers le notaire.*

Ah ! Monsieur le notaire ! monsieur le notaire !

LÉOPOLDINE, *accourant en costume de Normande, moins le bonnet.*

Maman !... mon père !

LE NOTAIRE, *à Planchon.*

Monsieur !

LÉOPOLDINE, *à Planchon.*

Il nous manque un bonnet... le mien... où l'avez-vous mis ?

PLANCHON, *au notaire.*

Pardon ! ce que je vous ai demandé ?...

LE NOTAIRE, *à Planchon.*

Oh ! c'est bien entendu. Demain...

PLANCHON, *atterré.*

Demain...

LE NOTAIRE, *se dirigeant vers la porte par où Lecorbot, sa fille, Catherine, le comte, Jérôme et Ludovic, viennent de sortir.*

A dix heures... oui !

PLANCHON.

Ah ! mon Dieu ! il n'a pas compris ! *(Il s'élance sur les traces du notaire.)*

Mme PLANCHON, *qui pour faire retourner son mari l'avait saisi par le bras, tandis que Léopoldine le tenait par les basques de l'habit.*

Vous n'entendez donc pas !

LÉOPOLDINE.

Ce bonnet, vite !...

Mme PLANCHON, LÉOPOLDINE, *en même temps.*

Où l'avez-vous mis ?

PLANCHON, *sans répondre, effaré.*

Perdu !... monsieur le notaire... monsieur le notaire ! *(Il se dégage et court vers la porte. Mme Planchon et sa fille, en voulant le retenir, ont saisi chacune un lambeau du bonnet qui sort à moitié de la poche. Ces lambeaux se déroulent en bandes interminables pendant la sortie de Planchon, jusqu'au moment où le gros du paquet, arraché de la poche, reste suspendu entre les deux femmes.)*

Mme PLANCHON, *stupéfaite.*

Qu'est ce que c'est que ça ?

LÉOPOLDINE, *consternée, poussant un cri.*

Le bonnet !... mon bonnet !

Mme PLANCHON, *suffoquant.*

Il l'avait mis dans sa poche !

(La toile tombe.)

ACTE IV

Une pièce préparée pour salon de jeu et communiquant par la gauche avec le petit salon ou se passe l'acte précédent.

SCÈNE PREMIÈRE

LECORBOT.

(*Au lever du rideau, on entend le bruit des applaudissements.*)

LECORBOT, *entrant par le pan coupé de gauche.*
Charmant ! charmant ! charmant ! Ouf ! j'ai chaud ! (*Il s'essuie le front.*) Ah ! j'aurai une femme distinguée ! Seulement je ne trouve pas le mot !... dans une charade il y a un mot ! Voilà ! c'est bien drôle ! Décidément pour les petites choses... les grands esprits... Et puis qu'on se mette à ma place... le comte me dit : — Ne soyez pas inquiet... j'ai mon projet ! Eh bien ! certainement il doit avoir un projet... mais je suis inquiet. Voilà une heure que je me demande lequel... Je ne trouve pas non plus ! Enfin, puisqu'il ne m'a rien dit !

SCÈNE II

LECORBOT, ÉMILIE.

ÉMILIE.
Mon père !

LECORBOT.
Quoi ?

ÉMILIE.
Je te cherchais.

LECORBOT.
Tu as trouvé le mot !

ÉMILIE.
Quel mot ?

LECORBOT, *à lui-même.*
Elle n'a pas trouvé non plus !

ÉMILIE.
Je voulais te remercier... Ah ! que tu es bon.

LECORBOT.

Moi !

ÉMILIE.

Toi. Puisque tu veux bien ne plus me forcer à épouser ce M. de Lamothe-Renard.

LECORBOT.

Mais...

ÉMILIE.

Ah ! je t'aime bien, va !

LECORBOT.

Permets... permets.

ÉMILIE.

Lui je ne pouvais pas l'aimer.

LECORBOT.

Cependant...

ÉMILIE.

Quelle différence avec M. Ludovic !

LECORBOT.

Ludovic ! *(A part.)* Ces petites filles n'ont pas le moindre goût.

ÉMILIE.

A présent que je sais qu'il n'aime que moi, qu'il n'a jamais aimé que moi...

LECORBOT.

Mais...

ÉMILIE.

Oh ! c'était bien mal de me faire croire qu'il allait en épouser une autre !

LECORBOT.

Ah ! mais écoute aussi...

ÉMILIE.

Quoi ?

LECORBOT.

Ce Ludovic, c'est un garçon sans consistance !

ÉMILIE.

Oh !

LECORBOT.

Ce n'est pas lui qui ferait étinceler sur ma poitrine

cette étoile de l'honneur qui... sérieusement, il ne peut pas te plaire!

ÉMILIE.

Oh! mon père!

LECORBOT, *la contrefaisant.*

Oh! mon père! *(A lui-même.)* Il faudrait lui sacrifier mon ruban rouge! Ces enfants sont d'un égoïsme!

ÉMILIE.

Voyons! mon petit père!...

LECORBOT.

Mon petit père! mon petit père! *(A lui-même.)* Il n'y a pas à dire, je suis inquiet!

SCÈNE III

Les mêmes, Mme PLANCHON.

Mme PLANCHON.

Ah! cher monsieur Lecorbot!

LECORBOT.

Chère madame! *(A sa fille.)* Laisse-nous!

ÉMILIE.

Mon père! *(Nouveaux gestes de Lecorbot; à part, sortant.)* Que vont-il machiner encore?

SCÈNE IV

Les mêmes, moins ÉMILIE.

Mme PLANCHON.

Eh bien!

LECORBOT, *sans l'écouter.*

L'avez-vous vu?

Mme PLANCHON, *continuant toujours.*

Que signifie... quels sont vos plans?

LECORBOT.

Vous n'avez pas vu le comte?

Mme PLANCHON.

Non.

LECORBOT.

Imaginez-vous qu'il me dit : Ne soyez pas inquiet... j'ai mes projets.

Mme PLANCHON, *contente*.

Bon !... quels sont-ils ?

LECORBOT.

Je ne les connais pas... il a disparu pendant la charade !

Mme PLANCHON, *désappointée*.

Permettez-moi de vous faire remarquer, cher monsieur Lecorbot, que dans une affaire aussi sérieuse il était urgent... *(Changeant tout à coup de ton.)* Eh bien ! avez-vous trouvé le mot ?

LECORBOT.

Mais certainement...

Mme PLANCHON.

Ah !... Eh bien !

LECORBOT, *continuant*.

Certainement je l'aurais trouvé... Ce n'est pas un homme comme moi qui... non... mais l'arrivée de votre Ludovic... le contrat... la provocation...

Mme PLANCHON, *indignée*.

La provocation... oui... Aussi, c'est la faute de mon mari !

LECORBOT.

Eh bien ! qu'est-il devenu votre mari ?

Mme PLANCHON.

Comment !

LECORBOT.

Au moment où l'on commençait la charade, il s'est précipité dans les escaliers comme s'il courait chercher les pompiers.

Mme PLANCHON.

Lui !

LECORBOT.

Mettez-vous à ma place... je suis inquiet et même très inquiet... le temps presse.

Mme PLANCHON.

C'est ce que je dis... Thérésa va chanter après le grand morceau de piano. *(Pendant ce qui précède des joueurs se sont placés aux tables.)*

LECORBOT, *apercevant le comte.*

Ah!

SCÈNE V

LES MÊMES, LE COMTE.

LE COMTE, *à lui-même.*

C'est le moment!

Mme PLANCHON.

Le voilà!

LECORBOT.

Parlez!

Mme PLANCHON.

Dites-nous...

LE COMTE.

Plus tard! *(A Lecorbot.)* Seulement priez M. Ludovic de vous attendre ici... et ne vous pressez pas de revenir!

LECORBOT, *ouvrant de grands yeux.*

Ah!

LE COMTE.

Vous comprenez?

LECORBOT, *vivement.*

Certainement, je comprends!

Mme PLANCHON.

Très-bien! comme ça j'aurai le temps de présenter Thérésa à mes invités! *(Elle sort.)*

LECORBOT, *sortant à son tour.*

C'est égal! je suis inquiet.

SCÈNE VI

LE COMTE, JOUEURS, INVITÉS.

LE COMTE, *à lui-même.*

Que le diable emporte ce petit drôle! Un duel... merci! Il est enragé, le jeune homme! On aurait mieux fait de me prévenir... Nous aurions pris nos mesures avec ma... avec cette chère sœur qui va s'affoler... Enfin ! la manie du mariage ! *(Tirant une lettre de sa poche.)* Encore une lettre d'elle à ce sujet ! *(Il la met dans son portefeuille.)* Quant à celles de Mlle Planchon... les voici... je les lui remettrai après la signature du contrat ! *(Il replace dans le portefeuille, le petit paquet de lettres qu'il en a tirées un instant.)* Ah ! ça... il n'arrive pas mon rival... Est-ce que... Non le voici. *(Se rapprochant d'une table où se trouvent deux joueurs, à voix basse.)* Attention !

SCÈNE VII

Les mêmes, LUDOVIC.

LUDOVIC, *à lui-même.*

M. Lecorbot m'a dit de venir l'attendre ici, et il me souriait... serait-il possible que... *(Apercevant le comte qui paraît conseiller l'un des joueurs.)* Ah ! cet homme m'est odieux !

LE COMTE, *au premier joueur.*

Perdu... perdu... mais du tout !

PREMIER JOUEUR.

Oh !

LE COMTE.

Du tout. Je parie dix louis !

LUDOVIC, *à part.*

Ah ! si je ne me contenais !

LE COMTE.

Personne n'ose parier ?

LUDOVIC.

Je les tiens !

LE COMTE.

Vous ?

LUDOVIC.

Moi !

LE COMTE, *à part.*

Il y vient !

PREMIER JOUEUR.

La dame !

DEUXIÈME JOUEUR.

Le roi !

LE COMTE, *à Ludovic.*

Vous avez gagné !

DEUXIÈME JOUEUR, *au premier.*

Votre revanche !

LE COMTE, *au premier.*

Je tiens toujours pour vous !

LUDOVIC.

Et moi pour monsieur !

LE COMTE, *à part.*

Il y vient très bien !

SCÈNE VIII

Les mêmes, PLANCHON. puis Mme PLANCHON, puis DEUX DOMESTIQUES.

PLANCHON, *entrant essoufflé, exténué, en désordre, à part.*

J'ai couru partout ! Impossible de me procurer... à cette heure-ci... c'est évident. J'aurais dû prévenir la police ! si je courais chez le commissaire ! Après ça peut-être... ils n'oseront pas... c'était pour m'effrayer... certainement... c'était pour m'effrayer !

LE COMTE, *à Ludovic.*

Cent louis !

LUDOVIC.

Tenus !

PLANCHON, *qui a entendu.*

Comment cent louis ! *(Courant à son fils.)* Ludovic !

Mme PLANCHON, *entrant comme un ouragan.*

Mon ami... allez donc voir ce qui se passe !

1er DOMESTIQUE, *accourant.*

Monsieur ! monsieur !

PLANCHON, *effrayé.*

Quoi ?

1er DOMESTIQUE, *à demi-voix.*

Il y a là des gens... les fournisseurs de Monsieur !

PLANCHON, *sautant.*

Oh !

Mme PLANCHON, *à son mari.*

Comment... au moment du contrat... un pareil scandale !...

LUDOVIC, *à la table de jeu.*

Perdu !

PLANCHON.

Hein !

Mme PLANCHON, *à son mari.*

Tout serait rompu, alors !

1er DOMESTIQUE, *à Planchon.*

Que faire ?

PLANCHON, *éperdu, au domestique.*

Courez chez le commissaire... non... j'y vais... fermez les portes.. empêchez-les d'entrer !

1er DOMESTIQUE.

Oui, monsieur ! *(Il sort.)*

LUDOVIC, *au comte.*

Deux cents louis, quitte ou double !

PLANCHON, *prêt à sortir.*

Oh ! *(Courant à son fils.)* Ludovic !

LUDOVIC, *au comte qui a feint de refuser.*

Trois cents louis sur ma signature !

2me DOMESTIQUE.

Monsieur... ils ont pénétré par l'escalier de service et le couloir, là...

Mme PLANCHON.

Et vous restez-là planté à regarder jouer...

PLANCHON, *à moitié fou, courant vers la porte.*

J'y vais.

LE COMTE, *à Ludovic.*

Trois cents louis, soit ! *(Ludovic a écrit quelques mots sur un morceau de papier et l'a posé devant lui comme enjeu.)*

PLANCHON, à lui-même.

Six mille francs! (Haut, courant à son fils.) Ludovic!

1er DOMESTIQUE.

Monsieur! impossible de les contenir! ils font du bruit, ils crient... Ils demandent de l'argent!

Mme PLANCHON, à son mari.

Si vous les aviez payés... c'est votre faute!

PLANCHON, tournant sur lui-même comme une toupie.

De l'argent!... Ludovic!... Trois cents louis!... Ah! quelle soirée!

SCÈNE IX

LES MÊMES, LECORBOT.

LECORBOT, entrant.

Monsieur Planchon... expliquez-moi...

LES DEUX DOMESTIQUES, bas à Planchon.

Tenez les voilà!..... (La porte qui donne sur le couloir s'entr'ouvre et par cette porte on aperçoit plusieurs hommes prêts à entrer en tumulte.)

PLANCHON ET Mme PLANCHON, immobiles, l'un à l'autre.

Les voilà!

LECORBOT, à Planchon.

Qu'est-ce que cela signifie?

PLANCHON, balbutiant.

Je... je ne sais pas!

Mme PLANCHON, balbutiant aussi.

Vous... voyez... il ne sait pas! (La porte se referme.)

LECORBOT, s'élançant vers la porte.

Oh! je saurai bien... moi!...

PLANCHON, courant aussi et lui barrant le passage.

Monsieur Lecorbot!

LECORBOT.

Laissez-moi!

PLANCHON, fou.

Jamais!

LUDOVIC, *à la table de jeu.*

Encore perdu! *(Planchon qui a entendu fait un mouvement; Lecorbot se dégage.)*

LECORBOT, *s'élançant dehors.*

Ah! c'est bien drôle!

LUDOVIC, *au comte.*

Voici le billet!

PLANCHON, *désespéré et ne sachant plus auquel courir.*

Ludovic!... Monsieur Lecorbot!

SCÈNE X

Les mêmes, moins LECORBOT.

LE COMTE, *tenant le billet et prêt à le mettre dans son portefeuille.*

Renoncez à Mlle Lecorbot et je vous le rends!

Mme PLANCHON, *à son mari, désespérée.*

Perdus!... c'est votre faute!...

LE COMTE, *se retournant en laissant son portefeuille sur la table, à Mme Planchon.*

Qu'y a-t-il?

LUDOVIC, *à lui-même.*

C'était un piége!

LE COMTE, *à qui Mme Planchon dit un mot.*

Diable! diable! Je vais...

Mme PLANCHON, *voyant Lecorbot.*

Trop tard!

SCÈNE XI

Les mêmes, LECORBOT.

LECORBOT, *à lui-même.*

C'est bien drôle! Ah! c'est bien drôle!

LE COMTE.

Mon cher Lecorbot!

LECORBOT.

Comment... vous étiez là!

LE COMTE.

Oui... vous voyez...

LECORBOT.

Expliquez-moi alors..... Cela faisait donc partie de votre projet ? Ces hommes...

Mme PLANCHON, *à part.*

Il ne sait rien !

LE COMTE, *embarrassé.*

De mon projet, certainement !

LECORBOT.

Je comprends tout !

LE COMTE, PLANCHON ET Mme PLANCHON.

Ah !

LECORBOT.

Seulement expliquez-moi... M. Jérôme savait donc...

PLANCHON, Mme PLANCHON, LE COMTE.

Jérôme !

LE COMTE, *embarrassé.*

Evidemment !

LECORBOT.

En sortant tout à l'heure... là... il m'arrête et me dit : C'est une plaisanterie !

LE COMTE.

Parbleu ! Enfin, puisque j'ai réussi !

LECORBOT.

Bon ! *(Se frottant les mains.)* Oh ! je n'étais pas inquiet ! Vous m'aviez dit...

LE COMTE.

Oui... oui...

LECORBOT.

Alors nous pouvons signer le contrat !

LUDOVIC, *qui était resté accablé, à part.*

Le contrat !... Plus d'espoir !

LE COMTE, *à part.*

Enfin !

SCÈNE XII

Les mêmes, JÉROME.

JÉRÔME, *qui s'est approché de Planchon, bas.*

Ouf! J'ai eu du mal à renvoyer ces gens..... je leur ai promis de les payer demain!

PLANCHON, *lui serrant la main.*

Ah!

LUDOVIC, *courant à Jérôme.*

Ah! mon oncle!

LECORBOT.

Allons! alors!

Mme PLANCHON ET LE COMTE.

Allons!

JÉRÔME, *qui a pris le portefeuille sur la table de jeu, à Ludovic*

C'est à toi ça?

LE COMTE, *se retournant.*

Mon portefeuille! Diantre!

LECORBOT ET Mme PLANCHON.

Quoi?

LE COMTE, *voulant prendre le portefeuille.*

Pardon, c'est à moi!

JÉRÔME.

Permettez!

LE COMTE, *même jeu.*

Mais, monsieur!

JÉRÔME.

Un instant!

LE COMTE, *même jeu.*

Puisque je vous dis qu'il est à moi!

Mme PLANCHON, *révoltée, à part.*

Oh! ce Jérôme!

JÉRÔME.

Alors comment se fait-il que des lettres de ma nièce....

TOUS.

De Léopoldine...

LE COMTE, *voulant se jeter sur Jérôme.*

Donnez-le moi ou...

LECORBOT, *s'élançant aussi.*

A moi... J'ai le droit de savoir... (*Lutte d'un instant entre les trois hommes, après laquelle le comte reste maître du portefeuille, Lecorbot et Jérôme chacun d'une partie des lettres ; d'autres papiers s'éparpillent, Ludovic, Planchon et le comte se précipitent pour les ramasser.*)

SCÈNE XIII

LES MÊMES, LÉOPOLDINE.

LÉOPOLDINE.

Qu'y a-t-il ?

LECORBOT, *qui parcourt les lettres.*

Oh !

LÉOPOLDINE, *qui s'est approchée.*

Ciel ! mes lettres !

LECORBOT, *au comte.*

Et j'allais être le mari de celle que vous aviez compromise !

LE COMTE.

Monsieur Lecorbot !

LÉOPOLDINE, *au comte.*

Vous êtes un monstre !

LE COMTE, *à part.*

Flambé !

LÉOPOLDINE, *à sa mère.*

Ma mère... emmenez-moi !

Mme PLANCHON.

Mon enfant... (*A son mari.*) Si vous aviez veillé sur votre fille... C'est votre faute !

PLANCHON.

Oh !

LUDOVIC, *tenant la lettre de lady Kissington, au comte.*

Et moi j'aurais épousé votre ancienne maîtresse !

Mme PLANCHON, *prête à sortir avec Léopoldine,*

PLANCHON, JÉRÔME, LECORBOT.

Quoi ?
LUDOVIC.

Cette lady Kissington... Votre prétendue sœur !
JÉRÔME.

Lady Kis..... Ah ! Très joli !
LECORBOT, *au comte*.

Quand on s'appelle Lecorbot on ne se laisse pas tromper ainsi ! Je suis un caractère, moi !
JÉRÔME, *au comte*.

Vous comprenez ce qu'il vous reste à faire !
LUDOVIC.

Vous épouserez ma sœur ou je vous tue !
LE COMTE.

Un duel ! Quand vous aurez acquitté votre dette !
JÉRÔME.

C'est moi qui m'en charge !
LECORBOT, *au comte*.

Je vous cède la place !
LE COMTE, *entre ses dents*.

Merci bien ! *(A part.)* Je partirai demain pour St-Pétersbourg !

SCÈNE XIV

Les mêmes. ÉMILIE, CATHERINE.

CATHERINE, *à Lecorbot*.

Qu'avez-vous ?
LECORBOT, *à sa fille et à Catherine*.

Allons-nous-en !
JÉRÔME.

Monsieur, ces enfants s'aiment et si vous voulez accorder la main de votre fille à mon neveu c'est moi qui me chargerai de le doter !
LECORBOT.

Monsieur !
ÉMILIE.

Ah ! mon père !

LECORBOT, *avec un soupir.*

Allons ! *(A lui-même.)* Je n'aurai pas le ruban rouge ! *(Ludovic, Emilie, Catherine, Jérôme et Planchon l'entourent.)*

(La toile tombe.)

LA
DONATION BAUTRUCHARD

VAUDEVILLE EN TROIS ACTES

PERSONNAGES

BAUTRUCHARD, ancien officier de douanes.
HECTOR, son neveu.
Henri MORLAN.
Un NOTAIRE.
FRANÇOIS, domestique de Bautruchard.
ROSALBA.
M⁽ᵐᵉ⁾ VERAMBOIS.
Un PETIT CLERC.
Un PORTIER.

L'action se passe au premier acte à Sèvres chez le notaire, aux deux derniers à Ville-d'Avray chez Bautruchard.

ACTE PREMIER

Le théâtre représente l'une des salles de l'étude.

SCÈNE PREMIÈRE

LE NOTAIRE, *il entre en tenant un acte qu'il lit à haute voix.*

« Par devant moi, Ange-Désiré, Prudent, notaire, à Sèvres, ont comparu. » *(A lui-même parlé.)* Virgule ! *(S'adressant aux clercs qui sont sensés être dans la salle à côté.)* Monsieur Arthur... il faut une virgule après Sèvres. *(Il saisit une plume et ajoute la virgule; reprenant sa lecture.)* « Ont comparu les sieurs Jean-Pierre-André Bautruchard et Hector Bautruchard, neveu du susdit. » *(S'adressant de nouveau au dehors.)* M. Arthur, je me verrai forcé quoique à regret de vous remercier ?

LE CLERC, *en dehors.*

Mais, monsieur Prudent !

LE NOTAIRE, *continuant.*

Vous oubliez que vous êtes chez un notaire sérieux !

LE CLERC, *en dehors.*

Mais, monsieur Prudent !

LE NOTAIRE.

Voilà, encore une *F* majuscule qui ressemble à un *T* ! Cela peut avoir des conséquences graves ! Oui, monsieur, des conséquences graves ! *(Reprenant sa lecture.)* « Neveu du susdit. Les comparants..... »

SCÈNE II

LE NOTAIRE, HENRI.

HENRI, *entrant.*

Monsieur !...

LE NOTAIRE, *sans lever la tête.*

Hein! *(Apercevant Henri.)* J'ai bien l'honneur...

HENRI.

On a dû déposer chez vous le prix d'un tableau que j'ai livré il y a quelques semaines et je viens.....

LE NOTAIRE.

Un tableau... Ah! parfaitement! Monsieur... Monsieur...

HENRI.

Morlan!

LE NOTAIRE.

Très-bien! Très-bien! Artiste peintre...

HENRI.

Oui. *(A part.)* Il a une bonne tête!

LE NOTAIRE.

Parfaitement! parfaitement! Si vous voulez bien passer dans mon cabinet...

SCÈNE III

Les mêmes, le petit clerc.

LE PETIT CLERC, *entrant, au notaire.*

Il y a là un monsieur essoufflé...

LE NOTAIRE, *au clerc.*

Très-bien! Priez-le d'attendre... je suis à lui! *(A Henri.)* Monsieur...

HENRI.

Après vous!

LE NOTAIRE.

Après vous! *(Ils se font des politesses exagérées, finissent par entrer tous deux à la fois et se heurtent l'un contre l'autre.)*

HENRI, *se frottant le front.*

Oh!

LE NOTAIRE, *de même.*

Ah!

SCÈNE IV

Le petit clerc, puis HECTOR.

LE PETIT CLERC, *contrefaisant le notaire.*

Parfaitement! *(A Hector.)* Si Monsieur veut entrer...

HECTOR, *très-essoufflé et s'essuyant le front.*

Ouf!... J'ai couru... Je croyais être en retard. *(Il regarde la pendule.)* Non... il n'est que neuf heures vingt! Comment neuf heures vingt seulement!

LE PETIT CLERC.

Oui, monsieur!

HECTOR.

Et M. le notaire ne m'a convoqué que pour dix heures! Voici sa lettre! *(Il tire de sa poche une lettre.)*

LE PETIT CLERC.

Si monsieur veut s'asseoir!

HECTOR, *continuant.*

Afin de signer la donation que mon oncle me veut faire.

LE PETIT CLERC.

Ah!... Si monsieur veut...

HECTOR.

Merci! *(A lui-même.)* C'est curieux comme le temps paraît long quand on attend une donation!

LE PETIT CLERC.

M. Prudent est avec quelqu'un... mais il ne tardera guère! *(Il sort.)*

SCÈNE V

HECTOR, seul.

Quelle idée peut avoir eue mon oncle Jean... un douanier encore! Car jusqu'à présent... déshérité! toujours déshérité... sous prétexte que j'étais un mauvais sujet, un paresseux, que j'aimais trop à ne rien faire... C'est vrai, voilà pourtant la seule occupation à laquelle je sois propre!... Les oncles ne me réussissent pas!... ni les femmes non plus... ni les femmes!... On m'avait trouvé un emploi au Brésil... un emploi dans mes goûts... Je pars! Sur le navire je fais connaissance d'une dame assez jeune et complètement veuve qui retournait à Rio-Janeiro! En voyage... sur l'eau, je suis très-inflammable... Je prends feu immédiatement... Je le lui déclare... Elle m'écoute et je l'épouse en arrivant!... D'abord cela marchait... Une femme charmante... des yeux... et puis des plantations de cannes à sucre... avec des nègres!... J'ai toujours aimé les nègres!... Jalouse seulement! Jalouse et câline! Pauvre Rosalba!... Ah!... *(Il s'essuie les yeux, puis regarde à la pendule.)* Sapristi! neuf heures vingt-cinq! il n'est que... Malheureusement elle avait des parents éloignés... des cousins!... Les cousins ne me réussissent pas! J'étais pour eux un intrus! Et tout naturellement il leur prend fantaisie de se débarrasser de moi... ingénieusement... à l'aide de serpents... de petits serpents longs comme ça! *(Il montre un doigt.)* Il en sortait de partout!... J'en trouvais jusque dans mes bottes! C'est désagréable de trouver des serpents dans ses bottes!... Ma foi, je plante là mes cannes et je reviens en France... Ma femme devait m'y rejoindre!... Elle s'embarque sur la *Caracamachessina* après avoir réalisé ses nègres... Depuis six mois on n'a pas de nouvelles de la *Caracamachessina*! Ah! *(Il porte de nouveau son mouchoir à ses yeux, se les essuie, puis regarde la pendule.)* Neuf heures et demie! Elle ne marche pas cette pendule!

SCÈNE VI

HECTOR, HENRI, LE NOTAIRE.

HENRI, *sortant du cabinet du notaire en serrant des papiers.*

Je vous remercie!

HECTOR, *à part.*

Une figure de connaissance! *(Haut.)* Tiens! parbleu! c'est Henri!

HENRI.

Ah! ce cher ami! ça va bien! *(Ils se serrent la main.)*

LE NOTAIRE, *s'avançant, à Hector.*

A quoi dois-je l'honneur?...

HENRI, *à Hector qui ne fait pas attention au notaire.*

Moi qui te croyais au fond du Brésil!

HECTOR.

J'y étais, mais...

HENRI.

Tu n'y es plus... je le vois bien!

LE NOTAIRE, *s'approchant de nouveau d'Hector.*

A quoi dois-je l'honneur?...

HECTOR, *se retournant.*

Hein! Ah! je vous demande pardon! je suis arrivé un peu trop tôt!

LE NOTAIRE.

Vous venez pour la donation!

HECTOR.

Oui!

LE NOTAIRE.

Très bien! très bien! Monsieur votre neveu ne tardera pas à arriver!

HECTOR.

Plaît-il? mais c'est moi qui suis le neveu!

LE NOTAIRE.

Ah! parfaitement! Ah! parfaitement! Veuillez agréer l'expression de mes excuses..... Je vous prenais pour Monsieur votre oncle! La ressemblance..... Ne l'ayant vu que sommairement!...

HECTOR, *à part.*

Il est bête ce notaire!

LE NOTAIRE, *à Hector qui s'est assis.*

Si vous voulez prendre la peine de vous asseoir en l'attendant!

HECTOR.

Merci! *(Le notaire sort.)*

SCÈNE VII

HENRI, HECTOR.

HENRI, *qui pendant les répliques précédentes a dessiné sur son album, à lui-même.*

C'est curieux, je n'avais pas remarqué d'abord...

HECTOR.

Quoi ?

HENRI.

Parfait ! tu seras parfait pour mes oies !

HECTOR, *offensé.*

Comment tes oies !

HENRI, *s'expliquant.*

Mes Oies du Capitole... un grand tableau !

HECTOR.

Ah !... toujours ta manie de croquer comme ça...

HENRI.

Perpétuellement !

HECTOR, *regardant la pendule.*

Bien sûr cette pendule est arrêtée !

HENRI.

C'est que tu ne sais pas... je vais avoir une grande toile à l'exposition !

HECTOR.

Ah !

HENRI.

Prométhée !...

HECTOR.

Ah !

HENRI.

Sur le Caucase...

HECTOR.

Ah !

HENRI.

Rongé par un vautour !

HECTOR.

Je vois ça d'ici !

HENRI.

Non ! Tu ne te figures pas... un chic épatant !

HECTOR.

Epatant !

HENRI.

Oui. Enfoncé l'Œdipe et le Sphinx !

HECTOR.

Le Sphinx !

HENRI.

Et puis une pâte... un ton... est-ce assez corsé !

HECTOR.

Oui.

HENRI.

Et comme on m'a fait espérer..... Ah ! je pourrai épouser Marie !

HECTOR, *qui regardait la pendule.*

C'est une patraque !

HENRI, *se méprenant, très offensé.*

Une patraque ! qui ? elle..... une enfant douce, blonde,.. un ange !

HECTOR, *à part.*

Qu'est-ce qu'il me chante ! *(Haut.)* Je parlais de la pendule !

HENRI, *riant.*

Ah !..... ah !..... oui..... Un ange que j'aime... que j'adore.....

HECTOR.

Bah !

HENRI.

Malheureusement, elle n'a pour toute fortune qu'une tante !

HECTOR.

Ah !

HENRI.

Mais un profil d'une pureté... Elle est encore à son pensionnat !

HECTOR.

Sapristi !

HENRI.

Tu attends quelqu'un ?

HECTOR.

J'attends mon oncle à dix heures précises !

HENRI.

Alors tu as trente-cinq minutes à attendre !

HECTOR, *sautant*.

Hein ! Trente-cinq ! Ne me dis pas des choses comme ça !

HENRI, *consultant sa montre*.

Oui, nous avançons ! Allons prendre un bock !

HECTOR.

C'est fait pour moi !

HENRI.

Depuis deux ans tu dois avoir pas mal de choses à conter... Allons !

HECTOR.

Allons prendre un bock ! *(Ils vont pour sortir.)*

SCÈNE VIII

Les mêmes, le notaire.

LE NOTAIRE, *tenant un papier et parlant aux clercs qu'on ne voit pas*.

Monsieur Arthur ! cela passe les limites..... cela passe... Messieurs !...

HECTOR.

Je reviens à l'instant !

LE NOTAIRE.

J'ai bien l'honneur... *(Hector sort avec Henri.)*

SCÈNE IX

Le notaire, puis Mme VERAMBOIS.

LE NOTAIRE, *parlant aux clercs qu'on ne voit pas*.

Vous ne serez jamais digne d'être notaire !

LE PETIT CLERC, *en dehors*.

Mais, monsieur Prudent !

LE NOTAIRE.

Je viens de trouver encore trois virgules oubliées et un mot sauté !

LE PETIT CLERC, *en dehors.*

Mais, monsieur Prudent !...

LE NOTAIRE.

Assez !

Mme VERAMBOIS.

Monsieur le notaire...

LE NOTAIRE.

Veuillez agréer l'expression de mes respectueux hommages !

Mme VERAMBOIS, *à part.*

Il est très poli ! *(Haut.)* Je venais vous demander si vous aviez pu vous occuper...

LE NOTAIRE.

De vous trouver un logement à la campagne ?

Mme VERAMBOIS.

C'est cela !

LE NOTAIRE.

Je crois que j'ai votre affaire... Un pavillon a Ville-d'Avray, chez M. Bautruchard.

Mme VERAMBOIS.

Bautruchard !

LE NOTAIRE.

Il a l'honneur d'être connu de vous !

Mme VERAMBOIS.

Le meilleur ami de mon pauvre défunt ! *(S'attendrissant.)* Ah !

LE NOTAIRE.

Veuillez croire, madame, à la part distinguée que je prends à votre douleur !

Mme VERAMBOIS, *elle porte son mouchoir à ses yeux et se mouche.*

Il y a à peine trois ans que le lieutenant Verambois... *(Changeant de ton.)* Savez-vous s'il y a une pompe dans la cuisine ?

LE NOTAIRE.

Je l'ignore! Mais j'attends M. Bautruchard... Il vous le dira sans doute avec plaisir!

Mme VERAMBOIS.

Comme cela se rencontre!... S'il pouvait y avoir une pompe!... Ah!... sa vue va réveiller en moi un souvenir bien cruel! Ah!

LE NOTAIRE.

Je crois que le voici!

SCÈNE X

Les mêmes, BAUTRUCHARD.

BAUTRUCHARD, *parlant à la cantonade*.

Drôle! Effronté polisson!

LE NOTAIRE, Mme VERAMBOIS.

Qu'y a-t-il?

BAUTRUCHARD.

C'est un de vos saute-ruisseau... je crois...

LE NOTAIRE, *à part, blessé*.

Saute-ruisseau!

BAUTRUCHARD, *continuant*.

Qui en m'ouvrant la porte se permettait de me regarder...

LE NOTAIRE.

Veuillez agréer l'expression de mes regrets!

BAUTRUCHARD.

C'est bien!

LE NOTAIRE.

Mais peut-être avez-vous cru...

BAUTRUCHARD.

Que diable! j'y vois clair quand on a servi vingt ans dans les douanes!

LE NOTAIRE.

Monsieur!

BAUTRUCHARD.

Allons! c'est bien. *(A Mme Verambois.)* Eh! c'est cette chère Mme Verambois ! Et la petite nièce ressemble-t-elle toujours à Verambois ?

Mme VERAMBOIS.

Ah ! vous réveillez des souvenirs...

BAUTRUCHARD.

C'est dommage qu'elle ne soit pas un garçon, nous le mettrions dans les douanes !

Mme VERAMBOIS.

Quand je pense qu'il y a à peine trois ans... *(Elle s'attendrit et se mouche avec bruit.)*

BAUTRUCHARD.

Oui... oui... c'était un brave !

Mme VERAMBOIS, *soupirant*.

Ah !

BAUTRUCHARD, *à part*.

Voilà une veuve qui aurait dû se brûler !

LE NOTAIRE, *à Bautruchard*.

Madame me faisait l'honneur de me demander tout à l'heure...

BAUTRUCHARD, *l'interrompant*.

Mon neveu n'est pas arrivé ?

LE NOTAIRE.

Il va revenir à l'instant !

BAUTRUCHARD.

Est-ce qu'il s'aviserait de me faire attendre !

LE NOTAIRE.

Madame me faisait l'honneur de me demander...

BAUTRUCHARD, *sans l'écouter*.

L'acte est prêt ?

LE NOTAIRE.

Il n'y a plus qu'à signer la minute !

BAUTRUCHARD.

Bon !

LE NOTAIRE.

Madame me faisait l'honneur...

Mme VERAMBOIS, *l'interrompant*.

Oui ! Y a-t-il une pompe dans votre cuisine ?

BAUTRUCHARD.

Une pompe ! plaît-il ? *(A part.)* Qu'est-ce qu'elle me chante avec sa pompe ?

LE NOTAIRE.

Oui, votre pavillon conviendrait peut-être à madame et...

BAUTRUCHARD.

Trop heureux !... il y en a une !

Mme VERAMBOIS.

Il y en a une !

BAUTRUCHARD.

Et si vous voulez venir à Ville-d'Avray demain... voici mon adresse !

Mme VERAMBOIS.

Ah ! je serais bien heureuse d'habiter chez quelqu'un qui a...

BAUTRUCHARD, *l'interrompant.*

Une pompe ?

Mme VERAMBOIS.

Non ! qui a connu mon pauvre défunt ! Ah !

BAUTRUCHARD.

Bon ! à demain alors !

Mme VERAMBOIS.

A demain. *(Elle sort.)*

SCÈNE XI

BAUTRUCHARD, LE NOTAIRE.

LE NOTAIRE.

Monsieur votre neveu doit vous être bien reconnaissant !

BAUTRUCHARD.

De ce que je fais pour lui ? je l'espère bien !

LE NOTAIRE.

Oh ! oui.

BAUTRUCHARD.

Parce qu'à mon âge... on a besoin de reconnaissance !

LE NOTAIRE.

Oui !

BAUTRUCHARD.

Et de compagnie !

LE NOTAIRE.

Ah ! oui.

BAUTRUCHARD.

Je suis encore très vert !

LE NOTAIRE.

Etonnamment !

BAUTRUCHARD.

Mais j'ai parfois mes rhumatismes !

LE NOTAIRE.

Croyez que je prends part... Moi j'ai un catarrhe. *(Il tousse.)* Broum ! Broum !

BAUTRUCHARD, *continuant*.

Et j'ai assez des femmes.

LE NOTAIRE.

On dit qu'elles ont perdu le genre humain et...

BAUTRUCHARD, *l'interrompant*.

Les vieilles... c'est grognon, hargneux... ennuyeux comme tout...

LE NOTAIRE.

Certainement ! les vieilles quand elles sont âgées...

BAUTRUCHARD.

Et les jeunes... les jeunes...

LE NOTAIRE.

Quand on ne l'est plus.

BAUTRUCHARD.

Hein !

LE NOTAIRE, *continuant*.

C'est très dangereux !

BAUTRUCHARD.

Eh bien ! oui... j'en avais une jeune, moi !

LE NOTAIRE.

Ah !

BAUTRUCHARD.

Elle n'aimait que les bals, les soirées, les pianos et surtout...

LE NOTAIRE.

Quoi?

BAUTRUCHARD.

Les pianistes !

LE NOTAIRE.

Ah !

BAUTRUCHARD.

La malheureuse ! elle m'a fait...

LE NOTAIRE, *avec pudeur.*

Chut !

BAUTRUCHARD, *achevant.*

Bien du chagrin... allez !

LE NOTAIRE.

Je comprends.

BAUTRUCHARD.

Mais j'ai toujours eu le nez fin... quand on est dans les douanes et...

LE NOTAIRE.

Quoi?

BAUTRUCHARD.

Elle ne m'a pas... abusé longtemps !

LE NOTAIRE.

Très bien ! Très bien !

BAUTRUCHARD.

Enfin n'en parlons plus !

LE NOTAIRE.

Vous vous êtes séparés ?

BAUTRUCHARD.

Oui... Elle est morte !

LE NOTAIRE.

Morte !

BAUTRUCHARD.

D'une fluxion de poitrine... c'est depuis ce temps-là que je suis veuf !

LE NOTAIRE.

Parfaitement ! Parfaitement !

BAUTRUCHARD.
Alors, je me suis dit : un neveu ne me fera pas...
LE NOTAIRE.
Chut !
BAUTRUCHARD.
Ce qu'elle m'a fait...
LE NOTAIRE.
Oui.
BAUTRUCHARD.
Il ne me quittera pas !...
LE NOTAIRE.
Il soignera vos rhumatismes !
BAUTRUCHARD.
Et il sera heureux !
LE NOTAIRE.
C'est cela !
BAUTRUCHARD.
Le gredin n'est guère pressé de voir son oncle !

SCÈNE XII

Les mêmes, HECTOR.

HECTOR.
Ah ! mon oncle ! Ah ! mon oncle. *(Il l'embrasse vivement.)* Que je suis content de vous voir ! *(Il lui marche sur le pied.)*
BAUTRUCHARD.
Mille millions de pistolets !
HECTOR.
Quoi !
BAUTRUCHARD.
Juste sur mon pied goutteux !
HECTOR, *voulant recommencer.*
Cela ne fait rien ! Encore ! Encore !
BAUTRUCHARD.
Mais non !
HECTOR.
Ah ! que cela fait de bien...

BAUTRUCHARD.

Du tout !

HECTOR, *continuant*.

Quand on n'a pas vu son oncle depuis longtemps, de l'embrasser, comme ça !

LE NOTAIRE.

Messieurs si vous le voulez bien... je vais vous donner lecture du petit acte !

BAUTRUCHARD.

C'est cela !

HECTOR, *vivement*.

Lisez... Lisez !

LE NOTAIRE, *lisant*.

« Par devant moi, Ange-Désiré Prudent, notaire, à Sèvres, ont comparu... »

BAUTRUCHARD.

Passons !

HECTOR, *vivement*.

Oui, abrégez !

LE NOTAIRE.

J'abrége donc ! *(Lisant.)* « A Sèvres... ont comparu les sieurs. » *(Parlé.)* Et cœtera, et cœtera.....

BAUTRUCHARD, *se méprenant, offensé*.

Comment ! les sieurs et cœtera !

LE NOTAIRE.

C'est pour abréger !

BAUTRUCHARD, *comprenant*.

Ah ! bon ! continuez !

LE NOTAIRE, *lisant*.

« Lesquels conviennent, conformément aux dispositions du Code civil, Titre II, art. 893 et suivants, dispositions comprises sous la rubrique : Donations entre vifs... »

HECTOR, *étonné, répétant*.

Entre vifs !

LE NOTAIRE, *continuant à lire*.

« Savoir d'une part, le sieur Jean-Pierre-André Bautruchard, de donner à l'autre une maison sise à Paris, rue du Petit-Carreau, et estimée selon le prix de vente deux cent quatre-vingt-quinze mille trois cent soixante-quatorze francs quarante-cinq centimes. »

HECTOR, *répétant.*

Deux cent quatre-vingt-quinze mille trois cent soixante-quatorze francs quarante-cinq centimes ! Ah ! mon oncle !

BAUTRUCHARD.

C'est bon ! *(Au notaire.)* Continuez !

LE NOTAIRE.

« D'autre part, le sieur Hector Bautruchard, d'accepter la dite donation aux conditions suivantes : »

HECTOR.

Hein ! Il y a des conditions ?

LE NOTAIRE.

« Primo : Qu'il vivra, logera et habitera avec le donataire. »

HECTOR.

Ce cher oncle. *(A part.)* Diable !

LE NOTAIRE.

« Lequel se charge de le nourrir, vêtir et entretenir conformément à ses moyens, fortune et biens. »

BAUTRUCHARD.

Il n'en peut croire ses oreilles !

LE NOTAIRE.

« Secundo. »

HECTOR, *inquiet.*

Il y a encore quelque chose ?

LE NOTAIRE.

« Le donataire pendant la vie du donateur et jusqu'au décès d'icelui. »

HECTOR.

Au décès d'icelui ?

LE NOTAIRE, *continuant.*

« S'engage à ne pas convoler en noce, mariage ou autrement ! »

HECTOR.

Mariage ou autrement ! Diable ! Diable !

BAUTRUCHARD.

Tu refuses ?

HECTOR.

Non, mais...

BAUTRUCHARD.

Quoi ?

HECTOR, *à part*.

Quel âge peut-il bien avoir mon oncle ?

LE NOTAIRE, *à Hector*.

Ainsi que me le disait monsieur votre oncle, les femmes sont jeunes ou vieilles, et...

HECTOR.

Je demande à réfléchir.

BAUTRUCHARD.

Soit. Je te donne cinq minutes.

LE NOTAIRE, *à Bautruchard*.

Si vous voulez que nous entrions dans mon cabinet.

BAUTRUCHARD.

Soit. *(A lui-même.)* Il acceptera.

SCÈNE XIII

HECTOR, seul.

Une maison valant deux cent quatre-vingt-quinze mille trois cent soixante-quatorze francs quarante-cinq centimes, sise rue du Petit-Carreau ! Très-bonne situation... Fichtre... on va y démolir ! Il n'y a pas à hésiter ! et puis il a le cou très-court mon oncle, la face apoplectique ; or, les oncles passent et les maisons restent. Après tout, une femme est un objet de luxe très-dispendieux. *(Appelant vivement.)* Mon oncle ! Mon oncle !

SCÈNE XIV

HECTOR, BAUTRUCHARD, LE NOTAIRE, puis UN PORTIER.

BAUTRUCHARD.

Eh ! bien ! Tu as réfléchi ?

HECTOR.

J'accepte.

BAUTRUCHARD.

Tu as raison, mon garçon, nous serons très-heureux ensemble! *(Ils se mettent en devoir de signer, d'abord Bautruchard, puis Hector, pendant que le notaire met son paraphe le portier entre.)*

LE PORTIER.

Monsieur Hector!

HECTOR, *se retournant, à lui-même.*

Tiens, mon portier! Qu'est-ce qu'il veut?

LE PORTIER, *à demi-voix.*

C'est une dame qui vous attend chez vous!

HECTOR.

Une dame chez moi.

LE PORTIER.

Elle dit comme ça qu'elle a fait naufrage.

HECTOR.

Naufrage!

LE PORTIER.

Oui, à bord de la *Macara*.....

HECTOR.

Hein?

LE PORTIER.

De la *Caraca*.....

HECTOR, *achevant.*

Machessina.

LE PORTIER.

C'est bien ça!

HECTOR.

Ah!

LE PORTIER.

Elle dit qu'elle est votre femme!

HECTOR.

Vivante!

LE PORTIER.

C'est donc vrai?

HECTOR.

Allons vite !

LE PORTIER.

Elle m'a remis une lettre pour vous.

HECTOR.

Donne ! donne !

LE PORTIER.

La voici !

HECTOR, *à lui-même.*

J'envoie promener la donation. *(Il lit.)*

LE PORTIER.

Que faut-il lui répondre ? *(Hector parcourt la lettre.)*

HECTOR, *il pousse un cri.*

Oh !

LE PORTIER.

Quoi ?

HECTOR, *à lui-même.*

Elle a tout perdu dans le naufrage ! *(Il tombe dans un fauteuil.)*

(La toile baisse.)

ACTE II

Le théâtre représente un salon au premier étage dans la maison de Bautruchard à Ville-d'Avray. Porte au fond, portes de chaque côté de la scène et dans les pans coupés, fenêtre donnant sur la cour, une autre fenêtre donnant sur le jardin, un guéridon, une table à jeu, sur cette table des échecs.

SCÈNE PREMIÈRE

HECTOR, seul.

(Il entre avec précaution comme quelqu'un qui ne veut pas être vu, ses habits sont tachés de boue.)
Rosalba ne voulait pas me laisser partir... je suis en retard... pourvu que personne ne m'ait vu rentrer! Sapristi! Les oncles ne me réussissent pas!... jusqu'à présent je m'en suis assez bien tiré. Le soir, aussitôt que mon oncle est couché, crac! je file! et le matin, kst! je me glisse avant qu'il soit levé! et voilà six semaines que ça dure! Il fallait bien trouver un moyen..... Ma femme avait tout perdu dans le naufrage de la *Caracamachessina*. Aussi s'embarquer sur un pareil nom! Tout jusqu'à ses boucles d'oreilles... *(Il semble chercher de côté et d'autres.)* Où a-t-on mis la brosse? je suis venu ici, à Ville-d'Avray, m'établir chez mon oncle, rive droite... Elle... je l'ai... installée à Viroflay, rive gauche, sous son nom de veuve... Rosalba Fanti. *(Se brossant.)* Sapristi! que je suis crotté! Ma position manque d'agrément. Ici, mon oncle, qui est toujours sur mes talons à m'appeler: Hector!... Hector! et il faut que je fasse sa partie d'échecs, et il faut que je lui lise son journal... et il faut que je le frotte, oui, à cause de ses rhumatismes... Voilà des rhumatismes qui me font souffrir! Les oncles ne me réussissent pas! Là-bas, c'est ma femme avec sa jalousie et ses embrassements... Elle est très câline! qu'on se figure une panthère qui vous fait des chatteries!... Dam! une Brésilienne. Il paraît que cela tient au sol! Mon oncle le jour... ma femme la... le reste du temps... Je n'ai pas un instant de repos.

BAUTRUCHARD, *en dehors.*

Hector ! Hector !

HECTOR, *à lui-même.*

Quand je disais !...

SCÈNE II

HECTOR, BAUTRUCHARD.

BAUTRUCHARD, *entrant.*

Hector !... Hector ! Il y a une heure que je t'appelle.

HECTOR.

Mais mon oncle !

BAUTRUCHARD.

La... j'en étais sûr... tu cherchais à t'esquiver... tu allais sortir.

HECTOR.

Je vous assure...

BAUTRUCHARD.

J'y vois clair !... On a un ordre du jour ou on n'en a pas...

HECTOR, *à part.*

L'ordre du jour ! encore une idée de douanier !

BAUTRUCHARD.

Eh bien !

HECTOR.

Eh bien !

BAUTRUCHARD.

De sept à neuf heures, promenade.

HECTOR.

Oui.

BAUTRUCHARD.

De neuf à onze... échecs...

HECTOR.

Ah ! oui...

BAUTRUCHARD.

De onze à midi...

HECTOR.

Déjeûner.

BAUTRUCHARD.

C'est l'heure que que tu connais le mieux, infàme gredin.

HECTOR, *à part.*

C'est vrai!... après celle du dîner, cependant!

BAUTRUCHARD.

Eh bien! Tu as escamoté la promenade, qu'attends-tu pour préparer les échecs?

HECTOR.

Voilà! voilà!

BAUTRUCHARD.

Ecoute! je vois bien que ma compagnie te pèse. *(Hector arrange les échecs sur l'échiquier.)*

HECTOR.

Oh!

BAUTRUCHARD.

Assez de phrases comme ça!

HECTOR, *étonné.*

Des phrases!

BAUTRUCHARD.

Moi qui te comble de bienfaits! Tu es un ingrat! un ingrat!

HECTOR.

Par exemple!

BAUTRUCHARD.

Ah! je suis trop patient! *(Il renverse deux ou trois pièces sur l'échiquier.)* Joue, joue donc. Je t'attends depuis une heure!

HECTOR.

Mais mon oncle! c'est à vous!

BAUTRUCHARD.

Soit! *(Il joue.)* Eh bien! malgré ta conduite envers moi, je veux te donner une nouvelle preuve de ma bonté.

HECTOR.

Une nouvelle preuve. *(A lui-même.)* Il m'effraie!

BAUTRUCHARD.

Je pense aux autres moi, malgré tout ce que, ces gredins de rhumatismes...

HECTOR.

Oui! je sais que vos rhumatismes vous font beaucoup souffrir et...

BAUTRUCHARD.

Tu me plains, à présent!... Je ne veux pas qu'on me plaigne... Je ne me plains jamais... Moi. *(Jouant.)* Je roque. *(Criant.)* Aïe!

HECTOR.

Qu'avez-vous?

BAUTRUCHARD.

Aïe!... Là... à l'épaule... J'en étais sûr... Rien que d'en parler... Aïe!... Aïe! *(Il se lève.)*

HECTOR, *immobile.*

C'est désagréable!

BAUTRUCHARD.

Eh bien! quand tu resteras à me regarder avec des yeux écarquillés, frotte-moi!

HECTOR, *se levant à son tour, à part.*

C'est juste... le refrain!

BAUTRUCHARD, *montrant l'échiquier.*

Mais souviens-toi que c'est à toi de jouer maintenant... *(A Hector, qui le frotte.)* Plus fort!... Je viens de roquer.

HECTOR, *frottant à tour de bras.*

Oui! *(A part.)* Voilà un exercice!

BAUTRUCHARD.

Assez! *(Il se remet à la table du jeu.)*

HECTOR, *s'asseyant aussi.*

Ouf!

BAUTRUCHARD, *voulant avancer une pièce.*

Echec!

HECTOR.

Pardon! mon oncle, c'est à moi!

BAUTRUCHARD.

Du tout!

HECTOR.

Vous venez de roquer...

BAUTRUCHARD.

Je te dis que c'est à moi...

HECTOR.

Soit. Je me suis trompé, alors.

BAUTRUCHARD.

Soit! Soit! c'est-à-dire que je suis un adversaire avec lequel on ne compte pas.

HECTOR.

Au contraire.

BAUTRUCHARD.

Une vieille ganache...

HECTOR.

Mais non...

BAUTRUCHARD.

C'est bien.

HECTOR, *à part.*

Cristi! Il est ennuyeux!

SCÈNE III

Les mêmes, FRANÇOIS.

FRANÇOIS, *remettant sous bande les journaux qu'il apporte, à part.*

Voilà les journaux! *(Avec un soupir.)* Ah!.. quand on a sa dignité... Je n'étais pas fait pour servir, moi... J'ai eu des malheurs... J'étais journaliste.

BAUTRUCHARD, *à Hector jouant.*

Ton cavalier est en prise!

FRANÇOIS, *qui s'est approché des joueurs et a suivi des yeux la partie, à part.*

Je trouve, moi, que le jeu de Monsieur manque de style!

BAUTRUCHARD, *se retournant.*

Qu'est-ce que tu fais là?

FRANÇOIS, *effrayé, poussant un cri.*

Oh! *(Il saute sur un meuble et le frotte avec acharnement, haut.)* Je fais le salon!

BAUTRUCHARD.

Eh bien ! va faire le salon à l'antichambre !

FRANÇOIS.

A l'antichambre... le salon... Monsieur voudra comprendre...

BAUTRUCHARD.

Imbécile !

FRANÇOIS, à part.

Imbécile !.. et c'est lui qui dit la bêtise !

BAUTRUCHARD.

M'as-tu entendu ?

FRANÇOIS, à part.

Il n'est pas convenable du tout avec ses subordonnés ! *(Sortant.)* Oh ! ma dignité !

SCÈNE IV

Les mêmes, moins FRANÇOIS.

BAUTRUCHARD.

Qu'est-ce que nous disions tout à l'heure ?

HECTOR.

Je ne me le rappelle plus.

BAUTRUCHARD.

Ah !... Que tu ne peux te résoudre à rester garçon...

HECTOR, *étonné*.

Plaît-il ?

BAUTRUCHARD.

Je m'en aperçois bien !... Depuis que la veuve Verambois et sa nièce habitent mon pavillon... Tu la vois tous les jours et...

HECTOR.

Quoi !

BAUTRUCHARD.

Tu en es devenu amoureux...

HECTOR.

De Mme Verambois ?

BAUTRUCHARD.

De la nièce, animal !

HECTOR.

Mais, mon oncle. Je vous assure...

BAUTRUCHARD.

Tais-toi. J'ai le nez fin! Quand on a été dans les douanes...

HECTOR, à part.

Ah! oui!

BAUTRUCHARD.

Et tu vas l'épouser.

HECTOR.

Moi!

BAUTRUCHARD.

Toi!

HECTOR, à part.

Voilà bien autre chose, à présent.

BAUTRUCHARD.

En faveur de la nièce de Verambois, je consens à me départir de la clause de notre contrat!

HECTOR, à part.

Ventre de biche! et ma femme!

BAUTRUCHARD.

Que parles-tu de ta femme?

HECTOR, à part.

Oh! *(Haut.)* Je disais elle, ma femme.

BAUTRUCHARD.

Ah! te voilà content, j'espère!

HECTOR, à part.

Sapristi!

BAUTRUCHARD.

Ce sentiment me fait plaisir.

HECTOR.

Quel sentiment. *(A part.)* Il faut absolument que je le force à me renvoyer.

BAUTRUCHARD.

En attendant... continuons! en trois coups tu es mat!

SCÈNE V
Les mêmes, FRANÇOIS.

FRANÇOIS.

Monsieur !

BAUTRUCHARD.

Qu'est-ce qu'il veut, cet animal ?

FRANÇOIS, *à lui-même, choqué.*

Animal !... jamais... convenable !...

BAUTRUCHARD.

Eh bien ! parleras-tu ?

FRANÇOIS.

Monsieur ! c'est M. Morlan qui demande si M. Hector peut le recevoir.

HECTOR.

Henri... ce cher ami ! *(Il fait un mouvement pour se lever.)*

BAUTRUCHARD.

Une visite... encore... c'est un véritable complot !

HECTOR.

Un complot !

BAUTRUCHARD.

Dans trois coups tu étais mat !

FRANÇOIS, *qui allait sortir, revient.*

Monsieur !

BAUTRUCHARD.

Quoi ?

FRANÇOIS.

J'oubliais. Mme Verambois et Mlle sa nièce sont au jardin et elles m'ont chargé de demander à Monsieur, si Monsieur était visible.

BAUTRUCHARD.

Nom d'une pipe ! Tu ne pouvais pas le dire tout de suite !

FRANÇOIS.

Monsieur, c'est que...

BAUTRUCHARD.

C'est bien, file !

FRANÇOIS, *à part.*

File ! Quelle trivialité !

BAUTRUCHARD, *qui renverse l'échiquier en se levant.*

Mille millions de... Tu ne pouvais pas faire attention !

HECTOR.

Moi ! à quoi ?

BAUTRUCHARD.

A l'échiquier.

HECTOR.

Pardon ! mais c'est vous !

BAUTRUCHARD.

C'est toi.

HECTOR, *désespéré.*

Ah !

BAUTRUCHARD.

C'est évident ! tu allais être mat... Tu l'as fait exprès !

HECTOR.

Mais mon oncle !...

BAUTRUCHARD, *à lui-même, sortant.*

Le gredin ! En trois coups il était mat. *(Il sort.)*

FRANÇOIS, *à Hector.*

Faut-il faire entrer ?

HECTOR.

Sans doute !

FRANÇOIS, *à lui-même, sortant.*

File !

SCÈNE VI

HECTOR, puis HENRI.

HECTOR, *à lui-même.*

A-t-on jamais vu ? Le voilà qui veut me faire épouser cette petite fille à présent ! Il faut absolument que je le force à me renvoyer !

HENRI, *entrant vivement.*

Ce cher Hector !

HECTOR, *courant à lui.*

Tu ne sais pas ce qui m'arrive ?

HENRI, *sans l'écouter.*

C'est une aventure... Au moment ou je passais le long du jardin...

HECTOR, *en même temps, continuant.*

Mon oncle ne s'avise-t-il pas de me choisir une femme...

HENRI, *même jeu.*

Je reconnais qui... Marie, celle que j'aime.

HECTOR, *de même.*

Et tu sais ma position.

HENRI, *toujours sans l'écouter.*

Il paraît qu'elle avait quitté son pensionnat.

HECTOR, *même jeu.*

Aussi je me donne au diable.

HENRI, *de même.*

Et tu comprends ma joie. *(On entend sonner.)*

HECTOR, *regardant machinalement en dehors,*
poussant un cri.

Ventre de biche !

HENRI.

Qu'est-ce qui te prend ?

HECTOR.

Rosalba !

HENRI.

Comment !

HECTOR.

Elle parle au concierge... Elle regarde la maison... Oh ! plutôt que de la laisser entrer..... *(Il va pour sortir.)*

HENRI.

Eh bien ! où cours-tu ?

HECTOR.

Attends-moi... Je reviens !

HENRI, *à lui-même.*

Quelle drôle de manière de recevoir !... Alors je vais

essayer de retrouver Marie !... *(Saluant Bautruchard et Mme Verambois qui entrent.)* Madame !..... Monsieur !... *(Il sort.)*

SCÈNE VII

BAUTRUCHARD, Mme VERAMBOIS.

Mme VERAMBOIS, *une tabatière à la main.*

En usez-vous ?

BAUTRUCHARD, *fumant.*

Merci ! La fumée ne vous incommode pas ?

Mme VERAMBOIS.

Moi ! m'incommoder ! Ah ! tenez, votre pipe me rappelle le lieutenant...

BAUTRUCHARD.

Verambois... Oui, oui.

Mme VERAMBOIS, *continuant.*

Lorsqu'il me disait : Paméla, va me chercher mon tabac ! Paméla... Ah ! *(Elle se mouche avec bruit.)*

BAUTRUCHARD, *à part.*

Sacrebleu ! Elle a un nez à piston !

Mme VERAMBOIS, *continuant.*

Ce sont de ces souvenirs......

BAUTRUCHARD.

Oui, oui. Enfin, c'est chose entendue et nous allons faire vivement les préparatifs de noce.

Mme VERAMBOIS.

Comme vous y allez !

BAUTRUCHARD.

Du moment que nous sommes d'accord.

Mme VERAMBOIS.

A la bonne heure, mais...

BAUTRUCHARD.

Ce mariage vous convient, ces enfants se conviennent. *(Il sonne.)*

Mme VERAMBOIS.

Oh! certainement.... En usez-vous? *(Elle offre sa tabatière.)*

BAUTRUCHARD.

Merci et puis... *(Au domestique qui entre.)* Mon absinthe! *(A Mme Verambois.)* Vous permettez?

Mme VERAMBOIS.

Et puis... Vous disiez donc? *(François rentre avec un plateau.)*

BAUTRUCHARD, *il se verse un verre d'absinthe.*

Ecoutez! Je ne suis pas un poltron, moi!

Mme VERAMBOIS.

Oh!

BAUTRUCHARD.

Une poule mouillée!

Mme VERAMBOIS.

Oh!

BAUTRUCHARD.

Je n'ai pas dans les veines du sang de grenouille!

Mme VERAMBOIS.

Oh!

BAUTRUCHARD.

Eh bien! Je m'imagine quelquefois que mon neveu ne serait pas fâché de me voir passer l'arme à gauche.

Mme VERAMBOIS.

Pouvez-vous supposer?

BAUTRUCHARD.

D'abord, en Afrique, une espèce de sorcière arabe m'a prédit que je mourrais dans mon lit et que cependant ce ne serait pas de mort naturelle.

Mme VERAMBOIS.

Bah! Il ne faut pas croire...

BAUTRUCHARD.

Mais nom d'une pipe! Maintenant les journaux sont chaque jour remplis de ces sinistres de famille, de...

Mme VERAMBOIS.

Bon! C'est pour amuser leurs lecteurs.

BAUTRUCHARD.

Amuser ! Comment amuser !

Mme VERAMBOIS.

J'ai voulu dire...

BAUTRUCHARD.

Voilà donc pourquoi je consens à renoncer à une des clauses de la donation.

Mme VERAMBOIS.

Je comprends, en usez-vous. *(Elle offre sa tabatière.)*

BAUTRUCHARD.

Merci. Or Hector épousant votre nièce, nous vivrons tous ensemble ; ça me fera une société... tandis qu'avec une autre femme.

Mme VERAMBOIS.

C'est bien vrai ! *(Elle prise.)*

BAUTRUCHARD.

Par exemple, quant aux enfants, je n'en veux pas ; qu'ils s'arrangent.

Mme VERAMBOIS.

Oh ! Ils s'arrangeront !

BAUTRUCHARD.

Mais si j'étais sûr que ce gredin d'Hector osât... *(Il brandit la carafe qu'il avait prise pour verser dans son verre.)*

Mme VERAMBOIS.

Allons ! Allons ! Calmez-vous !

BAUTRUCHARD, *continuant.*

Je lui brûlerais la cervelle. *(En gesticulant, il renverse sur sa tête et ses épaules une partie du contenu de la carafe.)*

Mme VERAMBOIS.

Hein ! Qu'est-ce que vous faites ?

BAUTRUCHARD.

Mille millions de pistolets !

Mme VERAMBOIS.

Allez vite changer de vêtements !

BAUTRUCHARD.

Aussi c'est la faute de ce chenapan. *(Appelant.)* Hector!... Hector. *(Il sort.)*

SCÈNE VIII

Mme VERAMBOIS, puis ROSALBA.

Mme VERAMBOIS.

Ah! Il me rappelle le lieutenant! Hé! hé! Il ne peut se passer de moi. Il me confie ses secrets... Il n'y a pas à en douter. Il me fait la cour. Hé! hé! Il faudra voir.

ROSALBA, *entrant*.

Pardon... Je croyais trouver ici M. Bautruchard.

Mme VERAMBOIS.

Je pense qu'il va venir à l'instant. *(A part.)* Quelle est cette dame?

ROSALBA, *à part*.

Oh! Il ne me trompera pas impunément, ce monstre.

Mme VERAMBOIS.

Veuillez m'excuser, mais j'ai laissé Marie, ma nièce, seule au jardin.

ROSALBA, *à part*.

Sa nièce! C'est cela! Ah! *(Elle brise le manche de son ombrelle.)*

Mme VERAMBOIS, *à part*.

Qu'est-ce qu'elle a cette dame?

ROSALBA, *haut, essayant de dissimuler sa colère*.

On la dit fort... jolie, Mlle votre nièce. *(A part.)* La péronnelle!

Mme VERAMBOIS.

Oh! jolie... Elle n'est pas mal. Il est vrai.

ROSALBA, *à part*.

J'en étais sûre! *(Haut, se contenant.)* Et je vous félicite d'avoir auprès de vous un pareil trésor. *(A part.)* Cette drôlesse!

Mme VERAMBOIS.

Vous êtes bien bonne.

ROSALBA, *à part.*

Si je pouvais la voir. *(Elle se met à la fenêtre donnant sur le jardin.)*

SCÈNE IX

Les mêmes, HECTOR.

HECTOR, *à Mme Verambois, sans voir Rosalba.*

Il m'a semblé que mon oncle m'appelait. *(A part.)* Où diantre, Rosalba peut-elle avoir passé ?

ROSALBA, *à part.*

Le voilà, ce scélérat. *(Elle saisit la bordure des rideaux et la chiffonne avec fureur.)*

Mme VERAMBOIS, *à Hector.*

Il est entré là... Il change de vêtement.

HECTOR.

De vêtements !

Mme VERAMBOIS, *saluant.*

Monsieur Hector ! Madame !...

SCÈNE X

ROSALBA, HECTOR.

HECTOR.

Madame ! *(Il se retourne, étonné, et se trouve en face de Rosalba.)* Oh !

ROSALBA.

Vous ne m'attendiez pas.

HECTOR.

Mais...

ROSALBA.

Voilà donc pourquoi vous me confinez dans une maison isolée...

HECTOR.

Rosalba ! *(A part.)* Et mon oncle qui est là !

ROSALBA.

Pourquoi vous me laissez seule tout le jour comme une pestiférée...

HECTOR.

Rosalba!

ROSALBA.

C'est pour vous livrer tout entier à vos infâmes perfidies...

HECTOR.

Quelles perfidies?

ROSALBA.

Mais je la verrai cette fille...

HECTOR.

Quelle fille? *(A part.)* Sapristi! Elle croit que Marie...

ROSALBA.

Je la verrai... et je la poignarderai... *(Elle renverse une chaise.)*

HECTOR, *à part.*

Oh! si jamais j'épouse une Brésilienne!

ROSALBA.

Voyons! Parlez donc!

HECTOR.

Je...

ROSALBA.

Dites au moins quelque chose pour votre défense...

HECTOR.

Si...

ROSALBA.

Je vous écoute! *(Elle s'assied, prend une pièce de l'échiquier, la brise et en jette les morceaux.)*

HECTOR, *courant après les morceaux et les ramassant, à part.*

Bon! *(Haut.)* C'est que...

ROSALBA, *même jeu avec une autre pièce.*

Mais parlez! parlez donc!

HECTOR, *de même, à part.*

Encore! *(Haut.)* Tu...

ROSALBA, *même jeu.*

Je suis calme! je suis calme! *(Ses mains sont plus que jamais agitées de mouvements convulsifs.)*

HECTOR, *de même.*

Oh! si jamais j'épouse une Brésilienne!

ROSALBA, *pleurant.*

Malheureuse femme que je suis! *(Elle cache sa tête dans ses mains.)*

HECTOR.

Rosalba! ma chère Rosalba!

ROSALBA, *pleurant.*

Ah! ah! ah!

HECTOR, *perdant la tête, très vite.*

Mais tu ne sais pas... Tu ne sais donc pas que cette jeune fille... C'est mon oncle qui me menace de... Il veut me la faire épouser..... à cause de la donation, ainsi tu comprends quel coup... Je te le jure...

ROSALBA, *relevant la tête.*

Hein?

HECTOR.

Oui.

ROSALBA.

Ah! Donnez-moi un verre d'eau!

HECOR, *il le lui verse.*

Voilà!

BAUTRUCHARD, *à moitié vêtu, entr'ouvrant la porte du cabinet où il est entré, pan coupé de droite.*

Il faut que je sache!...

HECTOR.

Je voudrais qu'elle fût là. Tu verrais...

MARIE, *en dehors.*

Ma tante! ma tante!

HECTOR, *à part.*

C'est elle!... Aïe!

ROSALBA.

Ah! *(D'un mouvement nerveux elle lance l'eau du verre qu'elle tient, Bautruchard la reçoit.)*

BAUTRUCHARD, *criant.*

Mille millions de pistolets!

HECTOR.

Mon oncle! Oh!

BAUTRUCHARD, *se secouant et s'essuyant le visage.*
Scélérat ! C'est à recommencer. *(Il referme la porte.)*
ROSALBA.
Eh bien ! je vais me cacher et nous allons voir !
HECTOR.
Oui ! oui ! *(Voyant qu'elle va entrer dans le cabinet où est Bautruchard.)* Non ! non !
ROSALBA.
Plaît-il ?
HECTOR.
Pas par là ! *(Rosalba sort par une des portes du côté opposé à celui où est entré Bautruchard.)*
BAUTRUCHARD, *en dehors.*
Hector ! Hector !
HECTOR.
Ventre de biche !
BAUTRUCHARD, *de même.*
Hector ! Hector !
HECTOR, *fermant la porte par laquelle est sorti son oncle.*
Crac ! Prenons nos précautions !
ROSALBA, *rouvrant sa porte.*
Que fait-il ? *(Elle sort doucement, ouvre une autre porte du même côté et disparaît de nouveau.)*
HECTOR, *fermant la porte de la pièce où Rosalba s'était cachée d'abord.*
Crac ! Oh ! si jamais j'épouse une Brésilienne !

SCÈNE XI

HECTOR. HENRI.

HECTOR, *à Henri qui entre vivement.*
Tiens, c'est toi... Je croyais...
HENRI.
Mon ami..... Je lui ai parlé..... Elle ne va plus à son pensionnat... plus du tout... plus du tout...
HECTOR.
Oui... Mais en ce moment...

HENRI.

Elle a des oiseaux et des fleurs. C'est elle qui les arrose et toujours d'une naïveté... Oh! elle posera pour ma Vierge au bouquet!

HECTOR.

C'est très gentil. Mais...

HENRI.

Je te jure bien que je n'aurai jamais d'autre femme que Marie.

HECTOR.

Marie!...

HENRI.

Marie... certainement... Je te l'ai déjà dit : je l'aime, elle m'aime... Mais tu as toujours la tête...

ROSALBA, *qui avait entr'ouvert la porte pour écouter, à part.*

Ce n'était pas mon mari !

HECTOR.

Mais c'est excellent cela! *(A part.)* Il me tire d'affaire !

HENRI.

Merci. *(Il lui serre la main.)*

HECTOR.

Si tu savais comme tu me fais plaisir... *(Changeant de ton.)* Va-t'en vite.

HENRI, *étonné.*

Que je m'en aille !

HECTOR.

Oui ! *(Il le pousse.)*

HENRI, *sortant.*

Quelle drôle de manière de recevoir !

SCÈNE XII

HECTOR, BAUTRUCHARD.

HECTOR.

Et maintenant délivrons Rosalba !

BAUTRUCHARD, *entrant par la porte de droite deuxième plan; il est à moitié vêtu; et fait des efforts inouïs pour passer l'un de ses bras dans l'emmanchure de son gilet qui est mis à l'envers.*

Gredin! chenapan! il y a deux heures que je t'appelle!

HECTOR, *à part.*

Aïe! Trop tard!

BAUTRUCHARD.

C'est un véritable complot!

HECTOR.

Un complot!... C'est entendu!

BAUTRUCHARD.

Voilà deux douches que je reçois!

HECTOR, *étonné.*

Deux douches!

BAUTRUCHARD.

Est-ce que l'on me prend pour un aliéné!

HECTOR, *à lui-même.*

Cristi!

BAUTRUCHARD.

Avec mes rhumatismes!... Tu veux donc te débarrasser de moi!

HECTOR, *à part.*

Il est ennuyeux!

BAUTRUCHARD, *il fait de nouveaux efforts pour ôter son gilet.*

Misérable! Tu ne veux pas m'aider... Tu ne vois pas l'état où je suis!

HECTOR, *allant pour l'aider.*

Ah! oui... Vous êtes empêtré.

BAUTRUCHARD.

Moi qui le comble de mes bienfaits! *(Il pousse un cri.)* Aïe!...

HECTOR.

Quoi?

BAUTRUCHARD.

Mon rhumatisme... à l'épaule!

HECTOR, *tranquillement*.

Ah !

BAUTRUCHARD.

Mais frotte-moi !

HECTOR, *à lui-même*.

Parbleu ! Toujours !

BAUTRUCHARD.

Plus fort ! plus fort donc !

HECTOR.

Voilà ! voilà !

BAUTRUCHARD.

Assez !

HECTOR, *à lui-même*.

J'ai bien de l'agrément ici ! Ouf ! *(Il s'essuie le front.)*

BAUTRUCHARD, *à lui-même*.

Où ai-je donc posé ma pipe ? *(Il se dirige vers la porte qu'Hector croit avoir fermé sur Rosalba.)*

HECTOR, *bondissant et poussant un cri*.

Oh !

BAUTRUCHARD.

Quoi ?

HECTOR.

Pas par là. *(Il s'élance vivement pour retenir son oncle.)*

BAUTRUCHARD.

Qui est-ce qui a mis le verrou ?

HECTOR, *essayant de l'entraîner, et montrant la porte du cabinet de Bautruchard*.

Là ! là !

BAUTRUCHARD, *le repoussant et entrant*.

Sacrebleu ! Laisse-moi tranquille !

HECTOR.

Patatras !

BAUTRUCHARD, *en dehors*.

C'est curieux ! Elle n'y est pas !

HECTOR.

Comment ! Personne ! *(Avec joie.)* Partie ! Elle est partie !

SCÈNE XIII

HECTOR, ROSALBA.

ROSALBA.

Mon ami ! pardonne-moi... je...

HECTOR.

Malheureuse ! Tu n'es pas partie !

ROSALBA.

Hein ?

HECTOR.

Il est là !

ROSALBA.

Qui ?

HECTOR.

Mon oncle !

ROSALBA.

Ah ! mon Dieu !

HECTOR.

S'il te voit...

ROSALBA.

Eh bien ?

HECTOR.

Ruinés ! Nous sommes ruinés !

ROSALBA.

Ciel !

BAUTRUCHARD, *en dehors.*

Hector ! Hector !

HECTOR.

Oh !

BAUTRUCHARD.

Hector ! Hector !

HECTOR, *s'élançant à la porte et mettant le verrou.* Crac !

ROSALBA.

Mon ami ! *(Elle défaille, Hector la soutient.)*

HECTOR.

Rosalba... Je t'en conjure... *(Il essaie de la faire revenir.)*

ROSALBA.

Soutenez-moi !

HECTOR.

Parlez donc raison à une femme... évanouie surtout !

ROSALBA.

Mon corset !

HECTOR.

Quoi ?

ROSALBA.

Otez-le moi !

HECTOR.

Oui !... Tout-à-l'heure !

ROSALBA.

Je vais étouffer !

HECTOR.

Pas ici !... pas ici !..

ROSALBA.

Oh ! vite.

HECTOR, *soulevant sa femme dans ses bras et courant avec elle sur le théâtre.*

Que les femmes sont bêtes avec leurs évanouissements... Elles ne peuvent rien faire sans cela !

BAUTRUCHARD, *en dehors.*

Le verrou !.. encore !

HECTOR.

Ventre de biche ! *(Il ouvre la porte de droite, second plan, et disparait en portant sa femme.)*

BAUTRUCHARD, *en dehors, forçant la porte.*

Vlan ! *(Il force la porte.)*

SCÈNE XIV

BAUTRUCHARD, FRANÇOIS, puis HENRI, HECTOR et ROSALBA.

FRANÇOIS, *à lui-même, voyant Bautruchard qui tient à la main une ombrelle et un chapeau de femme.*

Qu'est-ce qu'il fait donc ?.. Monsieur !

BAUTRUCHARD.

Une ombrelle... un chapeau !.. Qu'est-ce que c'est que ce chapeau ?

FRANÇOIS.

Je ne sais pas... mais, en tous cas, Monsieur peut être certain qu'il n'est pas à moi.

BAUTRUCHARD, *lui donnant un coup de pied.*

Imbécile ! Idiot ! *(Il entre dans la chambre dans laquelle est entré Hector.)*

FRANÇOIS, *à lui-même.*

Oh ! je suis blessé dans... ma dignité !

BAUTRUCHARD, *en dehors.*

Hector ! Hector !

HENRI, *paraissant.*

Qu'y a-t-il ?

HECTOR, *sortant du cabinet de Bautruchard, pan coupé de droite, il porte toujours sa femme.*

Oh ! si jamais j'épouse une Brésilienne !

FRANÇOIS.

Qu'est-ce que c'est que ça... à présent ?

HENRI, *regardant Hector qui traverse la scène et sort par la porte du second plan à gauche.*

Je devine... Oh ! superbe... superbe pour mon tableau de l'*Enlèvement d'Europe*.

BAUTRUCHARD, *sortant de la chambre que vient de quitter Hector, il tient un corset à la main.*

Un corset, à présent ! *(Allant à la porte par laquelle est sorti Hector et la secouant.)* Hector ! Hector !.. Vlan ! *(Il force la porte.)*

HENRI.

Secourons-le, ce pauvre ami ! *(Appelant.)* François !

FRANÇOIS.

Monsieur !

HENRI.

Allez me chercher une voiture...

FRANÇOIS.

Monsieur !.. c'est que...

HENRI, *lui donnant de l'argent.*

Dépêchez-vous !

FRANÇOIS, *sans se presser, sortant.*

Monsieur, j'y cours !

HECTOR, *revenant par la porte de gauche, premier plan, sa femme encore sur les bras, il est harassé, et essoufflé.*

Je n'en puis plus !.. Impossible de sortir avec une femme sur les bras !

BAUTRUCHARD, *reparaissant à la suite d'Hector.*

Une femme !.. J'en étais sûr...

HECTOR, *qui est allé tomber sur une chaise après avoir déposé sa femme sur un fauteuil, à lui-même.*

Coulé !

BAUTRUCHARD, *à Hector.*

Gredin ! explique-moi ce que cette femme vient faire ici !

HENRI, *s'avançant.*

Monsieur, veuillez me pardonner...

BAUTRUCHARD.

Hein ?

HENRI, *continuant.*

Mais vous avez été jeune aussi...

HECTOR, *à lui-même.*

Que dit-il ?

HENRI, *continuant.*

Et Madame dans un accès de jalousie dont je ne saurais trop m'excuser pour elle et pour moi...

BAUTRUCHARD.

Vous a suivi jusqu'ici... *(D'un air fin.)* Je comprends, c'est votre...

HENRI.

Voilà !

BAUTRUCHARD.

Je m'en doutais, nom d'une pipe !..... Quand on a servi dans les douanes...

HECTOR, *à lui-même.*

Ah ! oui... Repêché ! *(Bas à Henri.)* Merci !

SCÈNE XV

Les mêmes, FRANÇOIS.

FRANÇOIS, *à Henri, bas.*

Monsieur !

HENRI.

Quoi ?

FRANÇOIS.

La voiture est en bas !

HENRI.

Très bien ! *(Bas à Hector.)* Il y a une voiture en bas.

HECTOR.

Bon !

ROSALBA, *se remettant et soupirant.*

Ah !

BAUTRUCHARD, *à lui-même.*

Elle est très bien cette dame ! *(A Rosalba, s'approchant.)* Vous vous sentez mieux ?

ROSALBA.

Merci !

BAUTRUCHARD, *à Hector.*

Il n'est pas dégoûté ! *(A Henri.)* Vous n'êtes pas dégoûté, scélérat !

HENRI.

Monsieur !

FRANÇOIS.

Voici un bracelet que je viens de trouver.

BAUTRUCHARD, *le prenant.*

Un bracelet !

ROSALBA, *regardant son bras.*

Ah ! mon Dieu !

BAUTRUCHARD, *à Rosalba.*

Il est à vous ?

ROSALBA, *embarrassée.*

Mais... certainement.

BAUTRUCHARD, *qui pendant ce temps a examiné le bracelet, à Henri.*

Alors expliquez-moi comment la photographie de

mon chenapan de neveu se trouve sur le bracelet de Madame !

    HECTOR, *sautant, à part.*

Ma photographie ! Oh !

    HENRI, *à part.*

Aïe !

    BAUTRUCHARD.

Mordieu ! Parlez donc !

    HENRI.

Monsieur, je vais vous dire, c'est que...

    HECTOR.

Oui, c'est que... *(A part.)* Renfoncé !

    BAUTRUCHARD.

C'est que... c'est ta maîtresse, infâme gredin !

    ROSALBA.

Sa maîtresse !

    BAUTRUCHARD.

Oui ! J'y vois clair, moi...

    ROSALBA.

Non ! Je suis !...

HECTOR, *effrayé, à sa femme, d'une voix étouffée.*

Rosalba !

    ROSALBA, *à Hector.*

Laissez-moi !

    BAUTRUCHARD.

Quoi ?

    ROSALBA.

Je suis...

    HECTOR, *désespéré.*

Oh ! *(Il saute sur le pied de son oncle.)*

    BAUTRUCHARD, *criant.*

Gredin ! chenapan ! Encore sur mon pied goutteux !

    HECTOR, *à Rosalba.*

Partons !

    HENRI, *à Rosalba, qui résiste.*

Venez, Madame ! *(Ils l'entraînent pendant que Bautruchard saute sur un pied.)*

    La toile baisse.

ACTE III

Une salle à manger chez Bautruchard, trophées d'armes parmi lesquels se trouvent des pistolets,

SCÈNE PREMIÈRE

HECTOR, BAUTRUCHARD.

(Au lever du rideau, Bautruchard à l'une des extrémités du théâtre, bourre sa pipe, Hector à l'autre extrémité tient un journal et observe son oncle du coin de l'œil.)

HECTOR, *à lui-même.*

Hé ! hé ! Il va recevoir tout à l'heure ma petite lettre, sans nom d'auteur. Je le connais... Il m'éloignera.

BAUTRUCHARD, *continuant à bourrer sa pipe, à lui-même.*

Il faut convenir que cet avoué m'a trouvé là un fameux truc !

HECTOR, *tirant un chiffon de papier de sa poche, à lui-même.*

C'est court, mais c'est bien rédigé ! *(Lisant.)* « Il est dangereux d'héberger ses héritiers... une indigestion les enrichirait.

Signé : UN AMI. »

BAUTRUCHARD, *même jeu.*

Je n'ai pas trouvé ce notaire, mais tout est convenu avec la vieille.

HECTOR, *à lui-même.*

Je n'aurai plus à faire qu'à Rosalba. Elle a un joli petit caractère, aussi Rosalba... Depuis hier elle s'est enfermée... Impossible de l'approcher.

BAUTRUCHARD, *même jeu.*

Mon chenapan va voir de quel bois on se chauffe dans les douanes .. nom d'une pipe !

HECTOR, *de même.*

C'est égal, pas de promenade aujourd'hui, pas d'échecs, pas de frictions... Il y a quelque chose !

BAUTRUCHARD, *regardant à droite et à gauche, se parlant à lui-même à haute voix.*

Où diable sont les allumettes ?

HECTOR, *avec beaucoup d'empressement, se levant.*

Les allumettes !... Les voilà !

BAUTRUCHARD, *brusquement.*

C'est bon ! Merci !

HECTOR, *à part.*

Que diantre a-t-il été faire à Paris, hier ?

BAUTRUCHARD, *entre ses dents.*

Hem !

HECTOR, *très prévenant.*

Si vous désiriez faire une partie ?...

BAUTRUCHARD.

Non. *(Il semble chercher quelque chose des yeux.)*

HECTOR, *avec empressement.*

Vous cherchez votre journal ?

BAUTRUCHARD.

Non.

HECTOR, *même jeu.*

Le voici avec vos lunettes ! Mais si vous voulez que je vous le lise...

BAUTRUCHARD.

Mille millions de pistolets !

HECTOR.

Plaît-il ?

BAUTRUCHARD.

Est-ce que tu ne vas pas me laisser tranquille ?

HECTOR, *soumis.*

Du moment que cela ne vous convient pas !

BAUTRUCHARD, *appelant.*

François !

FRANÇOIS, *en dehors.*

Monsieur !

HECTOR, *regardant son oncle, à lui-même.*

A-t-il l'air douanier ce matin !

SCÈNE II

Les mêmes, FRANÇOIS.

BAUTRUCHARD, *à François.*

Si Mme Verambois me demande tu la feras entrer dans mon cabinet.

FRANÇOIS.

Oui Monsieur ! *(Il sort.)*

HECTOR, *à part.*

Que peut-il lui vouloir ?

BAUTRUCHARD, *à son neveu.*

Hector !

HECTOR.

Mon oncle !

BAUTRUCHARD.

Tu ne veux pas épouser Mlle Verambois ?

HECTOR.

Mais...

BAUTRUCHARD.

Non ! n'est-ce pas ?

HECTOR.

C'est-à-dire...

BAUTRUCHARD.

Eh bien ! je te préviens d'une chose, c'est que je vais l'épouser !

HECTOR.

Epouser Marie... Vous... vous !

BAUTRUCHARD, *le contrefaisant.*

Moi ! moi ! Et la donation sera révoquée.

HECTOR, *sautant.*

Hein !

FRANÇOIS, *rentrant, à Bautruchard.*

Madame Verambois attend Monsieur dans le cabinet de Monsieur.

BAUTRUCHARD, *à François.*

C'est bon ! J'y vais ! *(A Hector.)* Code civil, art. 960.

HECTOR, *pétrifié, répétant.*

Code civil.

BAUTRUCHARD.

Article 960. Oui ! *(A lui-même.)* Cet avoué a trouvé là un fameux truc ! *(Il sort.)*

SCÈNE III

HECTOR, puis FRANÇOIS, LE NOTAIRE.

HECTOR, *à lui-même.*

960..... 960..... C'est impossible... Ah ! qui m'expliquera...

FRANÇOIS, *annonçant.*

Maître Désiré Prudent ?

HECTOR, *à part.*

Prudent ! le notaire !... Ah ! Il va me dire... *(Haut.)* Fais entrer !...

LE NOTAIRE.

Veuillez agréer mes salutations empressées.

HECTOR.

Expliquez-moi vite ce que dit l'art. 960.

LE NOTAIRE, *étonné.*

L'art. 960 ? Parfaitement... Mais permettez-moi d'abord de justifier ma présence en ces lieux... Monsieur votre oncle...

HECTOR, *l'interrompant vivement.*

Oui... Mais qu'est-ce qu'il dit ?

LE NOTAIRE.

Monsieur votre oncle ?

HECTOR.

Non, l'article ! *(A part.)* Il est bête ce notaire !

LE NOTAIRE.

Puisque vous daignez m'en solliciter si vivement, je vais essayer de vous satisfaire....

HECTOR, *à part.*

Cristi! Il m'agace!

LE NOTAIRE, *feuilletant son code qu'il a tiré de sa poche.*

« 960... 960. Paternité et filiation... »

HECTOR, *impatient.*

Eh bien?

LE NOTAIRE, *continuant à feuilleter.*

Ce n'est pas ça. « Servitudes... Droits de vue... Egoûts des toits. »

HECTOR.

Eh bien... Eh bien?

LE NOTAIRE, *continuant à feuilleter.*

Ce n'est pas ça! *(Trouvant.)* Ah!

HECTOR.

Ah!

LE NOTAIRE, *lisant.*

« Art. 960. Toutes donations entre vifs. » *(Parlé.)* Il s'agit des donations!

HECTOR, *à lui-même.*

Cristi! Il est bête ce notaire!

LE NOTAIRE, *lisant.*

« Toutes donations entre vifs faites par personnes qui n'avaient point d'enfants ou de descendants actuellement vivants dans le temps de la donation de quelques valeurs que ces donations puissent être et à quelque titre qu'elles aient été faites encore qu'elles fussent mutuelles ou rémunératoires. » *(Parlé.)* Rémunératoires... Vous comprenez!

HECTOR, *vivement.*

Oui! oui! oui! Après?

LE NOTAIRE, *lisant.*

« Mêmes celles qui auraient été faites en faveur du mariage par autre que par les ascendants aux conjoints ou par les conjoints l'un à l'autre, demeureront révoquées. » *(Il fait de violents efforts pour éternuer.)*

HECTOR.

Après?... Après?...

LE NOTAIRE, *essayant de lire.*

« Demeureront révoquées de plein droit. » *(Eternuant.)* Aschou... Veuillez être assez bon pour m'excuser, je crois que j'ai le cerveau pris ! Aschou !

HECTOR, *rageant.*

St-Christophe !

LE NOTAIRE, *se remettant.*

Ah ! *(Lisant.)* « De plein droit par la survenance d'un enfant légitime du donateur. »

HECTOR, *consterné.*

Un enfant !

LE NOTAIRE, *parlé.*

Légitime du donateur, oui. *(Lisant.)* « Même d'un posthume ! »

HECTOR.

Même d'un posthume ! grand Dieu !

LE NOTAIRE.

Qu'avez-vous ?

HECTOR.

Une maison si bien située.

LE NOTAIRE.

Comment !

HECTOR.

Rue du Petit-Carreau.

LE NOTAIRE.

Quoi ?

HECTOR, *prêt à pleurer.*

Et valant deux cent quatre-vingt quinze mille trois cent soixante-quatorze francs quarante-cinq centimes.

LE NOTAIRE.

Plaît-il ?

HECTOR.

C'est qu'il est encore très capable de me ruiner... mon oncle !

LE NOTAIRE.

Je ne comprends pas...

HECTOR.

Il n'a pas toujours ses rhumatismes !

LE NOTAIRE.

Qu'est-ce qu'il veut dire ?

HECTOR.

Mais c'est un traquenard, un piége à loups que votre code !

LE NOTAIRE, *offensé.*

Le code ! un piége à loups !

FRANÇOIS, *entrant, au notaire.*

Monsieur attend Monsieur. *(A Hector.)* Monsieur Morlan !

LE NOTAIRE, *à Hector.*

Monsieur, j'ai bien l'honneur de vous présenter mes respects. *(A lui-même, sortant.)* Un piége à loups !

SCÈNE IV

HECTOR, HENRI.

HENRI.

Je viens de louer un appartement, ici tout près.

HECTOR, *d'une voix étranglée.*

Ah ! mon ami !

HENRI.

Qu'est-ce que tu as.

HECTOR.

Mon oncle... l'art. 960... Il va se marier... La donation révoquée... même par un posthume. Ah ! les oncles ne me réussissent pas !

HENRI.

Un posthume ! *(A lui-même.)* Est-ce qu'il devient fou ? *(Haut.)* Explique-moi...

HECTOR.

Tu ne comprends pas... Il ne comprend rien ! Puisqu'il l'épouse.

HENRI.

Qui ?

HECTOR.

Avant un an je n'aurai plus de maison rue du Petit-Carreau... et l'on va y démolir.

HENRI.

Mais qui... Mais qui?

HECTOR.

Il y a une heure que je te le répète, Marie... Marie...

HENRI.

Marie! Ah! mon Dieu! *(Il tombe sur une chaise.)*

HECTOR.

Allons! bon! Morlan! Morlan! *(Il va à lui.)*

SCÈNE V

Les mêmes, FRANÇOIS.

FRANÇOIS, *à Hector*.

Monsieur!

HENRI.

Et elle a pu consentir!

HECTOR.

Ah! les oncles ne me réussissent pas.

HENRI.

C'est impossible!

FRANÇOIS, *à Hector*.

Monsieur! *(A part.)* Qu'est-ce qu'ils ont donc tous les deux?

HENRI.

Et point de nouvelles de mon Prométhée.

FRANÇOIS, *à lui-même*.

Prométhée... Ah! je sais! Un monsieur nu qui donne le sein à un oiseau. *(Haut.)* Monsieur!...

HENRI.

Il faut qu'absolument je la voie... que je parle à la tante! que... *(Il sort.)*

SCÈNE VI

HECTOR, FRANÇOIS, puis ROSALBA.

FRANÇOIS, *à Hector*.

Monsieur!

HECTOR.

Assez ! va-t'en... Je suis occupé !

FRANÇOIS.

C'est que... C'est une dame.

HECTOR.

Quoi !

FRANÇOIS.

Monsieur sait bien... La dame qui perd... la dame aux évanouissements.

HECTOR, *à part.*

Ventre de biche ! C'est Rosalba ! *(Haut.)* Dis-lui...

FRANÇOIS.

Monsieur, la voilà !

HECTOR, *à part.*

Que vient-elle faire ici ? *(Haut à François.)* Laisse-nous !

FRANÇOIS, *à lui-même, sortant.*

Je vais préparer un flacon de sels !

HECTOR, *à Rosalba.*

Que viens-tu faire ici ?

ROSALBA.

Vous le sauriez déjà si vous n'étiez pas parti ce matin si brusquement.

HECTOR.

Tu t'étais enfermée.

ROSALBA.

Vous m'avez laissé outrager par votre oncle qui m'a accusé d'être votre maîtresse...

HECTOR.

Permets...

ROSALBA.

Je viens vous avertir que je ne supporterai pas plus longtemps une position comme celle dans laquelle je me trouve.

HECTOR.

Tu voudrais donc me quitter ?

ROSALBA.

Non.

HECTOR.

Eh bien, alors ?

ROSALBA.

Vous allez me présenter comme votre femme à votre oncle.

HECTOR, *sautant.*

Hein ?

ROSALBA, *répétant.*

Vous allez me présenter comme.....

HECTOR, *l'interrompant vivement.*

Oui.

ROSALBA, *se méprenant.*

A la bonne heure ! Allons !

HECTOR.

Mais non... mais non... Tu ne comprends pas... Tu sais bien que c'est impossible...

ROSALBA.

Pourquoi ?

HECTOR.

Pourquoi... pourquoi... parce que... la donation... Je n'ai que cela et toi tu as perdu jusqu'à tes boucles d'oreille.

ROSALBA.

Mais il me reste ma dignité de femme et je ne veux pas plus longtemps la mettre sous mes pieds.

HECTOR.

Ta dignité !

ROSALBA.

Oui !

HECTOR.

Ta dignité !... Elle est impayable, ma parole d'honneur ! Mais elle ne nous donnera pas crédit chez le boulanger... ta dignité !

ROSALBA.

C'est bien, alors.

HECTOR, *rassuré.*

Ah !

ROSALBA, *achevant.*

Je vais me présenter moi-même. (*Elle fait un pas pour sortir.*)

HECTOR, *très effrayé*

Rosalba !

ROSALBA, *s'arrêtant.*

Soit... Réfléchissez ! Je vous donne une heure.

HECTOR.

Une heure !.. Mais, ma chère Rosalba !..

ROSALBA, *sans l'écouter.*

Il en est onze !

HECTOR, *à part.*

L'heure du déjeuner ! *(Haut, vivement.)* Tu avances !
La pendule avance !

ROSALBA, *même jeu.*

Je reviendrai à midi. Adieu ! *(Elle sort.)*

HECTOR, *la suivant.*

Rosalba ! *(A lui-même.)* Oh ! si on me reprend jamais à épouser... *(Criant.)* Rosalba !

SCÈNE VII

HECTOR, FRANÇOIS, puis BAUTRUCHARD, le NOTAIRE.

FRANÇOIS, *accourant avec un flacon à la main.*

Voilà ! voilà ! *(A lui-même.)* Tiens, elle est partie !

HECTOR, *se promenant avec agitation sur le théâtre, à lui-même.*

Mon oncle ! ma femme !.. Ah ! j'ai la tête bien malade !

FRANÇOIS, *offrant son flacon.*

Si Monsieur veut respirer ?

HECTOR, *il lui fait sauter le flacon des mains.*

Veux-tu bien me laisser tranquille, toi !

BAUTRUCHARD, *en dehors.*

François !

FRANÇOIS.

Voilà ! *(A lui-même, ramassant le flacon.)* Aucune convenance ! aucune convenance !

HECTOR.

D'abord au plus pressé !.. Mon chapeau !.. où est

mon chapeau ? *(Il l'a déjà sur la tête.)* Rosalba ne rentrera pas ici, quand je devrais l'enfermer dans mon étui à rasoirs. *(Il va pour sortir, Bautruchard entre avec le notaire.)*

BAUTRUCHARD, *arrêtant Hector.*

Eh bien ! où vas-tu ? *(François apporte une table toute servie.)*

HECTOR.

Je vais prendre l'air !

BAUTRUCHARD.

A l'heure du déjeûner, c'est invraisemblable !

HECTOR.

Mais, mon oncle ! *(A part.)* Je suis bien disposé à déjeûner ! *(Regardant la pendule.)* Onze heures dix... déjà !

BAUTRUCHARD.

Assieds-toi là ! à côté de M. le notaire.

LE NOTAIRE.

Monsieur, je serai heureux...

BAUTRUCHARD, *à Hector.*

Et à la santé de tes petits cousins futurs !

HECTOR, *à part.*

Vieux brigand !

BAUTRUCHARD.

Je me sens tout gaillard aujourd'hui, monsieur le notaire, passez-moi votre assiette !

LE NOTAIRE.

La voici !

BAUTRUCHARD, *à Hector.*

Eh bien ! tu ne manges pas ?

HECTOR.

C'est que... *(A part, regardant la pendule.)* Onze heures quinze !

BAUTRUCHARD.

Est-ce que ta maîtresse t'attend ?

HECTOR, *saisi.*

Ma maîtresse... non, non, au contraire.

BAUTRUCHARD.

Ne te gêne pas, au moins. Monsieur le notaire, encore un peu de ces champignons !

LE NOTAIRE.

Monsieur, vous me comblez.

FRANÇOIS, *à part.*

Oui, ils sont très bons... J'ai bien fait de me servir !

HECTOR, *regardant la pendule, à part.*

La demie bientôt ! Oh ! décidément !... *(Il se lève.)*

BAUTRUCHARD, *qui pendant ce temps a lu une lettre que lui a remise François, sans que le notaire et Hector y aient pris garde, poussant un cri.*

Oh !

HECTOR, *s'arrêtant, effrayé.*

Quoi !

LE NOTAIRE, *en même temps.*

Qu'avez-vous ?

FRANÇOIS, *à lui-même.*

Il est tout rouge ! Monsieur !

BAUTRUCHARD, *lisant d'une voix entrecoupée.*

« Il est dangereux... d'héber... ger... ses héritiers. »

LE NOTAIRE, *sans comprendre.*

Comment...

HECTOR, *à part.*

Oh ! ma lettre.

FRANÇOIS, *à part.*

Il paraît qu'elle est joliment écrite !

BAUTRUCHARD, *même jeu.*

« Une indigestion les enrichirait.. ».

LE NOTAIRE, *sans comprendre.*

Les enrichirait... une indigestion. Je ne comprends pas.

BAUTRUCHARD, *passant la main sur son front.*

Il me semble que ma tête... Les oreilles me tintent.

HECTOR, *effrayé.*

Mon oncle ! mon oncle !

BAUTRUCHARD, *se renversant sur sa chaise.*
La sorcière l'avait prédit...
HECTOR, *toujours plus effrayé.*
Mon oncle! mon oncle!
LE NOTAIRE.
C'est une attaque!
BAUTRUCHARD, *d'une voix à peine intelligible.*
Les champignons!
TOUS
Les champignons!
BAUTRUCHARD, *désignant Hector.*
Et voici celui qui les a préparés!
LE NOTAIRE, FRANÇOIS, *regardant Hector
avec horreur.*
Hein?
HECTOR.
Par exemple!
LE NOTAIRE.
Moi qui en ai mangé!
FRANÇOIS.
Moi aussi!
HECTOR, *désolé.*
Et moi pas! On va m'accuser!
TOUS, *criant.*
Ah! ah! *(Le notaire qui s'était d'abord levé pour secourir Bautruchard, retombe sur sa chaise. François laisse échapper un plat qu'il tenait et s'affaisse sur un fauteuil.)*
HECTOR, *courant éperdu de l'un à l'autre.*
Mon oncle!... Monsieur le notaire! François! Les voilà tous à présent!
LE NOTAIRE ET FRANÇOIS, *criant.*
Un médecin! un médecin!
HECTOR, *allant de l'un à l'autre toujours
plus éperdu.*
Je vous en prie... tâchez de vous remettre! tâchez de vous remettre!

SCÈNE VIII

Les mêmes, HENRI, Mme VERAMBOIS.

HENRI, Mme VERAMBOIS.

Qu'arrive-t-il ?

HECTOR.

Ils sont empoisonnés !

HENRI ET Mme VERAMBOIS.

Empoisonnés !

HECTOR.

Et moi pas... Ah ! je me sens bien malade !

HENRI.

Quelle scène pour mon tableau de Lucrèce Borgia... cinquième acte !

BAUTRUCHARD, *à Mme Verambois qui lui fait avaler un verre d'eau.*

Je crois que ce n'était qu'un étourdissement.

LE NOTAIRE, FRANÇOIS.

Un étourdissement !

BAUTRUCHARD.

Aussi... Cette lettre... pendant le déjeûner...

Mme VERAMBOIS, HENRI.

Quelle lettre ?

BAUTRUCHARD.

Mais nom d'une pipe ! Ça va mieux.

LE NOTAIRE.

Moi aussi !

FRANÇOIS.

Moi aussi !

HECTOR.

Ah ! mon oncle ! Ah ! Monsieur le notaire ! Ah ! François ! que je vous remercie !

BAUTRUCHARD.

Tu es bien bon !... Pourquoi ?

HECTOR.

Parce que... ma lettre. *(A part.)* Oh ! *(Se reprenant vivement.)* Cette lettre...

BAUTRUCHARD.

Ah! gredin! chenapan! C'est toi qui l'avais écrite.

HECTOR, *effrayé, à part.*

Aïe! *(Haut.)* Mon oncle!

BAUTRUCHARD, *sautant sur une panoplie et y prenant un revolver.*

Tu vas me la payer!

HECTOR.

Mon oncle! mon oncle! Il est chargé!

TOUS, *essayant de le retenir.*

Chargé! Monsieur Bautruchard!!!

BAUTRUCHARD.

Laissez-moi!

HECTOR, *il se fait un rempart de la table et des autres acteurs.*

Ah! Les oncles ne me réussissent pas!

BAUTRUCHARD, *veut le poursuivre, il pousse un cri tout à coup et laisse tomber le pistolet qui part.*

Aïe!

TOUS

Ah!

BAUTRUCHARD.

Aïe! Aïe!

TOUS.

Oh! Il est blessé!

Mme VERAMBOIS, *à Bautruchard.*

Vous êtes blessé?

BAUTRUCHARD.

Mon rhumatisme!

TOUS.

Ah!

BAUTRUCHARD, *à Hector.*

Frotte-moi! frotte-moi!

HECTOR.

Par exemple!

Mme VERAMBOIS.

Permettez! *(Elle le frotte.)*

HECTOR.

Quelle peur il m'a fait !

HENRI, *s'approchant d'Hector.*

Tu ne sais pas, j'ai fait ma demande, je suis agréé !

HECTOR.

Ah bah !

HENRI.

Oui, mon tableau a la médaille d'honneur, il est acheté par le ministère.

HECTOR.

Quelle chance ! Je suis sauvé !

BAUTRUCHARD, *frictionné par M*^{me} *Verambois.*

Elle est très complaisante... la veuve Verambois !

HECTOR, *la pendule sonne, à part.*

Midi !! J'avais oublié Rosalba... Je suis perdu !

HENRI.

Qu'est-ce que tu as ?

HECTOR.

J'ai que... *(Il lui parle bas.)*

SCÈNE IX

LES MÊMES, ROSALBA.

ROSALBA, *paraissant, à François, qui semble vouloir l'arrêter.*

Annoncez-moi.

FRANÇOIS.

Mais madame...

ROSALBA.

Obéissez.

HECTOR, *bas à Henri.*

La voilà !

HENRI.

Diable ! elle est exacte ! Comment faire ! *(Il va au notaire et lui parle à voix basse.)*

FRANÇOIS, *annonçant.*

Mme Bautruchard !

TOUS.

Comment !

HECTOR, *suppliant*.

Rosalba !

ROSALBA, *sans l'écouter, froidement*.

Mon ami, veuillez présenter votre femme à votre oncle.

TOUS, *moins Henri et Hector*.

Sa femme !

HECTOR, *tombant sur une chaise accablé*.

Patatras !

BAUTRUCHARD.

Sa femme ! Ah ! gredin ! je m'en doutais... j'y vois clair... quand on a servi... *(A Mme Verambois.)* Je vous rends votre parole.

Mme VERAMBOIS.

Je la reprends.

BAUTRUCHARD, *à Hector*.

Tu me rendras ma maison...

HENRI.

Sise rue du Petit-Carreau. *(S'avançant.)* Permettez !...

BAUTRUCHARD.

Il n'y a pas de permettez... il me rendra ma maison.

HENRI.

Et s'il refuse ?

HECTOR, *dressant l'oreille*.

Hein ?

BAUTRUCHARD.

S'il refuse !

HENRI.

Oui.

BAUTRUCHARD.

Vous ne connaissez donc pas l'acte ?

HENRI.

Je vous demande pardon, M. le notaire vient de m'en communiquer le contenu.

BAUTRUCHARD.

Je l'ai précisément sur moi... Vous allez voir.

HENRI.

Nous allons voir!

BAUTRUCHARD, *tirant des papiers de sa poche et lisant.*

« Le donataire pendant la vie du donateur et jusqu'au décès d'icelui... »

LE NOTAIRE.

Jusqu'au décès d'icelui... parfaitement!

BAUTRUCHARD, *continuant.*

« Ne convolera en noces... »

HENRI, *l'interrompant.*

Convolera... un futur.

BAUTRUCHARD, *étonné.*

Un futur!

HENRI.

Convolera n'est-il pas un futur?

BAUTRUCHARD.

Un futur soit. Eh bien! qu'est-ce que cela me fait votre futur?

HECTOR, *à lui-même.*

Je comprends.

HENRI.

Il fait que le mariage d'Hector étant un passé au moment où l'acte a été signé....

HECTOR.

Certainement, je me suis marié au Brésil.

ROSALBA.

Peu de temps après notre arrivée.

HENRI, *continuant.*

Il n'a donc pas violé ses engagements.

BAUTRUCHARD.

Mais alors l'acte est entaché de mauvaise foi, ce qui revient au même.

LE NOTAIRE.

Cela revient au même, parfaitement.

HECTOR.

Du tout, je me croyais veuf.

HENRI, *au notaire.*

Ainsi, il était de bonne foi.

LE NOTAIRE.

Parfaitement... parfaitement!

BAUTRUCHARD, *furieux.*

De bonne foi... de bonne foi! C'est une horrible escroquerie. *(A Hector.)* Tu es un escroc!

HECTOR.

Ecoutez!...

BAUTRUCHARD.

Mais c'est égal, la donation n'en sera pas moins révoquée.

HECTOR.

Révoquée... encore!

BAUTRUCHARD, *à Mme Verambois.*

J'ai toujours votre parole?

Mme VERAMBOIS.

Vous venez de me la rendre.

BAUTRUCHARD.

Moi... Du tout!

HENRI.

Vous l'avez rendue.

BAUTRUCHARD.

Non.

HENRI, HECTOR, Mme VERAMBOIS.

Si.

BAUTRUCHARD.

Non.

Mme VERAMBOIS, *désignant Henri.*

Enfin, voici mon neveu.

BAUTRUCHARD.

Votre neveu... ce Monsieur!

Mme VERAMBOIS.

Oui... il épouse ma nièce... son tableau... por... pommes d'été...

HENRI, *bas.*

Prométhée.

Mme VERAMBOIS.

Pro... c'est cela... a été acheté par le gouvernement.

BAUTRUCHARD.

Le gouvernement... Qu'est-ce que cela me fait le gouvernement !

Mme VERAMBOIS, *émue.*

Ces chers enfants ! Cela me rappelle... Ah ! *(Elle se mouche, en proie à une vive émotion.)*

BAUTRUCHARD, *furieux et égaré.*

Trompé, dupé, pillé par tout le monde ! Je suis un martyr... un martyr. *(Il sort.)*

Mme VERAMBOIS.

Monsieur Bautruchard !... Monsieur !... *(A part.)* Oh ! Je sais un moyen de le consoler ! Hé !... hé !... On vaut encore son prix !

ROSALBA, *à Hector.*

Ah ! embrasse-moi !

HECTOR, *l'embrassant.*

Elle est très câline !

HENRI, *les contemplant.*

Oh ! splendide pour mon tableau des Deux Pigeons !

(La toile baisse.)

L'ANGE DU FOYER

COMÉDIE EN UN ACTE

PERSONNAGES

DE TOURNY.
MOULINEAU.
Rolland DE LESPARS, son neveu par alliance.

JOSEPH, domestique.
STÉPHANIE, femme de Moulineau.
Hortense DE LESPARS.
UN CONCIERGE.

———✻———

A Paris de nos jours.

SCÈNE PREMIÈRE

Un petit salon séparant l'appartement de de Lespars de celui de Moulineau.

JOSEPH, puis M. et Mme DE LESPARS.

JOSEPH, *entrant et préparant la table pour le déjeûner. On entend un bruit de voix au dehors.*
Voilà Monsieur et Madame qui sont encore en..... difficulté !

HORTENSE, *entrant suivie de son mari.*
Mais c'est du despotisme...

DE LESPARS.
Mais ma chère Hortense !...

HORTENSE.
De la tyrannie...

DE LESPARS.
Mais...

HORTENSE.
Vouloir me forcer à déjeûner !

DE LESPARS.
Je ne te force pas.

HORTENSE.
Et que faites-vous alors ?...

DE LESPARS.
Je te faisais seulement remarquer que c'est l'heure... Tu sais bien que mon seul plaisir est de satisfaire tes caprices...

HORTENSE.
Des caprices...

DE LESPARS.
Mais...

JOSEPH, *à part.*
Ks !... Ks !...

HORTENSE.
Des caprices... Dites tout de suite que je suis une tête sans cervelle... une linote... une... Insultez votre femme !

DE LESPARS.
Mais où allons-nous ?... Je n'ai rien dit...

JOSEPH, *à part.*

Ça va bien !

HORTENSE.

Vous savez pourtant où je vais...

DE LESPARS.

Mais non.

HORTENSE.

Vous n'entendez donc rien ?

DE LESPARS.

C'est que je suis sourd probablement.

HORTENSE.

Oh ! si vous raillez...

JOSEPH, *à part.*

Dieu ! que je suis heureux que ma femme soit partie... pour le ciel !

HORTENSE.

Je vous répète que je me rends à cette vente en faveur de la libération du territoire... C'est une question de patriotisme... Mais vous ne pensez qu'à votre déjeûner !

DE LESPARS.

Préparé pour toi !

HORTENSE.

Merci bien... Ces hommes ne songent qu'à la matière !

JOSEPH, *à part.*

Qu'un mari est heureux d'être veuf !

DE LESPARS.

Enfin cette vente dure toute la semaine et toute la journée ; elle ne refroidira pas !

HORTENSE.

Oh !...

DE LESPARS.

Quoi ?

HORTENSE.

Est-ce assez trivial ?... Tenez, vous devenez trivial !

DE LESPARS.

Moi !...

HORTENSE.

Suis-je malheureuse !

DE LESPARS.

Hortense...

HORTENSE.

Ah ! les pauvres femmes !... *(Sortant.)* Vous êtes un mauvais citoyen !

SCÈNE II

Les mêmes, moins HORTENSE.

DE LESPARS.

Je suis trivial !..... Je suis un mauvais citoyen !..... Comprend-on quelque chose aux femmes ?

JOSEPH.

Jamais !

DE LESPARS.

Monsieur Joseph, faites-moi le plaisir de ne me répondre que lorsque je vous adresserai la parole !... Et maintenant veuillez me laisser seul.

JOSEPH.

Je ferai observer à Monsieur que le déjeûner...

DE LESPARS.

Je ne veux pas entendre parler de déjeûner !

JOSEPH, *à part.*

Oh ! les femmes !

DE LESPARS.

Quoi ?...

JOSEPH.

Rien !... *(A part, sortant.)* Que Dieu bénisse le bon Dieu d'avoir envoyé la mienne au diable !

SCÈNE III

DE LESPARS seul, puis MOULINEAU.

DE LESPARS.

Jamais, avant d'aller aux bains de mer, Hortense ne m'avait trouvé...

MOULINEAU, *entrant.*

Bonjour mon neveu.

DE LESPARS.

Oh! mon oncle! bonjour!

MOULINEAU.

Qu'avez-vous donc?

DE LESPARS, *à lui-même.*

Ah! les bains de mer!...

MOULINEAU.

Hein!... Vous n'avez pas déjeûné?...

DE LESPARS.

Non.

MOULINEAU.

Hortense est sortie!

DE LESPARS.

Oui.

MOULINEAU.

Savez-vous quand elle rentrera?

DE LESPARS.

Non.

MOULINEAU.

Oui... non.... Rien que des monosyllabes... Savez-vous qu'à vous entendre on douterait de la richesse de la langue française.

DE LESPARS *fait un mouvement brusque et renverse une carafe.*

Oh!

JOSEPH, *entrant.*

Monsieur!

DE LESPARS, *désignant les débris.*

Emportez cela!

MOULINEAU.

Mon neveu, voulez-vous que je vous le dise... Vous ne savez pas jouir du bonheur de la vie.

DE LESPARS.

Moi!

MOULINEAU.

Vous!..... Et vous me feriez regretter de vous avoir

donné la moitié de mes biens, le jour de votre contrat de mariage.

DE LESPARS.

Oh!

MOULINEAU.

Que vous manque-t-il ?..... Vous êtes riche ; vous avez une femme charmante ;..... un peu vive, mais charmante !..... Vous êtes gai ! spirituel ! aimable !...

DE LESPARS, *entre ses dents.*

Corbleu !

MOULINEAU, *riant*

Pas dans ce moment !

DE LESPARS.

Mais...

MOULINEAU.

Voyez, moi, je suis le plus heureux des hommes. J'avais une femme qui avait toutes les qualités... Elle est morte ! Je me suis empressé d'en épouser une autre qui a toutes les qualités !... Un ange ! C'est un ange ! L'ange du foyer !... Je fais ce que je veux ; elle fait ce qui me plaît... Je sors quand il me convient ; je rentre quand il me fait plaisir... Et des soins... et des égards... et des attentions... Ainsi chaque matin c'est un petit plat nouveau... et qu'elle confectionne de sa propre main... Je suis un peu gourmand !... Et le soir, c'est l'église où elle va prier pour moi.... Je ne suis pas très dévot... de façon que je jouis de mes petits défauts dans ce monde et que j'en serai absous dans l'autre... Avec cette chère Stéphanie je n'ai pas même à m'occuper du ciel !...

DE LESPARS.

Vous êtes bien heureux, vous !

JOSEPH, *entrant.*

Monsieur !

DE LESPARS.

Quoi ?

JOSEPH.

C'est le concierge...

DE LESPARS.

Je n'éprouve pas le besoin de voir le concierge.

JOSEPH.

C'est que, Monsieur, il y a avec lui un monsieur qui éprouve le besoin de voir l'appartement.

MOULINEAU, *à de Lespars.*

C'est juste, mon ami !

DE LESPARS.

Hé ! que diable !...

MOULINEAU.

L'appartement est à louer..... Encore une attention de ma femme ; elle trouve que l'appartement n'est pas convenable pour nos deux ménages !

DE LESPARS.

Faites entrer !

MOULINEAU.

Je vais à la gare à la rencontre de cette chère Stéphanie qui a passé deux jours chez sa tante à Maisons.

SCÈNE IV

Les mêmes, de TOURNY, un concierge.

DE TOURNY, *saluant.*

Monsieur !

MOULINEAU, *sortant.*

Monsieur ! *(A part.)* Dieu que je suis heureux !

DE TOURNY.

Ah !... non... si... Rolland !

DE LESPARS.

Oui... mais pardon si...

DE TOURNY, *se nommant.*

De Tourny !

DE LESPARS.

Ah ! bah ! Ce cher ami !

DE TOURNY.

En effet, il y a cinq ans, j'avais beaucoup de cheveux et peu de barbe...

DE LESPARS.

Et maintenant tu as beaucoup de barbe...

DE TOURNY.

Et peu de cheveux !

DE LESPARS, *à Joseph et au concierge.*

Laissez-nous !

SCÈNE V

DE TOURNY, DE LESPARS.

DE TOURNY.

Du diable si j'aurais songé...

DE LESPARS.

Voyons ! tu déjeûnes avec moi...

DE TOURNY.

Volontiers.

DE LESPARS.

Tu vois, ton couvert est mis.

DE TOURNY.

Tu attendais quelqu'un ?

DE LESPARS.

Ma femme est allée à une vente en faveur de la libération du territoire.

DE TOURNY.

Tu es marié ?

DE LESPARS.

Depuis dix-huit mois.

DE TOURNY.

Ah !

DE LESPARS.

Oh ! avec une femme charmante.

DE TOURNY.

Et tu es heureux ?

DE LESPARS.

Très heureux !

DE TOURNY.

Comme tu dis cela !

DE LESPARS.

Comment veux-tu que je le dise ?

DE TOURNY.

Avec conviction.

DE LESPARS.

Mais... parlons de toi... tu reviens ?...

DE TOURNY.

Du Chili.

DE LESPARS.

Seul !...

DE TOURNY.

Complétement !

DE LESPARS.

Et cette aimable personne...

DE TOURNY.

Pour laquelle je m'étais brouillé avec ma famille ?...

DE LESPARS.

Oui.

DE TOURNY.

Je croyais que tu avais toujours ignoré !...

DE LESPARS.

Que veux-tu, les secrets sont si lourds... si lourds...

DE TOURNY.

Qu'ils finissent toujours par surnager.

DE LESPARS, *riant*.

Ah ! ah !

DE TOURNY.

Eh bien ! cette aimable personne à laquelle j'avais tout sacrifié, fortune, position, famille et à laquelle j'allais donner mon nom !...

DE LESPARS.

Ah ! tu n'étais pas encore...

DE TOURNY.

Non. Elle est partie un beau matin avec un petit commis d'agent de change qui se nommait... enfin peu importe... et en me laissant pour tout souvenir un billet parfumé adressé à elle par lui, et commençant ainsi : « Astre de mes jours, » et terminé par quelques milliers de baisers d'une chaleur invraisemblable.

DE LESPARS.

Et alors...

DE TOURNY.

Je suis tombé roide... un petit coup de sang.

DE LESPARS.

Une pamoison...

DE TOURNY.

Que veux-tu ! puisque c'était moi qui étais Ariane.

DE LESPARS.

Ah ! oui.

DE TOURNY.

La femme vit d'une passion ; l'homme en meurt..... généralement !

DE LESPARS.

Généralement, à la bonne heure, car ton cadavre se porte bien.

DE TOURNY.

Oui, mais le premier choc a été dur, je t'assure. Mon amour... mes illusions... tout à la fois.

DE LESPARS.

Pauvre ami ! Et ensuite ?

DE TOURNY.

Ensuite, je me suis guéri de la femme par les femmes ; un remède souverain...

DE LESPARS.

Et homéopathique... à ce qu'il paraît.

DE TOURNY.

Souverain et homéopathique.

DE LESPARS.

Et tu as renoncé au mariage ?

DE TOURNY.

Ah ! mon bon ami, l'homme se marie pour se reposer et la femme pour prendre ses ébats.

DE LESPARS.

Alors...

DE TOURNY.

De façon que l'un croit trouver dans le mariage une infirmerie et l'autre y rencontrer un hippodrome.

DE LESPARS.

Par exemple !

DE TOURNY.

Il y a des exceptions.

DE LESPARS, *satisfait*.

Ah !

DE TOURNY.

Mais je n'en connais pas... Si bien que l'infirmerie ne tarde pas à devenir un joli précipice.

DE LESPARS.

Orné de fleurs.

DE TOURNY.

Orné de fleurs, si tu veux, quoique l'image soit bien vulgaire ; mais de fleurs artificielles. Je dis donc un précipice d'une nature si particulière que plus on le comble, plus il se creuse.

DE LESPARS.

Je ne comprends pas !

DE TOURNY.

Encore un effet du mariage ; il arrondit l'abdomen et rétrécit l'intelligence.

DE LESPARS.

Ah ! ça...

DE TOURNY.

Je m'explique...

DE LESPARS.

Voyons.

DE TOURNY.

La femme est un petit être charmant qui aime les pompons, les chiffons, les bonbons ; mais adore surtout ce qu'elle n'a pas, de sorte que plus on lui donne et plus elle désire, jusqu'au moment où le caprice lui vient de se faire servir une étoile ou tout au moins une planète.

DE LESPARS.

Oh !

DE TOURNY.

Mais avisez-vous de refuser, elle criera au meurtre, car, effet de la civilisation ou résultat de l'éducation, moins la femme connaît de devoirs, plus elle réclame de droits, qui, du reste, se résument en un seul : le droit à paraître. La création du monde n'a pas eu d'autre but et le mariage d'autre motif. Elle se considère comme un diamant que la première obligation de l'homme est de faire perpétuellement scintiller. Et, pour compenser ce dévouement du mari, elle vend ses secrets, publie ses affaires, prend contre lui les intérêts d'autrui, s'allie avec ses ennemis publics ou privés, amoindrit ses qualités, augmente ses défauts, le ruine, le trompe, le trahit et le déshonore ; en un mot, parvient à ressembler à ces revolvers bijoux qui éclatent dans la main de celui qui s'en sert et ne blessent que leur propriétaire. Si bien que je ne vois aujourd'hui au mariage que deux solutions possibles : nous faire Turcs... ou la faire citoyen !... Turcs, nous l'enfermons ; citoyen, nous la combattons. Dans les deux cas nous nous protégeons.

DE LESPARS.

Tiens, nous jouons au corbillon.

DE TOURNY.

Mais non.

DE LESPARS.

Bon !

DE TOURNY.

Je suis sincère.

DE LESPARS.

Tu es abominable alors !

DE TOURNY.

Moins que la réalité.

DE LESPARS.

Oh !

DE TOURNY.

Tiens, j'étais hier dans un cabinet de la Maison-Dorée ; j'y étais seul parce que... bref, ce n'est pas là l'histoire... J'étais seul et de fort mauvaise humeur.

DE LESPARS.

Ah !

DE TOURNY.

J'en étais au dessert lorsqu'un couple entre à son tour dans le cabinet à côté du mien. Au premier son de la voix féminine je tressaille ; il me semblait que j'entendais la voix de Fanny...

DE LESPARS.

Quelle Fanny?

DE TOURNY.

La mienne, mon astre, l'astre de mes jours!

DE LESPARS.

Quelle probabilité!

DE TOURNY.

C'est ce que je me dis tout de suite, aucune probabilité ; mais un joli chérubin aussi... Tu vas voir. Car, tout en fumant un londrès, j'écoute, et je comprends que ma toute charmante est mariée à un vieillard ; qu'elle avait un amant avant son mariage ; qu'elle l'a encore et que ces deux tendres personnages ne tarderont pas à s'adorer au grand jour.

DE LESPARS.

Comment?

DE TOURNY.

Par la mort du mari.

DE LESPARS, *qui, le bras en l'air, tendait une assiette à de Tourny.*

Un assassinat !

DE TOURNY.

Allons donc! les assassins sont des niais.

DE LESPARS.

Mais alors.....

DE TOURNY.

Est-ce qu'une femme qui a pris un vieillard dans sa toile, et qui ne recule devant rien, n'a pas cent manières?.... D'abord, il y a les indigestions..... et puis le carquois de l'Amour est rempli de flèches variées... il est bien autrement assorti qu'une pharmacie.

DE LESPARS.

C'est épouvantable !

DE TOURNY.

Tu es bien délicat!... les femmes, ces divines créatures, ne nous empoisonnent-elles pas tous les jours moralement de cent manières?...

DE LESPARS.

Oh !

DE TOURNY.

Enfin, pour en revenir à mon couple qui savourait ses petites espérances entre deux truffes, une seule chose les arrêtait.....

DE LESPARS.

Des scrupules......

DE TOURNY.

Une donation, un legs, un testament, je ne sais pas, moi... En vertu de laquelle ou duquel le vieux mari laissait à certain parent une notable partie de sa fortune qu'il s'agissait de rattraper. Il paraît que le chérubin a de l'ordre et ne laisse rien traîner.

DE LESPARS.

Ah !

DE TOURNY.

Excepté pourtant certain médaillon que je ramassai dans le couloir après leur départ et à l'aide duquel j'espère bien, le hasard aidant, reconnaître mes personnages.

DE LESPARS

Tu l'as sur toi ?

DE TOURNY.

Le voici. *(Reprenant.)* Auquel cas je tenterai le sauvetage du mari..... ne fût-ce que pour taquiner un des charmants échantillons de cette moitié du genre humain qui a pris au sérieux l'épithète de « beau sexe » à elle accordée par l'autre un peu ironiquement.

DE LESPARS, *qui regardait le médaillon.*

Oh !

DE TOURNY.

Quoi ?

DE LESPARS.

Rien.

DE TOURNY.

Si. Mon prétendu paradoxe te met encore en ébullition.

DE LESPARS.

Non. Je croyais reconnaître..... Ce médaillon est si petit.

DE TOURNY.

Qui ?

DE LESPARS.

Je me trompais... Quelle apparence... Un certain de Caroza qui fait à la Bourse les affaires de notre oncle.

DE TOURNY, *à part.*

Caroza... Coraza...

DE LESPARS.

Quoi ?

DE TOURNY.

Rien. Je suis décidément absurde... Je m'imaginais aussi...

DE LESPARS.

Pour en revenir à ta petite histoire, tu es tombé sur une exception, voilà tout.

DE TOURNY.

Peut-être !

DE LESPARS.

Je suis sûr que ma femme m'aime, moi.

DE TOURNY.

Je ne demande pas mieux.

DE LESPARS.

Et moi aussi je l'aime.

DE TOURNY.

Chut!...

DE LESPARS.

Pourquoi ?

DE TOURNY.

Mais veux-tu bien te taire. On n'avoue jamais ces choses-là... à sa femme surtout... Aime-la, mais muselle tes sentiments et mets une sourdine à ta passion; sans cela...

DE LESPARS.

Sans cela ?

DE TOURNY.

As-tu jamais lâché en l'air un hanneton captif ?

DE LESPARS.

Un hanneton ?

DE TOURNY.

Captif.

DE LESPARS.

Je ne me souviens pas !

DE TOURNY.

Eh ! bien, l'amour c'est le fil et le hanneton c'est le mari.

DE LESPARS.

Mais je ne crois pas... je ne veux pas croire ; ma femme... au fond... malgré ses procédés quelquefois un peu légers... notre mariage fut un mariage d'amour... Pour elle je quittai les Affaires étrangères. Je l'avais rencontrée en automne dans un château voisin de celui de son oncle. Celui-ci était veuf alors.

DE TOURNY.

Il ne l'est plus ?

DE LESPARS.

Non.

DE TOURNY, *qui, après avoir roulé une cigarette, s'est levé pour l'allumer.*

Ah !

DE LESPARS.

Elle était orpheline ; moi je n'avais que mon titre à lui offrir.

DE TOURNY.

Comment ton titre ?

DE LESPARS.

Oui, je l'avais repris en entrant aux Affaires. Mes ancêtres étaient barons de...

DE TOURNY, *qui a heurté un guéridon chargé de porcelaines.*

Oh !

DE LESPARS.

Prends garde au vieux Saxe de mon oncle... Il y tient ; ah !

DE TOURNY.

Oui. Tu disais donc ?

DE LESPARS.

Que... Je ne sais plus... Ah ! l'oncle m'offrit la

moitié de ses biens si je voulais m'établir auprès de lui après mon mariage. J'acceptai. Depuis lors il s'est marié avec une jeune personne douce, bonne, complaisante... un ange !

DE TOURNY, *le regardant.*

Hein !

DE LESPARS, *un peu embarrassé.*

Oui... c'est que sans elle nous serions tous réellement très malheureux.

DE TOURNY.

Ah ! tu en conviens.

DE LESPARS.

Oh ! ma femme est charmante... certainement ; mais ses vivacités, ses fantaisies, ses caprices..... depuis quelque temps surtout.

DE TOURNY.

Je vois ton cas.

DE LESPARS.

Ah ! tu crois que...

DE TOURNY.

Je parierais que ta femme est un peu coquette !

DE LESPARS.

Oh ! Elle est sage, j'en suis certain !

DE TOURNY.

Moi aussi.

DE LESPARS.

Ah !

DE TOURNY.

C'est une conséquence ordinaire ; autrement tu serais caressé, choyé, mijoté, dorloté...

DE LESPARS.

Comment ?

DE TOURNY.

Tu n'es pas dorloté... très bien ! Je ne t'en plains pas, pas moins ! Le mariage avec une femme coquette, c'est l'enfer en chambre, un joli enfer où le diable poudré, fardé, et tenant à la main au lieu de fourche un éventail, vous fait cuire à l'aide de charmantes petites flammes roses.

DE LESPARS, *avec un soupir.*

C'est vrai !

DE TOURNY.

Le mari d'une coquette est en sûreté... à peu près... mais comme le bonhomme porté par un Blondin quelconque qui se promène sur une corde tendue à trente mètres du sol. Car voilà la coquette... Elle tord en un seul faisceau les sentiments de ses soupirants, s'en fait un câble, et, sur cette corde roide, danse perpétuellement, son mari sur les épaules, avec ou sans balancier.

DE LESPARS, *machinalement.*

Sans balancier.

DE TOURNY.

Mais le cas n'est pas désespéré et l'on peut souvent guérir la dame de ses dispositions pour la danse.

DE LESPARS, *de même.*

Sans balancier.

DE TOURNY.

Que veux-tu ? l'alternative est celle-ci : la femme sage vous fait enrager, et celle qui ne l'est pas vous fait..... autre chose.

DE LESPARS.

De Tourny !

DE TOURNY.

Tiens, à propos de coquette, je suis tombé cet été, aux bains de mer, sur le plus joli échantillon de ce caractère...

DE LESPARS.

Aux bains...

DE TOURNY.

De mer ; oui.

DE LESPARS, *à part.*

C'est singulier !

DE TOURNY.

Des yeux qui contenaient un monde de promesses ; un sourire à renouveler la guerre de Troie ; une taille, des épaules, bref, toutes les qualités de l'emploi. Elle était fort entourée, très fêtée, très choyée, très adulée. J'étais assurément le seul qui ne briguait pas ses faveurs, au contraire; j'étais le seul aussi auquel elle devait accorder les siennes.....

DE LESPARS.

Et puis... et puis...

DE TOURNY, *le regardant.*

Tiens!... Je disais donc que j'étais le seul.....

DE LESPARS.

Oui.

DE TOURNY.

Lorsqu'un incident.....

SCÈNE VI

Les mêmes, MOULINEAU, Mme MOULINEAU.

MOULINEAU.

Nous voici!

DE LESPARS.

Mon oncle, permettez-moi de vous présenter...

DE TOURNY, *se retournant et renversant son verre.*

Oh!

DE LESPARS, *se retournant.*

Quoi?

DE TOURNY, *à lui-même.*

Fanny!

DE LESPARS.

Tu dis?

DE TOURNY, *bas.*

Est-ce que cette dame?...

DE LESPARS, *de même.*

Mme Moulineau.

DE TOURNY, *à lui-même, très agité.*

Ouf!

DE LESPARS.

Mais qu'est-ce que tu as?

DE TOURNY.

Rien... ne me présente pas.

DE LESPARS.

Pourquoi?

DE TOURNY.

Plus tard... Je te dirai... J'entrevois des choses... *(A part.)* Ah ! oui des choses... Ouf !

STÉPHANIE, *qui n'a pas cessé d'examiner de Tourny avec une extrême attention, bas à de Lespars.*

Qui est ce monsieur ?

DE LESPARS, *de même.*

Le... Un visiteur pour l'appartement.

STÉPHANIE, *de même.*

Et vous l'invitez à déjeûner ?

DE LESPARS, *de même.*

C'est... le parent d'un ami !

STÉPHANIE.

Ah ! *(A part.)* Serait-ce lui ?... C'est sa tournure... pourtant... Voyons ! *(Haut, à de Tourny.)* Eh ! bien, l'appartement vous convient-il ?

DE TOURNY, *changeant sa voix.*

Certainement... certainement. *(A part.)* Je ne l'ai pas visité !

STÉPHANIE.

Enchantée. *(A part.)* Non, ce n'est pas sa voix !

DE LESPARS, *bas à de Tourny.*

Qu'as-tu donc à la gorge ?

DE TOURNY, *de même.*

Tais-toi !

DE LESPARS, *à lui-même.*

Qu'est-ce qu'il a ?... Est-ce qu'il joue la comédie ?

STÉPHANIE, *à part.*

Si c'était lui cependant... je serais perdue ! *(Bas à de Lespars.)* Il faut que je vous parle... renvoyez ce monsieur !

DE LESPARS, *de même.*

Pourquoi ?

STÉPHANIE.

Et revenez dans une demi-heure ; j'éloignerai mon mari.

DE TOURNY, *à part.*

Il y a quelque chose entre eux !

STÉPHANIE, *à part.*

Il faut donc que je réalise mes projets sans perdre une minute.

DE LESPARS, *haut, à de Tourny.*

J'avais complétement oublié... Il faut que je sorte...

DE TOURNY, *à part.*

Il veut m'éloigner ! *(Haut.)* Pardon, qu'à cela ne tienne, nous sortirons ensemble. *(A part.)* M'a-t-elle reconnu ?...

STÉPHANIE, *bas à de Lespars.*

Très bien... Vous reviendrez !

DE TOURNY, *à part.*

Non ! *(Haut.)* Madame... Monsieur !

DE LESPARS, *bas à de Tourny.*

Ah ! ça, que diable as-tu à la gorge ?

DE TOURNY, *de même.*

Chut !... J'avais cru reconnaître... mais je me suis trompé ! *(A part.)* Il n'est pas nécessaire qu'il sache encore !...

SCÈNE VII

MOULINEAU, STÉPHANIE.

STÉPHANIE.

Enfin, mon ami, nous voilà seuls.

MOULINEAU.

Cette chère Stéphanie !

STÉPHANIE.

Ah ! c'est que dès qu'il y a quelqu'un entre nous, il me semble que l'on me vole mon trésor !

MOULINEAU.

Bonne Stéphanie !

STÉPHANIE.

Je ne vous ai pas demandé comment vous vous étiez porté pendant mon absence !

MOULINEAU.
Mais si... mais si. Trois fois depuis la gare St-Lazare.

STÉPHANIE.
Vraiment !

MOULINEAU.
Oui.

STÉPHANIE.
C'est que quand je suis si longtemps sans vous voir...

MOULINEAU.
Deux jours.

STÉPHANIE.
Deux jours sans vous voir... un siècle !

MOULINEAU, à part.
Comme elle m'aime... ma femme !

STÉPHANIE.
Mais je ne pouvais quitter ma pauvre tante sans être sûre qu'elle était hors de danger.

MOULINEAU.
Ah ! oui.

STÉPHANIE.
Vous n'avez manqué de rien, au moins ?

MOULINEAU.
Absolument de rien.

STÉPHANIE.
Et vos repas... Quand je ne suis pas là, vos repas... vous ne songez pas à manger... votre potage est froid... votre vin est chaud....

MOULINEAU.
Chère Stéphanie !

STÉPHANIE.
Ah ! c'est que s'il vous arrivait quelque accident... si vous veniez à me manquer... Je... je n'y survivrais pas ; ah !

MOULINEAU.
Voyons ! voyons ! Stéphanie, mon amie ! *(A part.)* Voilà comme j'ai toujours été aimé par les femmes.

STÉPHANIE.
Heureusement que vous vivrez plus longtemps que moi...

MOULINEAU.

C'est vrai... je suis de fer. *(A part.)* Et il y a des gens qui osent se plaindre du mariage !

STÉPHANIE.

Vous savez... j'ai la poitrine !...

MOULINEAU.

Chut ! ne parlons pas de ça ! moi je suis de fer !

STÉPHANIE.

Vous voyez... Hem ! Hem ! *(Elle tousse.)*

MOULINEAU, *sans l'écouter.*

La cuisinière a voulu me faire une crême aux marrons, comme tu les réussis si bien... Elle ne m'a pas réussi, à moi.

STÉPHANIE.

Pauvre ami !

MOULINEAU.

Ah ! tu me manquais... et puis plus tard... après le dîner... le soir... la nuit surtout.

STÉPHANIE, *baissant les yeux après l'avoir enveloppé de son regard.*

Mon ami !

MOULINEAU.

J'ai besoin de tes caresses... Je ne puis vivre sans tes caresses. *(Il va pour l'embrasser.)*

STÉPHANIE.

Voyons, mon ami... *(Même jeu que plus haut.)*

MOULINEAU.

Si j'étais assez sot pour croire au magnétisme, je dirais que tu me jettes du fluide.

STÉPHANIE.

Il est si facile de vous aimer... C'est vous qui exercez sur une faible femme cette puissance fascinatrice que possèdent seuls les hommes en pleine maturité !

MOULINEAU.

Moi !

STÉPHANIE.

Vous êtes si bon !

MOULINEAU.

Moi !

STÉPHANIE.

Si généreux !

MOULINEAU.

Moi !

STÉPHANIE.

Et si fort en même temps.

MOULINEAU.

C'est vrai ! Je suis très fort, je suis de fer ! Comme tu me comprends !

STÉPHANIE.

Comme nous nous comprenons !

MOULINEAU.

Aussi nous nous séparons le moins possible.

STÉPHANIE.

Oui.

MOULINEAU.

Ni le jour, ni...

STÉPHANIE.

Monsieur...

MOULINEAU.

Ni la nuit ! Ce n'est pas comme mon neveu... lui et sa femme ont chacun leur chambre.

STÉPHANIE.

Et pourtant il l'aime bien, sa femme.

MOULINEAU.

Enormément... C'est-à-dire...

STÉPHANIE.

Il est si aimable !

MOULINEAU.

Oui.

STÉPHANIE.

Si aimant !

MOULINEAU.

Oui... Hein !... Comment sais-tu ?

STÉPHANIE.

N'a-t-il pas presque toutes vos qualités ?

MOULINEAU.

Presque... C'est vrai.

STÉPHANIE.

Certainement elle est charmante, Hortense, un cœur...

MOULINEAU.

Un cœur, ah! oui... je le suppose du moins.

STÉPHANIE.

Seulement elle est un peu...

MOULINEAU.

C'est ce que je voulais dire ; elle est un peu...

STÉPHANIE.

Tandis que lui, c'est une âme...

MOULINEAU, *ennuyé*.

Oui.

STÉPHANIE.

Grandiose.

MOULINEAU, *de même*.

Grandiose... grandiose... Comment sais-tu ?... je ne connais pas les proportions de son âme, moi.

STÉPHANIE.

Je veux bien, mon ami... seulement permettez-moi de vous faire observer que c'est vous...

MOULINEAU.

C'est toi...

STÉPHANIE.

C'est vous...

MOULINEAU.

Non.

STÉPHANIE.

Parlons d'autre chose. Voici une petite surprise que je vous ménageais... des pantoufles.

MOULINEAU.

C'est pour moi, ah! *(Il va pour l'embrasser.)*

STÉPHANIE.

Rolland les a trouvées charmantes.

MOULINEAU, *il s'éloigne avec humeur*.

Ah! toujours Rolland...

STÉPHANIE.

Il mérite si bien votre affection...

MOULINEAU.
Certainement.

STÉPHANIE.
Il nous aime... *(Se reprenant.)* Il vous aime tant.

MOULINEAU.
Vous... nous...

STÉPHANIE.
Il ne perd pas une occasion de le témoigner !

MOULINEAU.
De quoi se mêle-t-il ?...

STÉPHANIE.
Peut-il oublier la donation que vous lui avez faite ?...

MOULINEAU, *avec un soupir*.
Oui, je l'ai enrichi peut-être un peu légèrement.

STÉPHANIE.
Ne dites pas cela, mon ami, on croirait que vous regrettez cet acte de générosité... Ce pauvre Rolland.

MOULINEAU.
Rolland..... Rolland.....

STÉPHANIE, *se reprenant avec affectation*.
M. de Lespars, veux-je dire, me confiait encore l'autre jour sa reconnaissance envers vous.

MOULINEAU.
Tu es donc sa confidente ?

STÉPHANIE.
Loin de là...

MOULINEAU.
Eh bien !

STÉPHANIE.
Seulement il me conte tous ses petits chagrins..... Il y a de ces peines intimes qu'une femme seule peut comprendre.

MOULINEAU.
Oh !

STÉPHANIE.
Quoi ?

MOULINEAU, *à part*.
Elle est réellement naïve..... ma femme ! *(Haut.)* Dis donc qu'il te fait la cour !

STÉPHANIE.

A moi !

MOULINEAU.

A toi.

STÉPHANIE.

Tenez, si vous étiez là.....

MOULINEAU.

Eh bien !

STÉPHANIE.

Vous verriez...

MOULINEAU.

Parbleu ! si j'étais là...

STÉPHANIE.

Mais ce n'est pas ça... il faudrait... non... non, ce ne serait pas digne de vous ni de moi.

MOULINEAU.

Quoi ?

STÉPHANIE.

Non.

MOULINEAU.

Tu pensais à me cacher pendant que...

STÉPHANIE.

Non... non !

MOULINEAU.

Si !

STÉPHANIE.

Ce serait mal.

MOULINEAU.

Du tout.

STÉPHANIE.

Eh bien ! écoutez, il va venir... sortez ostensiblement et revenez dans un quart-d'heure... mais rappelez-vous que c'est vous qui le voulez absolument.

MOULINEAU.

Oui.

SCÈNE VIII

STÉPHANIE, puis DE LESPARS.

STÉPHANIE, *seule*.

Dans un quart-d'heure... J'aurai le temps de préparer la situation... Ah ! j'ai la fièvre... cette rencontre... la ressemblance de ce monsieur avec... *(Elle va à la table pour se verser un verre d'eau.)* Oh ! qu'est cela ? un médaillon ! Celui que m'a donné l'autre soir ce pauvre... ami et que j'ai perdu presque aussitôt... mais comment est-il ici ?... Ah ! j'y suis, c'est l'autre qui l'a trouvé et rapporté. Quelle singulière coïncidence ! Heureusement que ce sot de Rolland n'a pas reconnu... Ah ! plus d'hésitation !

DE LESPARS, *entrant*.

Me voici !

STÉPHANIE, *à part*.

Bon ! *(Elle cache le médaillon. Haut, avec indifférence.)* Ah ! c'est vous.

DE LESPARS.

Ne m'attendiez-vous pas ?

STÉPHANIE.

Moi !

DE LESPARS.

Tout à l'heure ne m'avez-vous pas dit ?...

STÉPHANIE.

C'est vrai... je l'avais oublié... que voulais-je vous dire ?

DE LESPARS.

Vous vouliez me parler de ma femme... j'en suis sûr.

STÉPHANIE.

Non.

DE LESPARS.

Dites-moi ce que vous savez, je vous en conjure... elle ne vous cache rien à vous.

STÉPHANIE.

Si... depuis quelque temps surtout.

DE LESPARS, *à part.*
Oh! *(Haut.)* Vous ne voulez pas m'avouer la vérité.
STÉPHANIE.
Je vous le répète... je ne sais rien.
DE LESPARS.
Oh!
STÉPHANIE.
Et puis tenez, avec un caractère comme le vôtre...
DE LESPARS.
Vous voyez bien... Ma chère Stéphanie, vous qui jusqu'à présent m'avez témoigné tant de sympathie... faut-il vous supplier à genoux... *(Il lui prend les mains.)*
STÉPHANIE.
Prenez garde ; si l'on vous voyait on croirait que vous me faites une déclaration.
DE LESPARS.
Moi!
STÉPHANIE.
Oui.
DE LESPARS.
Ne me regardez donc pas comme ça...
STÉPHANIE.
Comment faut-il... dois-je fermer les yeux ?
DE LESPARS.
Non, mais quand vos regards se croisent ainsi avec les miens... il me semble que je sens un fluide qui m'envahit de toutes parts... une marée chaude me monte au cerveau... des étincelles éblouissent mes yeux... j'éprouve comme une douleur... mais une douleur dont je ne voudrais jamais voir la fin. *(La porte qui conduit à l'appartement de Lespars s'agite doucement.)*
STÉPHANIE, *à part.*
Mon mari est là... bon! *(Haut.)* Vous êtes fou!
DE LESPARS.
Fou d'amour!
STÉPHANIE, *à part.*
Très bien! *(Haut, froide et provoquante.)* Voyons, ai-je jamais prononcé une parole qui pût encourager?...

DE LESPARS.

Non, mais...

STÉPHANIE, *même jeu du regard.*

Vous ai-je, même par mon maintien, laissé croire?...

DE LESPARS.

Non, mais...

STÉPHANIE.

Ai-je été imprudente... ou coquette... ou?...

DE LESPARS.

Non, mais...

STÉPHANIE.

Eh bien! Pourquoi ces propos offensants pour moi?...

DE LESPARS.

Ah! vous me désespérez...

STÉPHANIE.

Moi!

DE LESPARS.

Vous.

STÉPHANIE.

Songez à ce que vous êtes ; songez à ce que je suis!

DE LESPARS.

Je ne songe qu'à une chose, c'est que vous êtes belle et que je vous adore. *(Il lui prend les mains et essaie de la saisir par la taille.)*

STÉPHANIE.

Laissez-moi!

DE LESPARS.

Jamais!

STÉPHANIE, *à part, après un regard à la porte.*

Que fait donc mon mari? *(Haut.)* J'appelle!

DE LESPARS.

Il ne viendra personne!

STÉPHANIE, *à part, après un nouveau regard à la porte.*

Ah! ça!

DE LESPARS.

Vous êtes à moi! tu seras à moi!

STÉPHANIE, *même jeu, à part.*

Qu'est-ce que cela signifie?... *(Haut.)* Ah!... vous me faites peur! ah!

31

DE LESPARS.

Je t'aime!

STÉPHANIE.

Mon Dieu! laissez-moi! *(A part.)* Ça devient fort embarrassant!

DE LESPARS.

Je t'aime!... Je t'aime!...

STÉPHANIE, *à part.*

Il n'y a que ce moyen... *(Poussant un cri.)* Ah! *(Elle feint de s'évanouir.)*

DE LESPARS, *effrayé.*

Ah! mon Dieu!... Je lui ai fait peur!... Stéphanie!... Stéphanie, mon ange! reviens à toi... C'est ma faute... que faire... Ah! *(Il la prend dans ses bras, pousse la porte de l'appartement de Moulineau et sort vivement.)*

SCÈNE IX

DE TOURNY, puis MOULINEAU.

DE TOURNY, *se précipitant en scène.*

Il est fou!... fou à lier!... Rolland! Rolland!... C'est qu'avec une gaillarde comme celle-là... Je m'en doutais bien... l'autre soir, à la Maison-Dorée, c'était elle avec son amant... Toujours le commis à l'astre... parbleu! Coraza... de Caroza... il aura éprouvé le besoin de s'anoblir, le petit misérable!... A propos, et le médaillon... Qu'ai-je fait du?... je l'ai oublié à mon tour... Elle l'aura trouvé... il était là sur la table... J'ai perdu mon arme à présent, moi... Il est vrai qu'il me reste toujours... Ah! le malheureux! C'est bien la peine de s'appeler Rolland!

MOULINEAU, *avançant la tête avec précaution, à lui-même.*

Je n'entends rien.

DE TOURNY, *à part.*

Oh! le mari!

MOULINEAU, *à part.*

Encore ce Monsieur!

DE TOURNY, à part.

Voilà ! c'était un piége !... J'avais flairé le piége !

MOULINEAU, cherchant, à part.

Où sont-ils ? Ah ! *(Il se dirige vers la porte par où sont sortis de Lespars et Stéphanie.)*

DE TOURNY, à part.

Oh ! Voilà mon Rolland pris... *(Haut.)* Pardon !

MOULINEAU, à part.

Hein ! Il va m'empêcher.

DE TOURNY, à part.

Comment l'avertir ?...

MOULINEAU, à part.

Comment le renvoyer !...

DE TOURNY, il élève la voix.

Monsieur Moulineau ! un renseignement... Monsieur Moulineau !

MOULINEAU.

Lequel ?

DE TOURNY.

Sur votre appartement, monsieur Moulineau !

MOULINEAU, à part.

Le fâcheux ! je ne saurai rien ! *(Il va pour entrer.)*

DE TOURNY.

Les cheminées.....

MOULINEAU.

Excellentes les cheminées... Je suis à vous ! *(Il va pour entrer.)*

DE TOURNY, le rattrapant.

Pardon, et la cuisine.....

MOULINEAU.

Excellente la cuisine.....

DE TOURNY.

Ah ! Monsieur Moulineau... monsieur Moulineau !...

MOULINEAU, à part.

Il a la rage de m'appeler par mon nom.

DE TOURNY.

L'adresse du propriétaire, s'il vous plaît...

MOULINEAU.

Oh! excellent le propriétaire... excellent!

DE TOURNY.

Si vous vouliez être assez bon pour le mettre sur ce carnet...

MOULINEAU, *prêt à entrer.*

Je reviens...

DE TOURNY, *à part.*

Perdu!... Ah! *(Il renverse les tasses de vieux Saxe.)*

MOULINEAU.

Mon vieux Saxe!... mon service de vieux Saxe!

DE TOURNY, *feignant une profonde désolation.*

Pardon! oh! pardon!...

MOULINEAU.

Que le diable vous emporte, vous!...

DE TOURNY.

Monsieur!... *(A lui-même.)* Sauvé!

MOULINEAU, *se méprenant.*

Comment sauvé... il est en mille pièces!...

SCÈNE X

Les mêmes, HORTENSE.

HORTENSE.

Savez-vous où est mon mari?

MOULINEAU.

Hein! *(A part.)* Diantre! ma nièce! *(Haut, embarrassé.)* Moi!

DE TOURNY, *la reconnaissant.*

Oh! Madame de Lespars... Hortense!

HORTENSE, *à Moulineau.*

Il n'est pas ici... il doit être chez vous... voici son chapeau.

DE TOURNY, *à part.*

L'imbécile!

MOULINEAU.

Non, non, il n'est pas là! *(Il se met devant la porte.)*

DE TOURNY, *à part.*

Le maladroit! *(Haut, s'avançant.)* Madame!

HORTENSE, *le reconnaissant, à part.*

M. de Tourny!

MOULINEAU.

Vous connaissez Monsieur!

HORTENSE.

Oui... je crois... en effet... j'ai rencontré Monsieur à... aux bains de mer... à Trouville!...

DE TOURNY, *à part.*

L'imprudente!

HORTENSE, *à part.*

Ah! mon Dieu! il a découvert mon adresse... il m'a suivie...

SCÈNE XI

Les mêmes, STÉPHANIE, puis DE LESPARS.

STÉPHANIE, *à part.*

Encore ce Monsieur!... Trouville!... je devine; c'est le héros de son aventure... je comprends la location de l'appartement... et aussi pourquoi mon mari... maudit homme! *(S'avançant, haut, à Moulineau.)* Mon ami!...

MOULINEAU.

Quoi?

STÉPHANIE, *bas à Moulineau.*

Eh bien! vous n'étiez pas là?

MOULINEAU, *de même.*

Non, tu vois que...

STÉPHANIE.

J'en suis bien heureuse!

MOULINEAU.

Parce que?...

STÉPHANIE.

Parce que je m'étais trompée, et que vous auriez joui de ma confusion: il ne m'a parlé que de sa femme!

MOULINEAU.

Ah!

DE TOURNY, *qui s'est approché doucement de Stéphanie, derrière elle, bas et de sa voix naturelle.*

Prenez garde au médaillon ! cachez ! cachez !

STÉPHANIE, *tressaillant et portant vivement la main à la poche de sa robe.*

Oh !

DE TOURNY, *de même.*

Très bien ! il est à vous et vous l'avez sur vous..... C'est ce que je voulais savoir..... Fanny.

STÉPHANIE, *à part.*

Oh ! mon Dieu ! c'était lui !

DE LESPARS, *entrant vivement, à part.*

Oh ! mon oncle !... ma femme !

HORTENSE, *à part.*

Mon mari ! et ce monsieur qui est là... quelle position.

MOULINEAU, *à lui-même.*

Qu'a donc ma nièce ?... Ah ! mon pauvre vieux Saxe !

STÉPHANIE, *à part.*

Il faut absolument que je me débarrasse d'abord de cet homme !

DE TOURNY, *allant à de Lespars ; bas.*

Eh ! bien, tu es gentil, toi !

DE LESPARS, *de même.*

Quoi ?

STÉPHANIE, *bas à Hortense.*

Ma chère Hortense, vous avez eu bien tort de me cacher vos secrets !

HORTENSE, *de même.*

Silence ! au nom du ciel !

DE TOURNY, *bas à de Lespars.*

Et tu t'appelles de Lespars !

DE LESPARS, *de même.*

Certainement !... Qu'est-ce que ?...

DE TOURNY.

Chut ! pas un mot maintenant !

STÉPHANIE, *bas à Hortense.*

Il faut que je vous parle !

HORTENSE, *de même.*

Ah !... ma bonne Stéphanie !

STÉPHANIE, *bas à de Léspars.*

J'ai quelque chose de nouveau à vous dire !

DE LESPARS, *de même.*

Chère Stéphanie !

DE TOURNY, *à lui-même.*

Elle leur a parlé bas... attention !

STÉPHANIE, *bas à de Tourny.*

Veuillez m'accorder une audience. *(Elle sonne.)*

DE TOURNY, *de même.*

Soit.... *(A part.)* Quel est son petit plan ?

MOULINEAU, *qui a continué, pendant ce qui précède, à ramasser les débris de porcelaine.*

Mon pauvre Saxe !

JOSEPH, *entrant, à Stéphanie.*

Madame !

MOULINEAU, *à Stéphanie.*

Que veux-tu ?

STÉPHANIE.

Donner l'ordre qu'on dételle..... Je pense que vous ne sortirez plus aujourd'hui.

MOULINEAU.

Pourquoi ?

STÉPHANIE.

L'heure...

MOULINEAU.

C'est le vrai moment du bois...

STÉPHANIE.

Et puis le temps....

MOULINEAU.

Il est superbe. Ainsi... *(au domestique)* la voiture...

JOSEPH.

Est prête.

MOULINEAU, à Stéphanie.

Alors, je vais..... (A part, en sortant.) Ah ! je regrette mon vieux Saxe ! (Regardant de Tourny.) L'animal !

HORTENSE, s'approchant de son mari.

Mon ami !

DE LESPARS, qui de son côté a fait la même manœuvre.

Ma chère amie !

HORTENSE.

Je voudrais vous consulter sur certaine emplette......

DE LESPARS.

J'ai une nouvelle importante à vous communiquer...

HORTENSE ET DE LESPARS, ensemble.

Ainsi, si vous voulez bien...

STÉPHANIE, bas à de Tourny.

Je reviens !

DE TOURNY.

Permettez !..

STÉPHANIE, haut.

Veuillez nous excuser, monsieur !...

SCÈNE XII

DE TOURNY, puis HORTENSE.

DE TOURNY.

Aurait-elle l'intention de m'échapper... en laissant l'ennemi dans la place ?... ce serait médiocrement adroit... C'est égal, voilà pour aujourd'hui de l'occupation sur la planche... Entraver les petits projets de cet ange de Stéphanie, comme dit ce grand nigaud de Rolland ; remettre en état le jeune ménage... du diable si je sais comment, par exemple !... ensuite...

HORTENSE, entrant.

Monsieur !

DE TOURNY.

OH !

HORTENSE.

Stéphanie... Mme Moulineau, qui est ma confidente...

DE TOURNY, *à part.*

Heureusement choisie la confidente !

HORTENSE.

A bien voulu, en occupant mon mari, me ménager une explication avec vous !

DE TOURNY.

Trop aimable Mme Moulineau. *(A part.)* Je comprends !

HORTENSE.

Vous dites ?

DE TOURNY.

Je dis que... je dis si... personne ne peut nous entendre... *(A part.)* Je parie que de Lespars est caché là !

HORTENSE.

Je vous répète que Mme Moulineau...

DE TOURNY.

Je regarde... je regarde... *(A part.)* J'en étais sûr ; elle abuse des portes, cette chère Stéphanie... vieux moyen !... Décidément, on a beau dire, les femmes ne sont pas inventives... même en fait de ruses !... Soit, commençons par ce bout-ci notre petit travail de famille !... Nous allons bien voir !... mais mettons d'abord doucement ce petit verrou !...

HORTENSE.

Eh ! bien, monsieur, êtes-vous satisfait ?

DE TOURNY.

Complétement !

HORTENSE, *à part.*

Comment faire pour lui expliquer que je ne l'aime pas ; que je suis une honnête femme... que... *(Haut.)* Monsieur, je vous dois une entière confession...

DE TOURNY, *d'un ton très exalté.*

Ne me dites pas... j'ai tout compris...

HORTENSE.

Mais non...

DE TOURNY.

Oh ! si...

HORTENSE.

Monsieur !...

DE TOURNY.

Vous avez voulu m'éprouver... Vous avez voulu savoir si je serais capable de vous suivre jusque dans les entrailles de la terre et de vous y retrouver ; si j'appartenais, moi aussi, à cette génération de petits crevés et de gros bourgeois pour laquelle l'amour n'est qu'un intermède entre deux soupers ou entre deux bourses...

HORTENSE.

Je vous jure...

DE TOURNY, *feignant une exaltation croissante.*

Eh ! bien, non, je suis un homme d'un autre âge, moi, égaré dans celui-ci ; j'appartiens à cette école, aujourd'hui disparue, de gens qui ne reconnaissent que la fatalité de leurs passions, n'écoutent que la sombre fureur de leur désespoir...

HORTENSE.

Oh ! mon Dieu !

DE TOURNY.

Mettent toute leur vie dans leur amour et dont l'amour est une flamme, une fournaise, un volcan, où ils sont prêts à jeter leurs amis, leur famille et... *(A part.)* Qu'est-ce que je pourrais bien y jeter encore ?

HORTENSE.

Ah ! vous m'effrayez !

DE TOURNY, *à part.*

Ah ! ça commence, parfait ! *(Haut.)* Je vous effraie... ainsi ce sentiment que je croyais avoir fait naître en vous n'était que caprice ou coquetterie... *(De Lespars secoue la porte.) (A part.)* Ah ! bon, il s'agite lui aussi ! Secoue mon ami, secoue.

HORTENSE.

Non, non... *(A part.)* Ah ! mon Dieu !

DE TOURNY.

Non !... Alors puisque j'ai eu le bonheur de vous retrouver, puisque vous partagez mon amour, puisque... *(A part.)* Ouf ! *(Haut.)* Qui peut vous retenir ?...

HORTENSE.

Mais, monsieur, vous ne m'avez jamais parlé ainsi !...

DE TOURNY.

L'amour est un fruit d'une nature si particulière que plus il est partagé, plus il augmente.

HORTENSE.

Monsieur !

DE TOURNY.

Vous avez raison... rien ne peut plus nous empêcher d'être l'un à l'autre... Le devoir c'est la prompte satisfaction de ses désirs... la morale... c'est la communauté de sentiments... la famille... vous n'en avez pas... votre mari... vous ne l'aimez guère !...

HORTENSE.

Mais, monsieur !

DE TOURNY, *continuant comme s'il n'avait pas entendu.*

Vous avez raison, le mariage n'est qu'un monopole, le mari un usurpateur...

HORTENSE, *à elle-même.*

Ah ! mon Dieu ! mon Dieu ! quelle leçon !

DE TOURNY, *continuant.*

Et moi je mets à vos pieds ma liberté, ma fortune et ma vie. Je suis à vous, vous êtes à moi, nous sommes l'un à l'autre !...

HORTENSE, *courant éperdue et se faisant un rempart des meubles.*

Monsieur ! Monsieur !

DE TOURNY, *la suivant.*

Oui, madame, oui. *(A part.)* A-t-elle peur !

HORTENSE, *de même.*

Monsieur ! Monsieur !

DE TOURNY, *à part.*

Elle n'a plus du tout envie de danser, maintenant. *(Haut.)* Partons ! Ah ! Madame... partons !

HORTENSE.

Au secours !

SCÈNE XIII

LES MÊMES, DE LESPARS.

DE LESPARS, *forçant le petit verrou de la porte.*

Un instant !

HORTENSE.

Mon mari !... Ah !

DE LESPARS, à de Tourny.

Monsieur, vous êtes un lâche !

DE TOURNY, bas.

Très bien !

DE LESPARS, étonné.

Hein !

DE TOURNY.

Rien, va toujours... va donc.

DE LESPARS.

Assez d'ironie, monsieur ! assez d'ironie ! depuis ce matin j'ai tout deviné...

DE TOURNY, à part.

Il a tout deviné... c'est le sphinx !

DE LESPARS.

Votre récit, votre trouble, vos allures... Vous vouliez être l'amant de ma femme malgré elle... malgré tout.

DE TOURNY.

Pendant que de votre côté vous pleuriez en silence.

DE LESPARS.

Oui, pendant que... non cela ne vous regarde pas !

DE TOURNY, à part.

Je suis indiscret, à ce qu'il paraît !

DE LESPARS.

J'aurais pu vous tuer ; mais non, moins oublieux que vous, je donnerai à mon ancien ami le droit de se défendre.

DE TOURNY.

Merci. (A part.) Il est charmant, ma parole d'honneur... Il est charmant. C'est du théâtre.

DE LESPARS.

Eh bien ! sortons, monsieur !

DE TOURNY.

Je vous suis. (A part.) Il joue son rôle comme s'il l'avait appris... Nous irons dîner.

DE LESPARS.

Qu'attendez-vous donc ?

HORTENSE, *s'élançant.*

Mon ami, tu n'iras pas !...

DE TOURNY, *à part.*

L'intervention de la femme... J'oubliais la femme... Tout à fait dans son rôle aussi !

DE LESPARS, *à Hortense.*

Il le faut !

HORTENSE.

Tu n'iras pas..... je ne veux pas..... je te suivrai partout !

DE TOURNY, *à part.*

Est-ce assez usé !

HORTENSE.

Je t'aime... je n'ai jamais aimé que toi !

DE TOURNY, *à part.*

Voilà !

DE LESPARS, *à Hortense.*

Laissez-moi !

SCÈNE XIV

Les mêmes, STÉPHANIE.

STÉPHANIE, *à de Lespars.*

Mon ami !

DE TOURNY, *à part.*

Aïe !..... Je me disais aussi !....

STÉPHANIE, *continuant.*

Un mot !

DE LESPARS.

Plus tard, volontiers ; mais en ce moment.....

STÉPHANIE.

Faites-moi la grâce de me laisser quelques instants avec monsieur.

DE LESPARS.

Pardon ! Monsieur m'a offensé gravement et.....

STÉPHANIE.

Il n'a pas l'intention de se refuser à une légitime réparation.

DE TOURNY.

En effet.

STÉPHANIE, à de Lespars.

Vous voyez bien !

HORTENSE, à son mari.

Mon ami !

DE TOURNY, à de Lespars.

Je n'en reste pas moins à vos ordres quand il vous plaira.

DE LESPARS, à de Tourny.

Soit ! (A sa femme.) Venez !

HORTENSE, à son mari sortant.

Mon ami... combien je suis coupable et pourrez-vous me pardonner jamais !

SCÈNE XV

DE TOURNY, STÉPHANIE.

DE TOURNY qui s'est mis à écrire, à lui-même.

Elle y est venue d'elle-même... Nous allons voir son petit travail à elle... Continuons le nôtre. (Haut.) Vous avez désiré me parler, je vous écoute.

STÉPHANIE.

Ah ! Georges !

DE TOURNY, à part, après un mouvement.

De la douceur !... c'est grave.

STÉPHANIE.

Pardon ! je comprends qu'après ce que je vous ai fait, votre nom prononcé par moi vous paraisse... Ah ! Georges... (Se reprenant.) Monsieur, si vous saviez ce que j'ai souffert moi aussi.

DE TOURNY, à part.

Ah ! bon, la scène des douleurs rétrospectives.

STÉPHANIE.

Nous étions arrivés tous deux au dénûment le plus complet. Je vous voyais vous priver pour moi. Vous vous étiez brouillé avec votre famille.

DE TOURNY.

C'est vrai.

STÉPHANIE.

Toujours pour moi.

DE TOURNY, *à part.*

J'avais fait cette sottise !

STÉPHANIE.

J'avais rencontré M. Moulineau. Je lui avais plu. Il ne savait rien de notre position et il m'avait proposé de m'épouser.

DE TOURNY.

Bah ! *(A part.)* Très discrète... elle fait des coupures.

STÉPHANIE.

Je ne voulais pas, car je vous aimais, mais je sentais bien que je compromettais votre avenir.

DE TOURNY.

Et...

STÉPHANIE.

Je me suis sacrifiée.

DE TOURNY, *à part.*

Comme Isaac !... C'est de l'histoire sainte son histoire.

STÉPHANIE.

Que dites-vous ?

DE TOURNY.

Je dis... Je dis... Que je ne me doutais pas de cet...

STÉPHANIE.

Pouvais-je vous avouer ?... Mettez-vous à ma place.

DE TOURNY, *à part.*

Merci bien !.

STÉPHANIE.

Vous m'aimiez comme un fou !

DE TOURNY, *à part.*

Imbécile serait plus exact !

STÉPHANIE.

Vous n'auriez jamais consenti... Vous auriez toujours reculé devant la nécessité d'une séparation et un

double suicide n'aurait pas tardé à être le seul remède...
(Elle met son mouchoir sur son visage.)

DE TOURNY.

Oui... oui... *(A part.)* Voilà le crocodile... le voilà...

STÉPHANIE, *la tête dans son mouchoir.*

Ah! Georges!

DE TOURNY, *à part.*

Ma parole... c'est qu'elle a l'air de croire que c'est arrivé.

STÉPHANIE, *même jeu.*

Ah! il eut mieux valu...

DE TOURNY, *à part.*

C'est navrant!

STÉPHANIE.

Ah!

DE TOURNY.

En attendant me voilà un joli petit duel sur les bras... grâce à vous.

STÉPHANIE.

C'est vrai.

DE TOURNY.

Vous en convenez donc?

STÉPHANIE.

Je serai franche... J'en conviens.

DE TOURNY.

Ah!

STÉPHANIE.

Oui, lorsque je vous ai vu là votre présence seule m'a paru une menace...

DE TOURNY.

Ah!

STÉPHANIE.

Mon Dieu! la peur m'a saisie, j'ai perdu la tête et... Ah! pardonnez-moi, c'était infâme... j'étais folle... mais quand j'ai entendu la provocation... quand j'ai compris le danger que vous couriez, tout notre amour a passé devant mes yeux et...

DE TOURNY.

Vous n'avez pas pu vous empêcher de les fermer!

STÉPHANIE, *avec une douleur profonde.*

Ah !

DE TOURNY, *à part.*

Décidément les femmes n'ont qu'une corde, mais c'est avec cette corde qu'elles mènent les hommes pendre.

STÉPHANIE, *cachant de nouveau sa tête dans ses mains.*

Ah ! vous ne me croyez pas... vous ne... c'est ma punition !...

DE TOURNY.

Eh ! bien, si, je vous crois.

STÉPHANIE.

Ah !

DE TOURNY.

Et votre sincérité appelle la mienne. Moi aussi, j'étais en train de commettre une petite lâcheté.

STÉPHANIE.

Comment !

DE TOURNY.

Savez-vous ce que j'écrivais là ?

STÉPHANIE.

Non.

DE TOURNY.

Mon testament !

STÉPHANIE.

Eh ! bien...

DE TOURNY.

Par lequel en cas d'accident je léguais ma fortune à M. Moulineau, plus certain médaillon que vous avez là et sur lequel j'ai bien quelques droits... qu'en pensez-vous ?

STÉPHANIE.

Oh ! (*A part.*) J'étais jouée !

DE TOURNY.

Car il contient un portrait photographique et microscopique de votre amant passé, présent et futur... sans doute.

STÉPHANIE.

Quoi, vous croyez...

DE TOURNY.

Je crois qu'une femme ayant tous vos charmes, lorsqu'elle a épousé un vieillard, ne tarde pas à envoyer celui-ci dans l'autre monde..... et le fait monter promptement au ciel par la courte échelle du plaisir !

STÉPHANIE.

C'est affreux ce que vous dites là !

DE TOURNY.

Moins joli que ce que vous faites, je l'avoue.

STÉPHANIE.

Eh! bien, oui, je suis coupable, je m'en accuse.

DE TOURNY.

Ah !

STÉPHANIE.

Mais, vous le disiez vous même, cette vengeance serait indigne de vous, d'autant plus qu'elle serait gratuite.

DE TOURNY.

Pourquoi !

STÉPHANIE.

Êtes-vous certain que le don de cet objet qui ne vous appartient pas, et qui n'est plus entre vos mains, suffirait à établir une preuve contre moi ?

DE TOURNY.

Non...

STÉPHANIE.

Ah !

DE TOURNY.

A moins que ce don ne fût appuyé de quelque indice...

STÉPHANIE.

Lequel ?

DE TOURNY.

Celui-ci ! (*Il tire une lettre.*)

STÉPHANIE.

Une lettre ?

DE TOURNY.

Commençant ainsi... Astre...

STÉPHANIE.

Oh !

DE TOURNY.

Vous la reconnaissez sans doute ; seulement le Coraza d'autrefois s'appelle de Caroza aujourd'hui. Ce n'est pas vous qui avez changé d'amant, c'est votre amant qui a changé de nom... légèrement !

STÉPHANIE.

Voyons, vous n'auriez pas le courage d'exécuter vos menaces. *(Elle se rapproche.)*

DE TOURNY.

Où donc voyez-vous des menaces ?...

STÉPHANIE.

Il est impossible que cinq années vous aient si fort changé.

DE TOURNY.

Elles m'ont beaucoup changé, les années.

STÉPHANIE.

Eh ! bien, pardonnez-moi ; dites-moi que vous me pardonnez et je partirai ; je ferai tout ce que vous voudrez ; je vous donnerai toutes les garanties que vous pourrez exiger de moi... Mais dites-moi que vous me pardonnez.

DE TOURNY, *à part.*

Ah ! ça, quand la femme était dans le Paradis, que diable pouvait y venir faire le serpent ?

STÉPHANIE.

Dites-le-moi, Georges !... dites-le-moi. *(Elle se met à ses genoux.)*

DE TOURNY.

Non !

STÉPHANIE.

Ah ! vous êtes cruel ! Ah ! *(Elle se jette sur lui et veut saisir la lettre.)*

DE TOURNY, *se garant.*

Eh ! là !

STÉPHANIE.

A moi !

DE TOURNY.

Très joli... ce petit coup-là !

STÉPHANIE, *se redressant*.

Je la tiens !

DE TOURNY.

Pas encore !

STÉPHANIE, *essayant de se dégager*.

Venez la prendre maintenant.

DE TOURNY, *haut, comme se parlant à lui-même*.

Si je profitais de l'occasion pour ressaisir le médaillon dans sa poche.

STÉPHANIE.

Oh ! *(Elle fait un mouvement et lâche la lettre qui tombe d'un côté, l'enveloppe tombe de l'autre.)*

DE TOURNY, *riant*.

J'ai mes petits coups aussi, moi ! *(Il cherche l'enveloppe des yeux.)*

SCÈNE XIV

Les mêmes, MOULINEAU.

MOULINEAU, *à lui-même, entrant*.

Toujours ce monsieur... que peut-il vouloir à ma femme ! *(Haut à de Tourny.)* Vous venez de laisser tomber quelque chose. *(Il ramasse la lettre.)*

STÉPHANIE.

Mon mari !

DE TOURNY, *à part*.

Aïe !

MOULINEAU, *à de Tourny*.

M'expliquerez-vous, monsieur ?...

DE TOURNY.

Monsieur...

STÉPHANIE.

C'est facile... c'est... j'étais chargée par une amie de réclamer à monsieur certaine lettre compromettante...

MOULINEAU.

Quoi !

DE TOURNY.

Hein !

STÉPHANIE, *bas à de Tourny*.

Osez me démentir...

MOULINEAU, *lisant*.

« Astre de mes jours... » *(Parlé.)* C'est abominable... partir... un enlèvement... on dirait l'écriture de ce cher de Caroza !

DE TOURNY, *à part*.

Où l'enveloppe est-elle tombée ?...

STÉPHANIE, *de même*.

Oh ! l'enveloppe... *(Elle se met entre l'enveloppe et de Tourny.)*

DE TOURNY, *à part*.

Trop tard !

MOULINEAU.

Je devine..... je devine..... C'est ma nièce ! *(A de Tourny.)* C'est à ma nièce que vous avez osé !...

DE TOURNY.

Monsieur !

SCÈNE XV

Les mêmes, DE LESPARS.

DE LESPARS, *entrant*.

Sa nièce... ma femme... une lettre... je veux savoir ! *(Il prend la lettre des mains de Moulineau.)*

TOUS.

Oh !

STÉPHANIE.

Donnez !

DE LESPARS.

Non !

DE TOURNY, *à part*.

Je tiens l'enveloppe !

STÉPHANIE, *à part*.

Oh ! perdue ! *(Haut.)* Vous êtes un lâche, M. de Tourny ! *(Elle sort.)*

DE TOURNY, *à lui-même.*

Encore!... J'ai joliment d'agrément dans cette maison!

MOULINEAU.

Mais qu'est-ce que cela signifie donc?... Stéphanie!... Stéphanie!... (*Il sort à son tour.*)

SCÈNE XVI

DE LESPARS, DE TOURNY.

DE LESPARS.

Un mot, de Tourny, avant que d'aller sur le terrain. Depuis que vous êtes entré ici votre conduite est si bizarre qu'elle doit cacher un secret dont vous seul avez la clef. Je fais appel à votre loyauté et à votre franchise d'autrefois.

DE TOURNY.

Et tu as raison ; lis! (*Il lui présente l'enveloppe.*)

DE LESPARS, *lisant.*

« Mlle Fanny Luchon... » Eh bien ?

DE TOURNY.

Tu ne comprends pas ?

DE LESPARS.

Non.

DE TOURNY.

Mlle Fanny Luchon..... mon ancienne maîtresse..... Mme Moulineau et la dame du cabinet particulier ne font qu'un.

DE LESPARS.

Ah! bah!

DE TOURNY.

Et quant à Mme de Lespars, qui n'avait qu'un peu de coquetterie à se reprocher, j'ai profité de l'occasion pour lui donner une leçon !

DE LESPARS.

Et à son mari aussi. Ah! mon cher, sans toi j'étais perdu...

DE TOURNY.

Peut-être.

SCÈNE XVII

Les mêmes, HORTENSE, puis MOULINEAU, puis JOSEPH.

HORTENSE, *entrant*.

Mon mari et ce monsieur qui s'embrassent...

DE LESPARS, *à Hortense*.

Si tu savais...

DE TOURNY.

Chut !

DE LESPARS.

Hein !

DE TOURNY, *bas*.

A une femme il est aussi imprudent de tout dire que de lui tout laisser ignorer !

MOULINEAU, *entrant*.

Je ne sais ce qu'a ma femme ; elle vient de s'enfermer dans sa chambre et ne veut pas m'ouvrir....

JOSEPH, *entrant*.

Monsieur !

MOULINEAU.

Quoi ?

JOSEPH.

Une lettre que Madame vient de me remettre pour Monsieur.

MOULINEAU, *lisant*.

« Je pars ; vous ne me reverrez jamais !... » (*Parlé*). Quoi... elle part... Que s'est-il passé ?... Ce n'est pas possible !... Cet ange !...

DE LESPARS et HORTENSE.

Pauvre oncle !...

DE TOURNY, *à lui-même*.

L'ange s'est envolé..... l'astre n'était qu'une étoile filante..... Mais ne *filera* pas seul !

(*La toile tombe.*)

TABLE DES MATIÈRES

	Pages.
Le Tuteur de Louise	1
L'Ane de Buridan	93
Les Centaures de Paris	119
Le Clinquant	257
La Donation Bautruchard	381
L'Ange du Foyer	451

www.ingramcontent.com/pod-product-compliance
Lightning Source LLC
Chambersburg PA
CBHW071709230426
43670CB00008B/954